# Constraint, Information and Incentive
Political Institutions and Intergovernmental
Relations in Contemporary China

# 约束、信息与激励
府际关系视角下的当代中国政治制度

左才 —— 著

復旦大學出版社

# 目 录

第一章 导论 / 001

第二章 府际关系概述 / 011
 第一节 府际关系的分析视角 / 013
 第二节 中国府际关系的古与今 / 025
 第三节 比较视野下的当代中国府际关系 / 044
 第四节 当代中国府际关系的利益维度与本书分析框架 / 053

第三章 干部管理制度：利益划一与有限博弈 / 063
 第一节 干部管理制度中的双重逻辑 / 067
 第二节 目标责任制中的激励、约束与信息 / 087
 第三节 绩效指标制定中的地方自主性 / 112

第四章 人民代表大会制度：地方利益表达与跨层级府际交流 / 129
 第一节 人民代表大会制度的职能 / 132
 第二节 人大代表建议中的地域利益表达与信息传递 / 136

第三节 代表建议回复中的治理逻辑
　　　　　与府际交流 / 170

## 第五章　任务推动型项目制：府际联动与利益重组 / 201
第一节　项目制的内涵 / 204
第二节　任务推动型项目制中的府际联动 / 210
第三节　任务推动型项目制中的权力再分配 / 241

## 第六章　结语 / 255

## 附录　本书辅助性表格 / 263

## 主要参考文献 / 281

## 后记 / 289

# 表目录

表 2-1　六个政策的特征　/ 061
表 3-1　两种逻辑的区别　/ 086
表 3-2　两种逻辑在干部选拔和干部考核中的具体表现　/ 086
表 3-3　中组部规定地方党政领导班子实绩考核的
　　　　具体目标内容　/ 092
表 3-4　地方领导干部考核类型、实施机构及程序　/ 100
表 3-5　目标责任考核结果在年度地方领导干部考核
　　　　中所占比重　/ 102
表 3-6　经济指标与社会指标权重差在不同层级政府
　　　　考核中的比较　/ 104
表 3-7　省级目标责任考核条例中指标权重的描述性分析　/ 123
表 3-8　分层线性回归变量的描述统计结果　/ 125
表 3-9　目标责任制指标设计的地区差异(2003—2014 年)　/ 125
表 4-1　六省人大代表的职业情况　/ 144
表 4-2　人大代表建议的主题及地域编码样例　/ 147
表 4-3　主题编码表(部分)　/ 149
表 4-4　关键词-主题的编码样例　/ 149

表 4-5　六省人大代表建议中的主题分布 / 154
表 4-6　六省人大代表及代表建议分省分类统计 / 156
表 4-7　省人大代表地域代表倾向的相关因素 / 159
表 4-8　省人大代表地域代表倾向的相关因素(职业细分) / 163
表 4-9　地域性建议涉及的地域层级 / 167
表 4-10　单位层级与人大代表的地域代表倾向 / 167
表 4-11　三省人大代表及代表建议数量 / 175
表 4-12　三省代表建议主题分布及地域性建议占比 / 175
表 4-13　建议回复类型分布 / 178
表 4-14　代表建议办理情况的相关因素分析(多类 probit) / 189
表 4-15　代表建议被采纳的相关因素分析(多类 probit) / 193
表 4-16　政府对人大代表建议回应情况回归变量的描述性统计结果 / 197
表 5-1　县级脱贫攻坚项目库基本情况表 / 212
表 5-2　"第一书记起主导作用"的回答比例(权力关系) / 229
表 5-3　"如果扶贫任务不达标,谁来负最主要责任"的回答比例(责任关系) / 229
表 5-4　多元主体权力关系与村干部的政策评价 / 231
表 5-5　多元主体权力关系与村民对帮扶绩效的感知 / 234
表 A-1　山东省科学发展综合考核指标体系(2008 年) / 265
表 A-2　人大代表的地域代表倾向统计回归变量说明及描述性统计结果 / 269
表 A-3　第一书记原单位及职务 / 273
表 A-4　府际联动中工作队嵌入绩效回归分析中的变量说明与描述性统计结果 / 276

# 图目录

图 2-1 地方政府支出占政府总支出的比例(1952—2002 年) / 040

图 2-2 地方政府支出占政府总支出的比例(2005—2020 年) / 041

图 2-3 本书分析框架示意图 / 060

图 5-1 县级脱贫攻坚项目库建设流程图 / 214

图 5-2 易地扶贫搬迁统一建房资金流向示意图 / 216

图 5-3 对第一书记扶贫责任的认知差距 / 230

# 第一章 导论

# 第一章 导论

"1994年8月19日《华商时报》载文:为了分税制,朱副总理掉肉五斤……朱副总理表示,分税制的要点是中央收中央的税,地方收地方的税,过去中央只占28%,经济改革后,富了一些省份,穷了中央。财政改革的目标就是中央收60%的收入,以帮助穷省份。'我是一个省一个省去谈,结果自己掉了2.5公斤的肉。'朱副总理真是太辛苦了。"①"两个月时间内,朱镕基一行走访了13个省、市、自治区,一个地方接着一个地方去谈,谈判过程异常艰辛。特别是在收入划分和基期年的确定这两个主要利益参数上,中央和地方不断博弈,最终达成共识。"②分税制改革是在讨论我国央地关系时经常被引用的例子,其展开的过程以及带来的深远影响充分展现了我国央地关系的复杂性和重要性,其实施标志着央地关系的制度化和规范化。

政府间关系的实质是政府之间的权力配置和利益分配关系。③ 央地关系是府际关系中的核心类型。我中国央地关系的复杂性在于中央与地方的关系首先表现为中共中央与地方党组织的关系,然后表现为中共中央与地方人民政府的关系,再后表现为中央人民政府(国务院)与地方人民政府的关系。④ 中央与

---

① 辛向阳:《大国诸侯:中国中央与地方关系之结》,中国社会出版社2007年版,第442页。
② 《新一轮财税体制改革:中央和地方关系的重大调整》(2022年7月2日),大河报网,https://www.dahebao.cn/news/1186040?cid=1186040,最后浏览日期:2022年7月8日。
③ 谢庆奎:《中国政府的府际关系研究》,《北京大学学报》(哲学社会科学版)2000年第1期。
④ 金安平:《建国初期中央和地方关系若干原则的形成》,《北京党史研究》1998年第2期,第21页。

地方的关系实质上是国家利益与地方利益的关系,①"是国家整体利益、社会普遍利益与国家的局部利益、地方的特殊利益的关系……从大的方面来看,它包括三个方面:其一是物质利益关系问题;其二是国家组织结构问题;其三是中央与地方的职(责)权(限)划分问题"②。地方政府间关系在很大程度上受制于央地关系。③ 并且从本质上说,地方政府间纵向关系是较大地域范围的地方利益与较小地域范围的地方利益之间的关系。

本书建立在丰硕的已有研究的基础上,旨在从以下几方面对当代中国地方政府间的纵向关系做一些创新研究,并期待有所贡献。

一是本书跳脱集权与分权的分析框架和对府际关系特征的描述,从制度视角出发,剖析当代中国地方政府府际博弈与协作的制度基础和地方自主性的制度来源。制度视角的优势在于,既能关注正式制度下权力授予与分配的情况,又能通过"行动中的制度"来呈现府际互动的过程与特点。

二是已有研究在府际关系的制度方面多关注财税制度,较少从政治制度的角度出发。本书聚焦于干部管理制度、人民代

---

① 薄贵利:《中央与地方关系研究》,吉林大学出版社1991年版,第10页。
② 辛向阳:《大国诸侯:中国中央与地方关系之结》,中国社会出版社2007年版,第19页。
③ 具体来说,"如果在中央与地方关系上实行地方分权制,那么,地方各级政府间主要存在法律上的指导关系,权力上的领导与制约关系比较弱……在实行中央集权制的中央与地方关系下,正如最高一级地方政府权力来自中央政府一样,地方各级政府的权力也都源自上一级政府,因而,下级地方政府与上级地方政府的关系,就是一种领导与被领导、制约与被制约的关系。"参见林尚立:《国内政府间关系》,浙江人民出版社1998年版,第23页。

表大会制度以及任务推动型项目制,分析这些制度如何塑造和影响府际互动的形式、利益的表达与博弈,以及权力在不同层级地方政府的分配。

三是已有研究多关注央地关系,尤其是中央与省的关系,比如李侃如(Kenneth Lieberthal)和迈克尔·奥克森伯格(Michael Oksenberg)分析了各省与中央政府之间的讨价还价关系。① 既有研究较少关注地方政府间关系,忽视了地方政府间关系在研究中国分权问题中的重要性。② 本书通过聚焦地方政府间关系,旨在丰富当代中国纵向府际关系的研究。

四是本书从利益的视角出发,拓展了对府际互动形态的研究。已有研究多从国家结构形式或权力分布与配置的视角分析府际关系,本书回归府际关系的本质,即利益关系,关注地方利益的划一、表达、重组机制,除了讨论府际互动中常见的强制、讨价还价、合作与竞争之外,也将讨论范围拓展到鲜有研究的跨层

---

① Kenneth Lieberthal, and Michael Oksenberg, *Policy Making in China: Leaders, Structure, and Processes*, Princeton University Press, 1988. 他们总结出的各省与中央关系影响因素包括:(1)省领导人的性格特征以及他们与中央的关系;(2)中央主要领导人在省老百姓中的受欢迎程度;(3)地理距离上接近北京的程度以及抵达北京的交通便利程度;(4)省获取外汇的能力。其他研究中央与省级政府关系的研究包括但不限于:Jae Ho Chung, *Central Control and Local Discretion in China: Leadership and Implementation during Post-Mao Decollectivization*, Oxford University Press, 2000; Yumin Sheng, "Central-Provincial Relations at the CCP Central Committee: Institutions, Measurement and Empirical Trends, 1978-2002", *The China Quarterly*, 2005, 182, pp. 338-355; Linda Chelan Li, "Central-Local Relations in the People's Republic of China: Trends, Processes and Impacts for Policy Implementation", *Public Administration and Development*, 2010, 30(3), pp. 177-190.
② 郁建兴、李琳:《当代中国地方政府间关系的重构——基于浙江省县乡两级政府扩权改革的研究》,《学术月刊》2016年第1期。

级府际交流与联动。

五是已有研究较少关注府际互动中的信息维度，①然而信息资源是影响组织间相对权力关系的五大资源要素之一，本书借用R. A. W. 罗兹(R. A. W. Rhodes)的"权力-依赖关系"分析框架，探讨府际互动中的信息传递，以及制度如何促进府际之间的信息流动。

在讨论中国地方分权的问题时，张友渔先生指出："中国的地方分权既包括中央与一般地方行政区域的分权，又包括中央与民族区域自治地方的分权。"②本书在探讨府际权力关系时，不涉及中央与民族区域自治地方以及民族区域自治地区内部不同层级政府之间的关系，而将分析主要聚焦在一般地方行政区域内部的关系上。本书的分析对象是当代中国地方政府间纵向

---

① 已有研究在涉及府际关系中的信息问题时，多关注府际共谋中的信息造假，新近研究有一些拓展。比如有学者发现，在"委托人—管理人—代理人"三层组织结构之下，与管理人有非正式关系的代理人更有可能干预管理人关注的次要目标相关信息，从而导致委托人最终接收的信息出现失真，即上下级官员之间的关系网络可以为下级干预绩效数据提供更大的机会和空间，具体参见 Xiao Tang, Yinglun Wang, and Hongtao Yi, "Data Manipulation through Patronage Networks: Evidence from Environmental Emissions in China", *Journal of Public Administration Research and Theory*, 2022, https://doi.org/10.1093/jopart/muac019. 再如，在分析模糊性治理模式时，学者指出："在国家监督体系的深度参与下，出现了仅次于中央的监管者，其权力范畴限定在监察、审计、评估部门绩效表现之上。国家监察机关及其派出机构在最高权威之下负责实施问责权；作为向上负责且具有独立权威的监督者，它的存在对细节性的定性报告提出了更高的要求，文件和信息总是通过正式渠道自下而上传递，由此导致科层组织沟通数量增加及信息的集权化。同时，定性的综合评估隐匿了数字背后的用途和评估函数，使中央拥有了更多信息优势，消弭了由上下级信息不对称带来的委托-代理问题。"具体参见何艳玲、肖芸：《问责总领：模糊性任务的完成与央地关系新内涵》，《政治学研究》2021年第3期，第125页。此外，信息沟通结构的变化能够促进不同组织或主体之间在资源利益基础上的合作，具体参见邱泽奇、由人文：《差异化需求、信息传递结构与资源依赖中的组织间合作》，《开放时代》2020年第2期。
② 张友渔：《宪政论丛》(下册)，群众出版社1986年版，第543页。

关系,这里的"政府"是广义的政府(即指国家机构的总体),包括不同层级地方党政机关之间的关系。具体探讨的研究问题包括:(一)上下级政府之间的利益如何协调,参与协调的制度和机制有哪些;(二)这些制度和机制在实际运作中主要发挥了哪些功能;(三)地方政府的自主性受到哪些因素的影响。剖析这三个问题,有助于我们了解我国府际关系的政治制度基础,也为理解当代中国府际关系集分并存特征的形成提供一种制度视角的解释。

中国政府职能在纵向配置上的职责同构(及其带来的各级政府都是"全能"政府的现实),使上级政府竞争获得下级政府注意力,上级政府对下级政府各领域行为进行监管,以及上下互动中的信息等问题都更为复杂和突出。相应地,影响这些方面的制度设计变得尤为重要。因此,本书聚焦于影响府际关系的政治制度及其在现实运行中对府际互动利益维度(包括利益划一、利益表达与利益重组)的影响。本书的一个主要启发性观点(implication)是:中国地方政府的自主性有其内在的制度根源。具体来说,干部管理制度中的治理逻辑以及不同层级政府间在治理绩效结果上的相互依赖,使得治理绩效目标的制定存在一定程度的博弈空间;地方政府具有制度化的利益表达渠道并且能够克服科层制下的层级节制,从而实现(需求相关)信息的跨层级向上流动和表达;项目制治理模式进一步扩大了中层地方政府的自主权。地方政府在某个政策领域的自主性大小在一定程度上取决于制定相关绩效目标时博弈空间的大小,是否采用项目制模式落实相关政策,以及是否存在激励地方利益诉求表达的制度环境。

本书接下来的章节安排以及各章主要观点如下。

第二章概述府际关系，梳理当代我国府际关系的不同分析视角，并比较我国府际关系的古今异同以及中国与其他国家在府际关系方面的主要差异。在总结国内外关于府际关系的研究趋势的基础上，阐述我国地方纵向府际关系的利益维度和本书的分析框架。

第三章聚焦于干部管理制度对地方府际关系的影响，呈现其实现利益划一（interest alignment）的机制以及在确定绩效目标时存在的府际博弈。作为我国科层体制中塑造和分配干部激励的核心政治制度，干部管理制度同样具有约束和信息的功能。干部管理制度的研究和制度的实际发展，都经历了从只重视调控逻辑向调控和治理双重逻辑并重的转变。在这个被认为是发挥调控作用的关键政治制度的运作中，仍然存在一定的博弈空间与一定程度的地方自主性，具有集分并存的特征。在党管干部的背景下，这种博弈空间与地方自主性存在的根源在于不同层级政府在治理绩效结果上的相互依赖。

第四章通过分析省人大代表建议的提出和办理情况，来展现人民代表大会制度作为地方利益表达平台在调节地方政府间纵向关系中发挥的积极作用。区别于已有央地信息互动研究多关注中央政府与民众之间的信息传递，[1]本书聚焦于不同层级

---

[1] 比如，曹正汉指出，在央地互动中，中央政府有意识地利用民众有限度的"忠诚的抗议"（loyalist protests）传递出的关于地方政府治理状况和腐败程度以及民众最不满的领域和政策的信息来监督地方政府和调整政策。具体参见曹正汉：《中国上下分治的治理体制及其稳定机制》，《社会学研究》2011年第1期，第3页。

地方政府间的信息交流。地方官员人大代表是地方治理信息和地域利益的积极表达者,通过提出代表建议,实现了治理信息与利益诉求的跨(政府)层级向上流动;通过建议的办理和答复,又实现了治理和偏好信息的跨层级向下传递。人大通过推进代表建议的办理,参与调节地方政府间纵向关系。值得指出的是,从代表建议的办理来看,制度运行中并没有普遍建立起对地域利益诉求表达的积极正反馈,在部分省份,对地域利益表达的正向激励尚不足。

第五章探讨了项目制对地方政府间纵向关系的影响。作为越来越常见的一种治理模式,项目制无论是作为自上而下资金配置的机制、落实任务的一种模式,还是作为一种治理形式,都在重新塑造府际关系。尤其是任务推动型项目制加强了府际之间的联动和不同层级政府权力与利益的再分配,使得地方政府间纵向权力关系呈现出更加碎片多元的特征。在跨层级联动时,主体之间平衡的权力关系能够产生较高治理绩效的原因在于,既能发挥外来(上级)主体在资源和身份中立方面的优势,又能有效避免大包大揽导致的妥协性政策执行以及对当地长期治理主体积极性的压制和权威的弱化,最终实现分工协作,提升基层治理的绩效。并且,任务推动型项目制从财权、目标设置权、激励分配权以及检查验收权等方面都加大了县级政府的自主性;同时,多个层级的政府均参与了项目的监督和检查验收环节。任务推动型项目制具有"加强的府际联动""多样的府际监督""多元化的府际纵向权力关系"等特征。

第六章是本书的结语部分,总结本书主要观点,并指出未来的研究议题。

本书运用多个一手数据库和定性与定量相结合的研究方法。一手数据包括研究者收集和构建的干部考核条例数据库、省人大代表数据库、人大代表建议及建议回复文本数据库、精准扶贫与乡村振兴调查(参与收集);使用的方法包括内容分析法、案例研究法和统计回归分析法。

最后需要说明的是,考虑到阅读的流畅性和信息的完备性,笔者将关于主体章节的一些补充信息作为附录,放在书末,供读者进一步阅读。

# 第二章
## 府际关系概述

# 第二章 府际关系概述

本章梳理当代中国府际关系相关的分析视角、概念和理论，同时比较分析当代中国在府际关系上与古代中国和其他国家的相关研究，从而总结国内外府际关系领域的研究进展和趋势，以展现本书聚焦于府际关系利益维度的合理性。

## 第一节 府际关系的分析视角

当代中国的府际关系研究主要聚焦于央地关系，有学者曾将当代中国的央地关系形容为"最难进行规范性概况的方面"[①]，在划分府际关系的依据上，包括国家结构形式、权力在政府间的分配（即集权还是分权）、行为（即强制、博弈、协作等）三类。在参考国内外学术讨论，并以中国府际关系的演进与走向为参照系的基础上，有学者提出分析府际关系的四大主流模式：委托-代理结构模式、法律制度模式、理性选择模式、相互依赖模式。[②] 现有研究经常用以下概念来概括当代中国央地关系的特征。

第一，不同性质的单一制，包括民主集中单一制[③]、复合单一

---

① 胡伟：《政府过程》，浙江人民出版社1998年版，第55—73页。
② 罗湘衡：《分析府际关系的四大主流模式研究》，《国外理论动态》2016年第6期。
③ 持"民主集中单一制"观点的主要是童之伟等学者，参见童之伟：《论有中国特色的民主集中单一制》，《江苏社会科学》1997年第5期。也有学者认为，民主集中制在治理中的主要表现形式是中央对分散于各地的民主探索实践进行集中考察与决策，然后通过上级指导和顶层推动的方式将部分地方治理经验拓展到更多地区，具体参见臧雷振、张一凡：《理解中国治理机制变迁：基于中央与地方关系的学理再诠释》，《社会科学》2019年第4期。

制①、混合制②和失衡的单一制③。前两者主要从宪法规定和国家结构形式进行概括,比如艾晓金主要从中央政府在国家权力体系的地位以及成员单位国家权力的来源两个方面,来划分国家结构,而我国既有别于典型的联邦制,又不同于典型的单一制。"由于存在国家权力的二元性和复杂性,人民代表大会所体现的权力,与中国共产党所体现的国家权力相结合,使我们的单一制有很强的复合色彩。我国的国家结构应该是一种复合式单一制。"④王沪宁和林尚立提出,20世纪70年代末80年代初至90年代,"中央与地方关系发生了偏向于地方的失衡"或者"地方扩展与中央弱化"的现象,有学者将这一现象称为失衡的单一制。⑤ 也

---

① 关于复合单一制的观点可参见张海廷和艾晓金的作品。张海廷认为,"虽然我国宪法规定了民主集中的中央与地方关系模式,但由于政党隐私、历史积淀和计划经济体制的惯性影响,实践中,我国的中央与地方关系更多具有中央集权的特点,从而应属于中央集权的体制模式",具体参见张海廷:《单一制下中央地方关系体制应作两类划分——我国中央集权式中央地方关系的动态平衡》,《河北法学》2002年第1期,第44页。艾晓金认为,典型的单一制国家的"中央政府的权力来自人民,国家权力由中央政府来承担和体现,地方政府享有的国家权力来源于中央政府的授予和规定;而联邦制下联邦政府和成员政府在宪法规定范围内享有最高权力,联邦政府的国家权力只是国家权力体系中的一个组成部分,成员政府的国家权力直接来自宪法的规定和授予",我国与两者都不同,具体参见艾晓金:《中央与地方关系的再思考——从国家权力看我国国家结构形式》,《浙江社会科学》2001年第1期,第63页。
② 混合制说具体参见杨宏山:《府际关系论》,中国社会科学出版社2005年版。
③ 失衡的单一制请参见王沪宁:《集分平衡:中央与地方的协同关系》,《复旦学报》(社会科学版)1991年第2期;林尚立:《国内政府间关系》,浙江人民出版社1998年版。
④ 艾晓金:《中央与地方关系的再思考——从国家权力看我国国家结构形式》,《浙江社会科学》2001年第1期。
⑤ 王沪宁:《集分平衡:中央与地方的协同关系》,《复旦学报》(社会科学版)1991年第2期;林尚立:《国内政府间关系》,浙江人民出版社1998年版,第335页;黄相怀:《当代中国中央与地方关系的"竞争性集权"模式》,天津人民出版社2014年版,第22—23页。

## 第二章 府际关系概述

有学者进行政治和经济的二元化处理,认为我国存在政治单一制和经济联邦主义的二元结构,其中控制地方核心领导干部是政治单一制的核心特征,经济联邦主义主要体现在政府间的财政关系上。①

第二,从权力的分布情况来看,有学者提出了"分权式威权制""竞争性集权""上下分治""行政发包制""碎片化权威"等概念。与前述政治和经济二元结构的观点类似,许成钢认为,中国的"分权式威权制"主要表现为中央在政治、人事任免权的高度集权与行政、经济方面的地方高度分权相结合。② 黄亚生和皮埃尔·兰德里(Pierre Landry)也都强调,中国政府间关系体现为政治集权与经济分权相结合。③ 黄相怀用"竞争性集权"模式概括中央与地方关系,强调代表中央集权的力量与要求地方分权的力量在利益与权力上展开的博弈。④ 曹正汉认为,中国治理体制的基本特征是治官权与治民权的分设,中央政府主要执掌选拔、监督和奖惩官员的权力,即治官权,而管治各地区民众的权力,即治民权,则由地方官员执掌,这种上下分治的体制包

---

① 杨光斌:《中国经济转型时期的中央—地方关系新论——理论、现实与政策》,《学海》2007年第1期。
② 许成钢:《打破"分权式威权制"处理好政府市场关系》,《华夏时报》,2014年1月2日。
③ Yasheng Huang, "Central-Local Relations in China During the Reform Era: the Economic and Institutional Dimensions", *World Development*, 1996, 24(4), pp. 655-672; Pierre Landry, *Decentralized Authoritarianism in China: The Communist Party's Control of Local Elites in the Post-Mao Era*, Cambridge University Press, 2008.
④ 参见黄相怀:《当代中国中央与地方关系的"竞争性集权"模式》,天津人民出版社2014年版。

## 约束、信息与激励：府际关系视角下的当代中国政治制度

括分散执政风险和自发调节集权程度的机制，有助于治理体制的长期稳定；地方政府在处理与民众有利益冲突的事务上，其实际的集权程度与当地民众采取集体行动的能力成反比，如果民众的集体行动能力提高了，那么地方政府将会采取降低集权程度的行动。① 周黎安的"行政发包制"是行政组织边界之内的"内部发包制"：在统一的权威之下，在上级与下级之间嵌入了发包的关系，委托人（即上级政府）作为"发包方"，拥有正式权威（如人事控制权、监察权、指导权和审批权）和剩余控制权（如不受约束的否决权和干预权），地方政府作为"承包方"拥有一定程度的自由裁量权和"剩余索取权"。他从行政权分配、经济激励和考核控制三个维度来揭示中国政府运行机制的结构性和系统性特征：以任务下达和指标分解为特征的行政事务层层发包，高度依赖各级地方政府和相关部门单位自筹资金的财政分成和预算包干，以及以结果为导向的考核和检查。② 在碎片化权威理论中，中央和省相互依赖，并且都掌握着对方所需要的资源，从而形成一种对中央有利的均势……中央和省的关系主要是一种讨价还价的关系，两方的领导人都用他们控制的东西与对方交

---

① 曹正汉：《中国上下分治的治理体制及其稳定机制》，《社会学研究》2011年第1期。
② 周黎安：《行政发包制》，《社会》2014年第6期，第13—14页。周黎安也曾将中国政府间关系的特征概括为中央集权、地方分权、横向协调和整合度低三个特征，即中国政府治理的"集权—分权悖论"，具体参见周黎安：《转型中的地方政府：官员激励与治理》，格致出版社2008年版。

换资源或者其他有价值的东西。① 同时,省级政府相对于中央和县市政府的权力大小影响着省内政策,比如城市均衡发展政策的制定和执行。② 这种碎片化的决策权威也为地方政府开展竞争式政策博弈创造了条件。马啸在他的研究中展现了围绕高铁站点建设展开的"自下而上的地方化博弈",以及地方政府讨价还价能力(bargaining power)的多种来源。③ 过去十年,越来越多的学者开始关注在环境治理、金融监管、土地利用与土地财政、信息等方面的央地博弈。④

---

① Kenneth Lieberthal, and Michel Oksenberg, *Policy Making in China: Leaders, Structures, and Processes*, Princeton University Press, 1988, pp. 252-253; David Lampton, "A Plum for a Peach: Bargaining, Interest, and Bureaucratic Politics in China", in Kenneth Lieberthal, and David Lampton, eds., *Bureaucracy, Politics, and Decision Making in Post-Mao China*, University of California Press, 1992, pp. 33-58.
② Kyle Jaros, *China's Urban Champions: The Politics of Spatial Development*, Princeton University Press, 2019.
③ 参见 Xiao Ma, *Localized Bargaining: The Political Economy of China's High-Speed Railway Program*, Oxford University Press, 2022。
④ 在环境治理方面,关于央地博弈的研究可参考向俊杰、陈威:《节能减排一票否决绩效考核:央地博弈中的逻辑演进》,《行政论坛》2020 年第 1 期;姜珂、游达明:《基于央地分权视角的环境规制策略演化博弈分析》,《中国人口·资源与环境》2016 年第 9 期。在金融监管方面,关于央地博弈的研究可参考胡继晔、董亚威:《基于央地博弈的地方金融监管体制完善》,《宏观经济研究》2021 年第 3 期;肖高华:《"以内治外"——央地博弈下的近代地方财政监督制度设计》,《史学月刊》2022 年第 1 期;王涵、张皓:《政经交织的央地博弈:东北裁撤厘金初探》,《中国边疆史地研究》2021 年第 1 期。在土地利用与土地财政方面,关于央地博弈的研究可参考孙德超、曹志立:《相互推诿:一种央地关系的类型分析》,《学习与探索》2018 年 12 期;李万新:《对央地土地博弈的制度分析》,《社会科学文摘》2017 年第 4 期;雷艳红、游宇:《央地关系视角的土地财政:一个制度层面的梳理》,《中国行政管理》2012 年第 10 期。在央地信息博弈方面,可参考凌双、李维民、刘小舟:《新媒体情境下突发环境事件中的信息博弈研究》,《情报杂志》2019 年第 2 期;孙雨、邓燕华:《技术治官下的剩余信息生产权博弈——以环境空气质量监测为例》,《南京社会科学》2019 年第 2 期。

第三，财政联邦主义。1994年实施的分税制（即一种财政分权制度）对央地关系产生了重要影响：中央直接管理经济的作用下降而宏观调控能力增强，地方政府管理经济的作用加强。① 将中国的经济分权制概括为"维护市场型联邦主义"的经济学家认为，中国政府符合以下特征：（1）存在一个政府内的层级体系，在政府之间存在权力划分，任何一级政府都不拥有绝对的制定政策法规的垄断权，同时又在自己的权力范围内享有充分的自主权；（2）每一级政府的自主权都是制度化的，从而使联邦主义的约束能够自我实施；（3）地方政府对辖区内的经济事务享有主要的管理权；（4）一个统一市场的形成，使地方政府不能利用它们的经济管理权去制造贸易壁垒；（5）各级政府都面对硬预算约束。② 央地财税分享比例的安排也解释了我国地方官员较强的发展地方经济的动机。③ 也有学者质疑"维护市场型联邦主义"模型并提出，在中央层面不同观点的竞争和中央的统筹安排而非分权才是解释中国经济奇迹的关键因素。④

第四，行为联邦制。这种体制"是一种相对制度化的模式，它包括中央和各省之间一种显性或隐形的谈判。谈判中的一个

---

① 闫坤、陈昌盛：《中国财政分权的实践与评价》，《广东社会科学》2003年第5期。
② Yinyi Qian, and Barry Weingast, "China's Transition to Markets: Market-Preserving Federalism, Chinese Style", *Journal of Policy Reform*, 1996, 1(2), pp.149-186. 转引自杨光斌：《中国经济转型时期的中央-地方关系新论——理论、现实与政策》，《学海》2007年第1期，第72页。
③ Ekaterina Zhuravskaya, "Incentives to Provide Local Public Goods: Fiscal Federalism, Russian Style", *Journal of Public Economics*, 2000, 76, pp.337-368.
④ Hongbin Cai, and Daniel Treisman, "Did Government Decentralization Cause China's Economic Miracle?", *World Politics*, 2006, 58(4), pp.505-535.

要素是:各省得到的某种利益是制度化的或特定的。而作为回报,省级官员们保证,他们将代表中央以特定的方式做出行动……中国的中央与地方关系具有某种事实上的联邦制的特征,甚至在一定程度上中国地方政府所拥有的权力比联邦国家的地方政府还要大得多……中国的央地关系之所以定义为事实上的联邦制,是因为满足以下三个条件:(一)它有一个按照等级来划分的政治制度,各级政府都有一些它可以做出最终决定的事务;(二)政府间放权的制度化达到了这样一个程度,即中央政府单方面强加它的决定给各省并改变政府之间的权力分配,就算不是不可能,也逐渐变得更加困难;(三)各省在它们的管辖权之内,对经济事务和某种程度的政治事务负主要责任……影响央地关系的机制包括强制、谈判和互惠"[①]。

除了从国家结构形式、权力分配和行为视角来分析中国的府际关系外,委托-代理理论中关于信息不对称和激励问题的讨论,也常被运用于分析形成某种府际关系背后的深层次原因。同时,不同学科的学者也从各自的学科视角出发分析府际关系的特征、变化,并给出相应的创新建议。

尤为突出的是经济学家对中国转型期经济分权和财政联邦制的研究(包括对经济分权的描述、测量、作用机制及其对经济增长和地方政府行为的影响),奠定了我们理解和分析中国府际

---

[①] 郑永年:《中国的"行为联邦制":中央-地方关系的变革与动力》,东方出版社2013年版,第35、47页。

关系的知识基础。① 分税制作为重构中央地方关系的重要改革,其形成的"财权集中、事权分散"的中央地方框架是我们理解地方政府行为和地方经济社会发展的关键因素。②

法学家从法学视角出发,深入阐释了央地关系中的重要问题,比如魏红英的《宪政架构下的地方政府模式研究》③和熊文钊的《大国地方:中央与地方关系法治化研究》④。以《大国地方》为例,该书先归纳央地关系格局的宏观特征,进而提出我国央地关系不适用联邦制与单一制的简单划分,而是具有"一体多元性":"一体"指的是具有中央集权制特征,即中央与地方政府间政治关系的"一元化"方面;"多元"体现出中央与地方之间的分权色彩,即中央与地方政府间政治-经济关系的"多元化"方面。⑤《大国地方》还在归纳的基础上,提出中央与地方关系法治化的八大基本原则、中央与地方事权和财权划分的理论与建议以及完善中央与地方关系纠纷解决机制的途径。

政治学研究者主要运用历史分析和比较分析的方法,将当

---

① 有代表性的研究包括但不限于以下文献。陈硕:《中国央地关系:历史、演进及未来》,复旦大学出版社2020年版;寇铁军:《中央与地方财政关系研究》,东北财经大学出版社1996年版;Hongbin Cai, and Daniel Treisman, "Does Competition for Capital Discipline Governments? Decentralization, Globalization, and Public Policy", *American Economic Review*, 2005, 95(3), pp. 817-830.
② 周飞舟、谭明智:《当代中国的中央地方关系》,中国社会科学出版社2014年版,第171页。
③ 魏红英:《宪政架构下的地方政府模式研究》,中国社会科学出版社2004年版。
④ 熊文钊主编:《大国地方:中央与地方关系法治化研究》,中国政法大学出版社2012年版。
⑤ 同上书,第115—116页。

## 第二章 府际关系概述

代中国府际关系与古代中国或者国外府际关系进行比较,探究影响府际关系变化的因素,给出进一步调整政府间纵向关系的建议。比较有代表性的著作包括薄贵利的《中央与地方关系研究》、林尚立的《国内政府间关系》、张志红的《当代中国政府间纵向关系研究》。除了梳理政府间关系的结构、模式以及基础理论,三本专著都探讨了影响政府间关系变化的各类因素,比如地理环境、经济结构、民族与宗教问题、政治结构、政治文化、科学技术发展水平以及社会管理职能的变化等。[1] 值得指出的是,张志红在书中提出中国政府职能在纵向配置上的总体特点可以概括为"职责同构",即在"政府间纵向关系中,不同层级政府在职能、职责和机构设置上的高度统一和雷同……中国每一级政府都管理相同的事情,相应地在政府机构设置上表现出'上下一致'的特点"[2]。职责同构是中国政府间纵向关系发展障碍的症结所在,具体反映为:职责同构下的"全能"政府的管理职责履行不到位,阻碍社会结构领域进一步分离和整合;职责同构下的政府权力"集分反复",增加了政府运行的成本;职责同构也是滋长

---

[1] 薄贵利:《中央与地方关系研究》,吉林大学出版社1991年版;林尚立:《国内政府间关系》,浙江人民出版社1998年版;张志红:《当代中国政府间纵向关系研究》,天津人民出版社2005年版。薄贵利在后来出版的《集权分权与国家兴衰》一书中还进一步探讨了现代化进程中中央与地方权限的变化规律,合理分权在中国的必要性以及建立中央与地方合理分权体制的主要途径。同时期其他政治学学者的比较有影响力的府际关系相关著作包括但不限于以下文献。王绍光:《分权的底线》,中国计划出版社1997年版;金太军、赵晖等:《中央与地方政府关系建构与调谐》,广东人民出版社2005年版;杨小云:《新中国国家结构形式研究》,中国社会科学出版社2004年版;杨宏山:《府际关系论》,中国社会科学出版社2005年版。

[2] 张志红:《当代中国政府间纵向关系研究》,天津人民出版社2005年版,第269页。

官僚主义的重要土壤,是政府职能转变不到位、条块矛盾突出等一系列重要问题难以解决的主要体制性原因。① 政治学研究者也关注集中的人事任命权和目标责任制形成的压力型体制②如何形塑我国纵向府际关系的基本形态和特征。

社会学家多着眼于构建府际关系的分析框架并勾勒府际关系折射出的治理模式,其中以"控制权"理论和"项目制"理论颇具代表性。周雪光和练宏对周黎安的"行政发包制"模型进行了修正和扩展,在提出委托方(中央政府)—管理方(中间政府)—代理方(基层政府)三级科层组织模型的基础上,将这个科层组织内部实际运行过程的"控制权"重新概念化,提炼出构成控制权的三个维度,分别是目标设定权、检查验收权、激励分配权;组织各层次、各部门间在这些控制权维度上的不同分配组合形成了四种治理模式。③ 分税制后,在收入越加集权的体制下,资金分配出现了依靠"条线"体制另行运作的情形,即财政转移支付

---

① 参见张志红:《当代中国政府间纵向关系研究》,天津人民出版社2005年版,第269—282页;朱光磊、张志红:《"职责同构"批判》,《北京大学学报》(哲学社会科学版)2005年第1期。也有学者指出,"倘若这种同构性被打破,那么中央直插基层的管道也就因此丧失,会对中央的全局调控能力造成一定程度的削弱",具体参见熊文钊主编:《大国地方:中央与地方关系法制化研究》,中国政法大学出版社2012年版,第229页。

② 杨雪冬:《压力型体制:一个概念的简明史》,《社会科学》2012年第12期。

③ 这四种模式具体指:(1)高度关联型治理模式,即所有控制权掌握在委托方手中的一种高度集权、高度整合的治理模式,运动式治理是这一模式的典型表现;(2)行政发包制治理模式,即委托方保留目标制定和检查验收的控制权,但激励分配和政策执行等剩余控制权都赋予管理方,属于中国政府的常态治理模式;(3)松散关联型治理模式,即委托方保留目标设定权,而检查验收权和激励分配权放在管理方手中;(4)联邦制治理模式,即委托方将某一领域或某一职能的所有控制权都交给管理方,管理方拥有正式和实质的权威。参见周雪光、练宏:《中国政府的治理模式:一个"控制权"理论》,《社会学研究》2012年第5期。

采用项目制的方式在行政层级之外灵活处理;项目制作为超越行政科层制的方式之一,为权力的运作附加了竞争性的市场机制,下级政府在项目制的运作中,可以加入更多自己的意图和利益,获得更多的自主权力。① 项目制是一种能够将国家从中央到地方的各层级关系统合起来的治理模式,同时在项目制的运行中,随着财政上划出现的权力上移,县级政府及各职能部门的权威得到强化,而乡镇政府的权威被弱化了。②

公共管理学科的学者多从条块关系和事权配置的视角探讨府际关系的特征、存在的问题、调整及其对公共政策的影响。中央和地方的关系在很大程度上表现为"条条"与"块块"的关系。③ 国内外学者对中国条块关系失调现象及其深层次症结给出了解释。比如,有学者认为,当代中国正在经历一种以垂直管理为核心的"柔性"集权,以"块"为基础的分权系统逐渐被以"条"为基础的集权系统所取代。④ 朱光磊和张志红认为,条块矛盾的根源在于高度的"职责同构"。⑤ 更多学者认为,基层条块关系失调的总病根是政府间事权划分不明确、不清晰,政府职

---

① 折晓叶、陈婴婴:《项目制的分级运作机制和治理逻辑——对"项目进村"案例的社会学分析》,《中国社会科学》2011 年第 4 期。
② 渠敬东:《项目制:一种新的国家治理体制》,《中国社会科学》2012 年第 5 期。更多关于项目制的讨论参见本书第五章。
③ 朱光磊:《当代中国政府过程》,天津人民出版社 2008 年版,第 270 页。
④ Andrew Mertha, "China's Soft Centralization: Shifting Tiao/Kuai Authority Relations", *The China Quarterly*, 2005, 184, pp. 791-810.
⑤ 朱光磊、张志红:《"职责同构"批判》,《北京大学学报》(哲学社会科学版)2005 年第 1 期。

能越位、缺位、错位并存,条块的权责利不对等。① 近些年来,学者对公共决策和事权方面府际关系的调整和发展进行了细致的分析,比如,我国的央地关系相继走过了集权制下的"央主地从"、分权制下的"地方主义"以及分权-合作制下的"央地共治"三个阶段。② 中共十八大以来,地方不断深化推动"放管服"改革,学者就这些扩权改革对地方政府间关系产生的影响以及存在的问题进行了考察与分析。③ 基于中国经验的"上下来去"模型,有学者剖析了当代中国政策议程中的央地互动。④ 还有学者探讨了我国政策试点背后蕴含的府际关系的特征。⑤ 朱旭峰和张超以可持续发展政策试点为例,发现政策试点强化了中央部委与地方政府间的联结,这种央地联结重构了央地关系,通过多种形式发挥了信息传递、资源共享和利益分担等作用,有效推

---

① 过勇、贺海峰:《我国基层政府体制的条块关系:从失调走向协同》,《经济社会体制比较》2021年第2期;韩旭、涂峰:《中央、地方事权关系研究报告》,中国社会科学出版社2015年版;叶敏:《城市基层治理的条块协调:正式政治与非正式政治》,《公共管理学报》2016年第4期。
② 闫帅:《公共决策机制中的"央地共治"——兼论当代中国央地关系发展的三个阶段》,《华中科技大学学报》(社会科学版)2012年第4期。
③ 郁建兴、李琳:《当代中国地方政府间关系的重构——基于浙江省县乡两级政府扩权改革的研究》,《学术月刊》2016年第1期;刘承礼:《简政放权:实现地方治理目标》,《行政管理改革》2016年第7期;王峰:《"放管服"改革中政府间纵向关系调整:逻辑与进路》,《中国行政管理》2021年第8期。
④ 周立、罗建章:《"上下来去":县域生态治理政策的议程设置》,《中国行政管理》2021年第11期;宁骚:《公共政策学》,高等教育出版社2011年版。
⑤ 比如,熊文钊指出,先行先试模式中暗含上级政府监控政策的意图。具体参见熊文钊主编:《大国地方:中央与地方关系法治化研究》,中国政法大学出版社2012年版。关于中国政策试点的研究可以参考周望:《中国"政策试点"研究》,天津人民出版社2013年版。

动了中央关于可持续发展政策目标在地方的落地执行。① 府际关系本身对政策过程,包括政策试点的产生和政策扩散,以及横向政府间的协作等,也产生直接的影响。②

## 第二节 中国府际关系的古与今

有学者认为:"中央与地方的关系横穿中国五千年的文明史,一部中国史,一定意义上讲,就是处理中央与地方关系的历史……中央与地方的关系不论在哪个朝代都有一些共性的东西。中国式的政治的核心决定和制约着中央与地方的关系,这就是由中央'正'地方。"③"在中国长期的帝制历史上,没有哪个根本性问题比之什么是统治乡村地区的适当方式引起过更为激烈的争辩了。国家利益和地方社区利益应当如何保持平衡?各种自然产生的社区性组织(如宗教、地方宗教、村中长者等),是

---

① 朱旭峰、张超:《"竞争申请制":可持续发展政策试点与央地关系重构》,《中国人口·资源与环境》2020年第1期。
② 参见刘伟:《政策试点:发生机制与内在逻辑——基于我国公共部门绩效管理政策的案例研究》,《中国行政管理》2015年第5期;朱旭峰、赵慧:《政府间关系视角下的社会政策扩散——以城市低保制度为例(1993—1999)》,《中国社会科学》2016年第8期; Lingyi Zhou, and Yixin Dai, "Within the Shadow of Hierarchy: The Role of Hierarchical Interventions in Environmental Collaborative Governance", *Governance*, 2021, https://doi.org/10.1111/gove.12664。
③ 辛向阳:《大国诸侯:中国中央与地方关系之结》,中国社会出版社2008年版,第22页。

否是维持社会秩序并促进国家昌盛的最好手段。"①孟子用"定于一"②回答梁襄王天下何以安定的问题,这种归于一统的思想影响深远。如学者总结道:"在中国文化中,'局部利益'是没有合法性的,因而当它终于表面化之后,就必定采取不合法的闹分裂的形式,而不会走上地方自治或联邦制之路……中国每一次的分裂都是地方为了争取自己的利益所致。但奇怪的是,每一个争得了自己的利益、上升为中央政权的地方统治者,并不给自己下属的地方以合法的利益,使得这些后来者又起来反抗。"③晚清时期冯桂芬提出的构建现代国家的政治竞争方案,就是央地之间的竞争,即中央的公共利益与地方、乡村社区的私人利益之间的竞争。④ 这种方案无疑是具有革命性的。

古代中国中央与地方关系的基本发展趋势是中央权力的不断集中。周朝之前的夏和殷商时代在央地关系方面分别呈现"松散的隶属关系"和"相对分立模式",周王朝开始实行"宗法分封模式",每一个分封的诸侯国实质上都是一个城堡式的军事据点,都是一个独立实体,自称一个中心,中央对诸侯国的控制只是名义上的。"到了秦的大一统,将郡县制度划一化了。持续两千多年的大一统帝国之格局,大致上没有越出这个范围。虽然

---

① [美]孔飞力:《中国现代国家的起源》,陈兼、陈之宏译,生活·读书·新知三联书店2013年版,第59页。
② 具体见《孟子·梁惠王上》。
③ 辛向阳:《大国诸侯:中国中央与地方关系之结》,中国社会出版社2008年版,第109页。
④ [美]孔飞力:《中国现代国家的起源》,陈兼、陈之宏译,生活·读书·新知三联书店2013年版,第27—71页。

这个格局不是完全稳定的……基本上来说,由中央派遣官僚治理地方是政治的常态……这个由中央压倒地方的倾向,是中国历史的总趋势。在宋代之后,这个趋势更趋剧烈……中央不只在军事上与财政上采取削弱地方的'强干弱枝'政策,而且从根本上取消了中央官吏与地方官吏的二类划分……所有的地方官吏在名义上都是中央官吏。他们以中央官吏的身份'知'地方事,因而出现了'知府''知州''知县'等目……到了元代,则索性将地方单位当做中央政府的延伸。当时的中央国务院叫做'中书省',因此地方单位被叫做'行中书省'……明、清两代,大致上沿用了'行省'制度……这种将'中央'一直抬上去的趋势,不断推向新的高峰。"①仅看一个王朝内部,也不乏不断集权的例子。比如,翦伯赞在《秦汉史》中将汉朝地方割据与中央集权斗争的历史描述为:"高祖之'尊王子弟,大启九国',不是为了削弱中央,而是为了巩固中央……所以当高祖死去不久,这些用以巩固中央的诸侯王国,便一天天发展成为中央政府的威胁。尾大不掉,势必所然。因而自惠帝、吕后,历文、景之世,迄于武帝初年,是中央集权与地方割据斗争的时代。这种斗争,表现为一系列的相续的政治形态,最初是吕后称制,其次是文景削藩,而最后则归结为吴楚七国的叛变。这些政治斗争,正是西汉政权由地方割据走向中央集权之具体的过程。"②

总结历代王朝的经验,中央加强权力的方式主要包括:

---

① 孙隆基:《中国文化的深层结构》,中信出版社2015年版,第284—285页。
② 翦伯赞:《秦汉史》,上海人民出版社2019年版,第345页。

(1)调整行政区划;(2)调整地方官员的任免和管理;(3)调整财税制度;(4)建立和完善"上传下达"的联系机制;(5)调整军权的分布。

历代皇帝多有既惧怕地方事权过重,又无力直接控制上千个县的心理。因此,仅在秦朝和隋朝出现过"郡县"两级行政区划,更大部分时间是三级或四级制。郡县制起源于春秋,确立于战国,在秦朝实现划一化和普遍化,郡县制的目的很明确,就是打破分封制,确立中央集权。郡县官吏由享受俸禄的职业官僚担任,其任免权集中于中央。① 相较分封制下的诸侯国,②郡县没有或只有极小的自主权。但是政治权力的高度集中容易忽视地方政权的建设,③导致政局不稳,并且由于"中央与地方几乎是一体的……任何对地方贪官污吏的反抗就容易转化为对中央政权的反抗,中间没有任何缓冲带,缺乏必要的政治张力"④。因此,更多的朝代吸取秦和隋的教训,改变权力完全集中于中央

---

① 严耕望:《中国地方行政制度史》(甲部),北京联合出版公司2020年版,第10页。
② 比如,在西汉初年的郡国并行制度下的诸侯王国拥有相对独立的司法行政权,拥有建立、训练、使用地方武装的权力,有收取、支配、使用赋税的权力和财政权以及铸造钱币的权力。具体见辛向阳:《大国诸侯:中国中央与地方关系之结》,中国社会出版社2008年版,第48—49页。
③ 如有学者指出:"秦王朝虽然是在各地农民纷起反抗中开始瓦解的,但陈胜领导的单纯的农民军仅斗争六个月就被镇压下去了,最后摧毁秦军主力的是项羽为首的由各国旧贵族参加的诸侯军,攻入咸阳迫使子婴出降的是以刘邦为首的亦是由各国旧贵族参加的诸侯军。所以造成这种结局,亦是与秦忽视地方政权的建设,秦的统治力量没有能在各地扎住根有着密切的关系……没有处理好中央集权与地方分权的关系,这亦是导致它迅速灭亡的一个重要因素。"具体参见王云度:《秦汉时期对中央集权与地方分权关系的探索》,《徐州师范学院学报》(哲学社会科学版)1988年第3期,第111页。
④ 具体见辛向阳:《大国诸侯:中国中央与地方关系之结》,中国社会出版社2008年版,第40页。

## 第二章 府际关系概述

的局面，比如两汉的郡国并行制和唐朝的道（藩镇）州县三级制，一定品级以上的地方长官由皇帝亲自任命，一定品级以下的地方长官由中央相关机构甚至较高层级的地方长官任命。这使皇帝为了加强对地方的控制，往往会在中央与郡县之间再增设一级行政机构。汉武帝将全国划分为十三州，每州领若干郡国，设刺史一人，重点监察郡守二千石，还将郡国之数目由秦朝时的三十六郡增至一百五十个，以缩小郡的辖区和实力。① 唐太宗为了加强控制地方，依照自然环境将全国划分为十道，"道"最初不是一级行政单位，只是便于皇帝派出的观察使视察道内地方行政工作的巡行区，后正式成为一级行政机构，其行政长官是观察使（又称廉帅），观察使负责监察州县是否履行了本职工作。② 宋代的创举之一是建立路—州—县三级地方行政体制，其在总结唐末五代"方镇之重，君弱臣强"的教训，在中央朝廷和诸州之间设置了新型的路级诸司：在行政方面，路与州之间存在明确的节制与被节制关系；在财政方面，路转运司全权经度一路财赋，对朝廷，要保证上供钱粮准时输入京师，对州县，则要计度调剂其行政费用；在军事方面，路安抚使要负责一路的民兵、军事、军事工程等事宜；在司法方面，由提点刑狱司主管一路刑讼案件。路级诸司在维系朝廷与地方的关系及中央与地方权力的分配方面至关重要，能够有效防止地方分裂割据。元代的行中

---

① 李治安主编：《唐宋元明清中央与地方关系研究》，南开大学出版社1996年版，第12页。
② 辛向阳：《大国诸侯：中国中央与地方关系之结》，中国社会出版社2008年版，第92页。

书省制、明代的三司分立之行省制及清代的督抚行省制都是在继承和改进宋代路级机构的基础上设置的。①

中央加强权力的第二种核心制度工具就是调整对地方官员的任免和管理。比如：武则天建立告密制，凡告密者，令可直达中央，以加强对地方官员的监控；唐后期为了削弱藩镇的权力，唐宪宗取消节度使直接任命县令的权力；宋太祖除了直接任命地方官员之外，为了防止知州职权过重，还创设"通判"一职，任知州副职，有直接向皇帝报告的权力；宋太宗十分重视对地方长吏的治绩考核，专设审官院稽核官员的治绩功过，限年校功，循阶进秩，保证中央对地方官吏的组织控制。② 清朝在平定太平军余部以及镇压捻军起义过程中，主要通过在两广和湖南督抚人事任命上的重新布控，用满员或者湘系政敌取代之前督抚的方式来打击曾国藩的势力，重新掌控对地方的控制力。③ 而在官员选拔制度上，科举制的开创则是隋文帝限制士族门阀的权势，使地方官员成为朝廷意志的忠实执行者，以及加强中央集权的重要措施。监察制度是中央管理地方官员的重要制度，从秦

---

① 李治安主编：《唐宋元明清中央与地方关系研究》，南开大学出版社1996年版，第165—166页。
② 辛向阳：《大国诸侯：中国中央与地方关系之结》，中国社会出版社2008年版，第96、104、114页。唐后期削藩的其他相关探索，还可参见李治安主编：《唐宋元明清中央与地方关系研究》，南开大学出版社1996年版，第33—35页。
③ 邱涛：《同光年间湘淮分野与晚清权力格局变迁(1862—1895)》，社会科学文献出版社2018年版，第24—51页。更多关于晚清央地权力格局及其变迁的讨论，可参考刘伟：《晚清督抚政治——中央与地方关系研究》，湖北教育出版社2003年版；楚双志：《晚清中央与地方关系演变史纲》，中共中央党校出版社2006年版；李细珠：《地方督抚与清末新政——晚清权力格局再研究》，社会科学文献出版社2012年版；刘增合：《"财"与"政"：清季财政改制研究》，生活·读书·新知三联书店2014年版。

## 第二章 府际关系概述

始皇开始设立监察机构和监郡御史,汉武帝设刺史,明朝设巡按御史监察到县。这些监察官直接由中央派出,俗称"耳目官"。他们虽然没有行政和人事处置权,不能直接办案,但可以向皇帝汇报和揭发地方官员。

财税制度是影响央地关系的重要因素。比如马克斯·韦伯就曾在《中国的宗教:儒教与道教》一书中用中央与地方在赋税缴纳方面的斗争来论证中央集权化程度在中国行政领域非常有限的观点。[①] 有学者总结道:"中央与地方财政分成比例演变的轨迹是一个政权稳定的晴雨表。六四分成,中央占六,地方占四,政权就趋于稳定;若五五分成,抑或倒六四分成,中央占四,地方占六,中央政权将受到挑战……中央财政掌握的比例一般应在 60%—65%最恰当,如果低于 50%,特别是低于 40%,那么地方就容易形成割据和分裂……中央财政掌握的比例高于 70%甚至 80%,地方贪官将拼命搜刮百姓,造成官逼民反。"[②]中央集权在财税制度上主要反映在,将重要税源控制在中央政府手中,以及减少地方

---

① "中国行政里中央集权的程度是非常有限……围绕这个问题(财政管理的中央集权化),新的斗争不断引发,贯穿于几次大的财政改革期。和其他改革者一样,11 世纪时的王安石所要求的是有效的财政统一,即税收在扣除征收经费之后全数缴纳中央,以及帝国的预算。由于输送上的重大困难与地方官吏的利益所在,效果总是大打折扣。除非帝国是在一个精力过人的统治者的支配之下,否则官吏往往少报可课征租税的田地面积与纳税的人数,少报之数大约是已公布的土地户籍登记数字的 40%……最后,中央有条件地投降了:自 18 世纪起一直到现在,地方督抚(和波斯的总督一样)只输纳一个标准的定额的贡赋,并且在理论上,此一定额只有在中央需要时才有所变化。"具体参见[德]马克斯·韦伯:《中国的宗教:儒教与道教》,康乐、简惠美译,上海三联书店 2020 年版,第 88—89 页。
② 辛向阳:《大国诸侯:中国中央与地方关系之结》,中国社会出版社 2008 年版,第 117、124 页。

截留自用的比例。比如,汉武帝采纳桑弘羊的建议实行盐铁专卖,把国家主要的税源控制在中央政府手中。晚清政府允许地方政府在要道重镇设置厘卡,征收厘金,为地方政府和湘军筹集饷需,也就将财权下移到地方督抚手中,助长了督抚专政。唐代的两税法被认为包含有近代分税制的某种萌芽。唐后期中央对两税收支实行定额管理,两税收入以州为基本单位划分为留州、送使、上供三个部分,留州指留给本州,送使指送给藩镇,上供指供给朝廷。前两类可以视为地方留成,在两税法颁布之初,中央提成额与地方留成额之间的比例是1∶3,随着地方分权与中央集权消长的变化,两者之间的分配比例也有所变化。①

"上传下达"的联系机制也是中央加强对地方控制的手段,比如起源于隋、制度化于唐朝的朝集制度。为了使中央政府的政令能为地方官员及时掌握,也使中央权力可以经常地、定期地监控地方权力的运作,隋文帝建立朝集制度,规定地方长官及其主要僚属须到中央"朝集",一年三次,报告所在地的政务;皇帝也可以在朝集时对地方行政官员进行有效考核,对他们进行指责教育并公开奖惩。② 唐朝担任朝集使的人是地方长官和上佐官,朝集使每年十月上京汇报工作,参与考核地方官吏,直接向皇帝反映地方治理中的问题,并为国家举荐人才;朝集制度使地方情况得以反馈到中央,做到下情上达,为中央决策机构提供信息,同时朝集

---

① 李治安主编:《唐宋元明清中央与地方关系研究》,南开大学出版社1996年版,第45页。
② 辛向阳:《大国诸侯:中国中央与地方关系之结》,中国社会出版社2008年版,第83页。

制度起维系中央与地方关系的桥梁作用,比如"唐玄宗屡次下令诸州朝集使配合中央开展括户工作,以保障地方与中央的步调一致";唐代还建立了使职差遣制度,派出专职官员传宣诏命,督办事务,督察官吏,维系中央与地方的联系。① 除了人员的联系机制,物理意义上的联系是前提性的,比如秦朝为了巩固统一、消除割据自守、加强地区的联系,开辟了全国性的交通网,修治驰道,统一车轨,"道广五十步,三丈而树,隐以金椎,树以青松"②。

除了以上四种加强中央权力的方式,军权是历代皇朝控制地方的核心权力。比如,自 1937 年罗尔纲提出湘军兴起为晚清"兵为将有"的起源,以及晚清将帅各私其军而出任疆寄,造成"外重内轻以至于分崩割据的局面"的观点起,迄今学界在分析晚清央地关系问题时,仍遵循太平天国战争及其带来的军权分布变化导致央地权力格局变化的思路。③ 再如,唐后期转向内轻外重的藩镇割据局面,在很大程度上则是由府兵制向募兵制的转变、唐玄宗时期的藩镇遍设以及安史之乱后藩镇专兵现象在全国范围内的迅速发展所致,具体而言:唐前期,府兵制下府兵之统兵权、指挥权与调兵权都集中在皇帝手中,折冲府的将领只有带兵权;而唐后期,藩镇

---

① 李治安主编:《唐宋元明清中央与地方关系研究》,南开大学出版社 1996 年版,第 25—27 页。此外,"还有唐代的进奏院制,进奏院是藩镇入觐时的修官之地,是本镇进京官员的联络地,类似现在的的驻京办事处,是沟通中央与地方的桥梁",具体参见辛向阳:《大国诸侯:中国中央与地方关系之结》,中国社会出版社 2008 年版,第 102 页。
② 辛向阳:《大国诸侯:中国中央与地方关系之结》,中国社会出版社 2008 年版,第 37 页。
③ 转引自邱涛:《同光年间湘淮分野与晚清权力格局变迁(1862—1895)》,社会科学文献出版社 2018 年版,第 2—3 页。

军队之募兵权、统兵权等军事权力均掌握在藩帅手中。① 唐末五代之后的诸朝,尤其是宋朝与明朝,吸取唐末教训,均采用兵权分立、以文制武、以内制外的手段加强军权向中央的集中。②

古代王朝调节央地关系的方法和逻辑,在当代仍然能找到一定程度的延续性,③尤其是对地方官员的管理以及财税制度仍然是上级政府调节纵向府际关系的关键机制。吕冰洋在最新关于央地关系的著作中剖析了郡县制对我国央地关系的长久和持续影响:郡县制的核心是官员选拔制度、官员考核制度、官员监察制度,其本质是通过一套有序的官员治理体系来实现国家治理的要求,达到"事在四方,要在中央"的效果;郡县制传统会影响政府层级和架构,导致垂直管理部门("条条")和政府层级("块块")的增加,同时它带来了地方官员行为中"事上"与"安下"的一对矛盾,以及政府财政行为向财政收入端倾斜。④ 在总结、借鉴钱穆和顾炎武的郡县制思想的基础上,吕冰洋提出:以"寓活力于秩序"为导向,构建央地关系,赋予县级单位更多行政和财政自主权,强调分权与活力,而县级以上单位借鉴郡县制治理经验,强调集权与秩序。⑤ 此外,我国从古至今在府际关系上

---

① 李治安主编:《唐宋元明清中央与地方关系研究》,南开大学出版社1996年版,第56—74页。
② 同上书,第129—140、301—314页。
③ 有学者指出古今中国央地关系享有共同的大国治理的制度逻辑,中国央地关系两千余年的发展过程,实际上就是一个剩余分配随着中央绩效监控能力变化而相应变化的过程,具体参见张璋:《基于央地关系分析大国治理的制度逻辑》,《中国人民大学学报》2017年第4期。
④ 吕冰洋:《央地关系:寓活力于秩序》,商务印书馆2022年版,第34—35页。
⑤ 同上书,第276—375页。

的延续主要在于"定于一"的文化传统,制度化的地方自治缺少文化的土壤,自上而下授予的地方自治具有工具性价值,目的是更好地提升中央政府代表的整体利益。地方自治制度化的缺乏集中反映在"我国中央与地方事权的划分一直以来就缺乏宪法和相关法律的明确规定,央地之间事权的划分和权限范围更多是依靠在实际工作中央地领导人之间的协商、谈判和妥协来完成的"①。与古代和近代中国相比,②当代中国的府际关系自然也具有一些新的特点,集中反映在中国共产党对"两个积极性"的兼顾以及地方有限分权的制度化探索,③并且创造了一系列调节府际关系的新形态政治制度。

有学者引用塞缪尔·亨廷顿(Samuel Huntington)关于国家现代化进程三个阶段的描述来概括新中国成立70多年来中央集权与地方分权的历史演变过程:在亨廷顿看来,"现代化对于一个分散的、组织薄弱的和封建的传统体制的第一个挑战,典型的是集中必要的权力以在传统社会和传统经济造就变革。接着的第二个问题是在该体制中扩大权力,以吸收新近动员起来

---

① 徐晨光、王海峰:《中央与地方关系视阈下地方政府治理模式重塑的政治逻辑》,《政治学研究》2013年第4期,第33页。
② 囿于篇幅,本书没有概述民国时期的央地关系。关于民国时期央地关系的研究可参见李国忠:《民国时期中央与地方的关系》,天津人民出版社2004年版;张连红:《整合与互动:民国时期中央与地方财政关系研究》,南京师范大学出版社1999年版。
③ 有学者将新中国时期的央地关系的显著特征归纳为:(1)中央与地方关系有共同的利益基础即人民的利益,两者没有根本的利益冲突;(2)两者要分工合作,地方要贯彻中央的长远利益决策,中央要保护局部的合理的利益要求;(3)中央与地方之间有新的关系准则、新的政策要求、新的组织架构。具体参见辛向阳:《大国诸侯:中国中央与地方关系之结》,中国社会出版社2008年版,第241页。

的参政团体，从而创立一个现代体制……在此后一阶段，该体制就面临参政团体进一步要求分散权力并在各团体与机构之间确立相互制约的制度"①；自中华人民共和国成立以来，央地关系也大致经历了一个从中央集权到地方分权，再到"选择性集权"和逐步制度化"有限分权"的过程。②

20世纪50年代初，中国共产党在撤销大行政区后形成了一系列处理中央与地方关系的原则。这些原则一直影响至今，主要包括：第一，超出中央集权与地方分权模式的政治优先原则，具体表现为"在党的中央与党的地方组织的关系上，地方必须无条件地服从中央，绝无分权问题；在上下级领导关系上，地方政府要受同级党的组织的领导"；第二，简化行政层级，撤销大区适合中央集权下的适度分权模式；第三，非制度的放放收收，这种权力收放的非制度化并不是一种决策上的失误，而是权衡利弊后的一种明智选择。③ 例如，1958年，毛泽东同志在回答英国元帅蒙哥马利关于治理经验时所总结的："我没有什么经验，就是中央集权多了，我就下放一点；地方分权多了，我就收上来一点。"④这种非制度化的权力收放已经成为我国的"治国经"，通过不断划分中央与地方之间权力的办法，以放权来解决集权

---

① ［美］塞缪尔·亨廷顿：《变化社会中的政治秩序》，王冠华等译，上海人民出版社2008年版，第121页。
② 封丽霞：《国家治理转型的纵向维度——基于央地关系改革的法治化视角》，《东方法学》2020年第2期，第55页。
③ 金安平：《建国初期中央和地方关系若干原则的形成》，《北京党史研究》1998年第2期，第22页。
④ 转引自辛向阳：《大国诸侯：中国中央与地方关系之结》，中国社会出版社2008年版，第263页。

问题,以收权来解决分权过多的问题。

这种非制度化的集分也是为了兼顾和平衡"两个积极性"。"尽管毛泽东一直强调一个高度中央集权的国家,但他在1956年最为关切的是扩大地方权威,因为他当时考虑的是现存的集权程度已经达到自我拆台的地步。"① 毛泽东同志在1956年4月25日中共中央政治局扩大会议上做的《论十大关系》的讲话中专门谈到了中央与地方的关系:"中央和地方的关系也是一个矛盾。解决这个矛盾,目前要注意的是,应当在巩固中央统一领导的前提下,扩大一点地方的权力,给地方更多的独立性,让地方办更多的事情……我们的国家这样大,人口这样多,情况这样复杂,有中央和地方两个积极性,比只有一个积极性好得多。我们不能像苏联那样,把什么都集中到中央,把地方卡得死死的,一点机动权也没有……我们要提倡同地方商量办事的作风。党中央办事,总是同地方商量,不同地方商量从来不冒下命令。在这方面,希望中央各部好好注意,凡是同地方相关的事情,都要先同地方商量,商量好了再下命令。"②

当代央地关系的调整包括立法权、财权、事权和人事权四个维度。③ 从1956年到改革开放,很多学者都注意到这一时期我国的央地关系经历了两轮权力收放的循环。在《论十大关系》讲

---

① 转引自辛向阳:《大国诸侯:中国中央与地方关系之结》,中国社会出版社2008年版,第253—254页。
② 《毛泽东文集》第7卷,人民出版社1999年版,第31—32页。
③ 朱旭峰、吴冠生:《中国特色的央地关系:演变与特点》,《治理研究》2018年第2期。

话之后,1956年中共八大的《中国共产党中央委员会向第八次全国代表大会的政治报告》《关于修改党的章程的报告》,以及同一时期的政府工作报告的核心内容都可以归结为放权。① 在认识到苏联高度集中的管理体制压抑了地方积极性的背景下,经济管理权力和大量企事业单位的管理权力都下放到地方政府,权力的下放也是"大跃进"的主要内容之一,但是,这一波分权改革助长了重复建设、盲目建设,割断了地区之间正常的经济联系与协作,造成了资源的严重浪费。为了清除这些混乱,1959年以后,中央重新强调中央政府的集权,以《人民日报》发表题为《全国一盘棋》的社论为标志,强调"要加强集中领导和统一安排",并且这一轮收权后,那些于20世纪50年代初下放给地方的权力不是收归到中央政府及其所属部门,而是被收归到党的系统中去。② 20世纪60年代末期,权力的天平再次倒向地方。在极"左"思潮的干扰下,只管造反夺权的"革委会"被视为"新生事物",而中央对经济工作的集中统一领导被批判为"条条专政",要"打倒",从1968年开始,经济管理体制中开始出现权力下放,至1969年下半年,一轻部只有20多个企业没有下放,化工部直属企业489个,已下放294个;1970年前后,包括鞍钢、大庆油田等大型骨干企业在内的2600多个中央直属企、事业单位,统统下放到地方管理,有的还层层下放到专区、市、县,这种权力下放

---

① 辛向阳:《大国诸侯:中国中央与地方关系之结》,中国社会出版社2008年版,第259—260页。
② 辛向阳:《大国诸侯:中国中央与地方关系之结》,中国社会出版社2008年版,第264页;朱旭峰、吴冠生:《中国特色的央地关系:演变与特点》,《治理研究》2018年第2期,第54页。

使得中国经济结构发生了很大变化,即变成类似于"蜂窝状"的经济,整个国家逐渐形成无数独立的或相对独立的生产中心;1971—1973年开始推行财政收支包干,国家财政收支除了中央部门直接管理的企业收入、关税收入和中央部门直接管理的基本建设、国防战备、对外援助、国家物资储备等项外,其余划归地方财政,同时进一步扩大地方的物资管理权和基本建设投资权;至1974年年底,地方政府已经建立起各自比较独立的经济管理体系。① 到1976年粉碎"四人帮"后,为了恢复停滞的生产,特别是为了建立起独立完整的国防工业体系,在邓小平的主持下,中央政府又一次短暂地上收权力。②

中共十一届三中全会以后,我国进入社会主义现代化建设的新时期。邓小平同志在论述经济体制改革和政治体制改革问题时,阐述了他关于央地关系的基本思想:改革中央高度集权体制,消除权力过分集中现象,权力下放,扩大企业和地方的自主权。③ 财权的下放主要反映在改变新中国成立以来一直实行的"统收统支"的财政体制,开始实行"划分收支,分级包干"的新财政体制。如果以地方财政支出占公共财政支出的比例作为经济分权的衡量指标,中国改革开放以来经济分权呈现逐渐增强的趋

---

① 辛向阳:《大国诸侯:中国中央与地方关系之结》,中国社会出版社2008年版,第267—273页。
② 朱旭峰、吴冠生:《中国特色的央地关系:演变与特点》,《治理研究》2018年第2期,第54页。
③ 邓小平:《党和国家领导制度的改革》(一九八〇年八月十八日),人民网,http://cpc.people.com.cn/GB/33839/34943/34944/34946/2617285.html?kgr,最后浏览日期:2022年6月2日;中共中央文献研究室:《建设有中国特色的社会主义》(增订本),人民出版社1987年版,第133—134页。

势(如图 2-1、图 2-2 所示)。在事权方面,多项改革(比如管电体制的改革)主要都是围绕中央与地方关系的调整展开的。① 在经济管理的事权方面,固定资产投资项目和经济建设计划的审批权、外资审批权、对外贸易和外汇管理权、物资分配权、旅游事业的外联权和签证通知权都下放给地方。干部人事任免权也在1984年从下管两级改为下管一级,地方政府的干部任免权得到有效扩大。立法权也开始向地方下放,1979年颁布的《地方各级人民代表大会和地方各级人民政府组织法》赋予省级人大及其常委会制定地方性法规的权力,2015年修订的《中华人民共和国立法法》进一步将地方立法权下放到设区的市的人大及其常委会。

**图 2-1　地方政府支出占政府总支出的比例(1952—2002 年)**

资料来源:Pierre Landry, *Decentralized Authoritarianism in China: The Communist Party's Control of Local Elites in the Post-Mao Era*, Cambridge University Press, 2008, p. 5。

---

① 吴疆:《中国式的电力革命》,科学技术文献出版社 2015 年版,第 70 页。

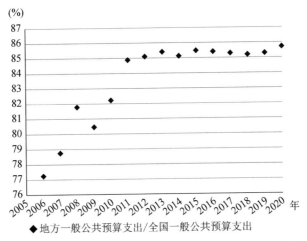

图 2-2　地方政府支出占政府总支出的比例（2005—2020 年）

数据来源：笔者根据 2006—2021 年的《中国财政年鉴》制作本图。

自 1992 年邓小平南方谈话至今，"中央地方之间的权力与资源配置不再是简单地在'集权—分权'之间交替进行，而呈现出更为复杂、灵活与动态的局面，具有渐进式、有选择、差异化的集（分）权三个特征"[①]。比如，1997—1998 年和 2005—2006 年部门垂直化管理的两次高潮是有高度选择性的中央集权过程，而在同时并举的是自 2001 年成立"国务院行政审批制度改革工作领导小组"以来持续了 13 年的以取消或下放行政审批权为主的行政审批制度放权改革，这反映出我国中央与地方权力体系调整的新常态是一种"选择性分（集）权模式"，即权力的下放上

---

① 朱旭峰、吴冠生：《中国特色的央地关系：演变与特点》，《治理研究》2018 年第 2 期，第 55、57 页。

收是同时并举的,且所调整的权力的具体内容并不相同。① 有学者将1992年以来的央地关系的发展进一步分成两个阶段:1992—2001年分税制改革后中央与地方关系的进一步改革与调整;2002年以来按照统筹中央与地方发展的原则改革两者关系。② 2003年中共第十六届三中全会通过《关于完善社会主义市场经济体制若干问题的决定》,明确要求"合理划分中央和地方经济社会事务的管理权重。按照中央统一领导、充分发挥地方主动性积极性的原则,明确中央和地方对经济调节、市场监管、社会管理、公共服务的管理权责",这成为中共十六大以来改革央地关系的重要原则。并且,近二十几年来央地关系的一个变化是中央加强了各地区的统筹发展,促进了区域的协调发展,包括振兴东北战略、促进中部地区崛起以及深入实施西部大开发战略等举措。

集分并存的权力调整模式折射出深刻的"治理"逻辑:"中国治理并不存在固定的模式或权力结构,其始终处在一种试验和发展的过程中,因此作为中央和地方的主要互动形式,集权与分权能够被不断尝试并灵活转换。因为两者都以发展为治理动机和目的,所以治理偏差就成为集权与分权的转化时机和边界,同时,追求发展和如何实现发展这对既清晰又模糊的治理目标,为

---

① 李振、鲁宇:《中国的选择性分(集)权模式——以部门垂直管理化和行政审批权限改革为案例的研究》,《公共管理学报》2015年第3期。关于21世纪以来央地关系调整集分并存的讨论还可以参见 Tao-chiu Lam, "Central-Provincial Relations amid Greater Centralization in China", China Information, 2010, 24(3), pp. 339-363。

② 房宁等:《中国政治制度》,中国社会科学出版社2018年版,第112—146页。

集权和分权构筑了极具灵活性的空间,这也造就了中国治理机制的弹性与韧性。"①

2013年以来,转变政府职能、深化简政放权的改革措施日益深入。在简政放权的同时,加强和创新政府监管,包括加强对下级政府部门的监督是改革的重要配套措施。同时,伴随中国特色社会主义进入新时代,政府治理模式及其内涵逐渐丰富,在确定性治理之外,面向模糊性任务的模糊性治理成为常见模式,在治理体系中构建了以问责权为核心的新责任体系,重塑了央地关系的内涵:"一方面,任务维度的模糊性意味着治理权限的下放,地方政府有一定的空间自行决定辖区内的治理对象和目标;另一方面,伴随问责权产生的信息集中化、定性过程评估都使责任维度呈现权威向上集中的特征……在这种治理模式下的央地关系的矛盾焦点已经不是治理权与统辖权互为削弱的问题,也不是集权和分权怎么摇摆平衡的问题,而在于如何解决治理权与统辖权之间的自洽问题,即有效治理的表现应该是地方治理能够有与之匹配的有效统辖方式。"②也有学者指出,2012年以来中国府际关系发生的深刻变化,使得自革命战争年代以来以试错为特征的政策过程在中国遭遇了"生存危机",容错机制难以落地,党政干部在实际工作中对政策创新表现出非常消极的

---

① 臧雷振、张一凡:《理解中国治理机制变迁:基于中央与地方关系的学理再诠释》,《社会科学》2019年第4期。
② 何艳玲、肖芸:《问责总领:模糊性任务的完成与央地关系新内涵》,《政治学研究》2021年第3期。

态度。① 监督问责体系的变化,包括领导干部个体成为责任主体以及激励措施以负向强激励为主,也使得县乡政府之间的关系从"共谋"转变为相互卸责。②

## 第三节　比较视野下的当代中国府际关系

府际关系(intergovernmental relations,IGR)这个概念源自20世纪30年代的美国,50年代后开始流行并被推广开来。③ 美国学者威廉·安德森(William Anderson)将府际关系定义为"美国联邦制度中各类和各级政府单位机构的一系列重要活动以及它们之间的相互作用"④。戴尔·赖特(Deil Wright)在1978年出版的著作中推广了府际关系这个概念,并使府际关系合理取代联邦制,该著作被认为是更好地探讨美国不同层级政府间关系视角的开山

---

① 李振、王浩瑜:《容错机制落地难:地方政府对创新困境》,《文化纵横》2022年第2期。文中指出,2012年以来中国府际关系发生的深刻变化包括:中央一改对地方的"汲取"定位,通过给予公共物品、调配财政资金等方式支持地方发展和基层建设,成为"给予型"国家……中央投入的大量资源需要产生实效,自然十分关注其治理和政策目标的实现情况。为此,先后通过强化监督体系、严格考核指标等方式调整府际关系,一方面降低府际关系的弹性空间,另一方面形成上下级政府间不对等的权责关系,导致避责思维在不同层级政府中蔓延开来。
② 参见杨华:《县乡中国:县域治理现代化》,中国人民大学出版社2022年版,第3—36页。
③ 参见 Deil Wright, *Understanding Intergovernmental Relations*, 2nd edn., Brooks Cole Publishing, 1978。
④ William Anderson, *Intergovernmental Relations in Review*, University of Minnesota Press, 1960, p.31;转引自李东云:《当代印度府际关系探析》,《云南社会科学》2009年第1期,第56页。

## 第二章 府际关系概述

之作。① 在 IGR 这个概念被推广之前，对政府间关系的讨论多围绕联邦制展开，这种将联邦制与宪法和财政关系结合在一起的制度主义视角最早可以追溯到《联邦党人文集》。联邦制的概念最早由约翰内斯·阿尔特胡修斯(Johannes Althusins)提出，二战后这个概念体系相继被 K. C. 惠尔(K. C. Wheare)、威廉·利文斯顿(William Livingston)、威廉·里克(William Riker)、卡尔·弗里德里希(Carl Friedrich)发展，联邦制作为一种基本的国家结构形式，其明显特征是：(1)联邦和成员国都有自己的宪法和中央权力体系；(2)联邦公民同时也是成员国公民；(3)联邦权力遍及全国，但联邦和成员国之间的权限划分由宪法规定，联邦无权任意改变。② 联邦制国家同单一制国家一样，也以中央集权作为其特征，是民族国家实现统一的一种国家结构形式，也是一种特殊的民族主义。③

马克思主义经典作家通过大量的历史研究，解释了中央集权与国家的本质联系。比如恩格斯在《集权和自由》中指出："集权是国家的本质，国家的生命基础，而集权之不无道理正在于此。每个国家必然要力求实现集权，每个国家，从专制君主政体起到共和政体止，都是集权的。美国是这样，俄国也是这样。没有一个国家可以不要集权，联邦制国家需要集权，丝毫也不亚于

---

① Deil Wright, *Understanding Intergovernmental Relations*, 2nd edn., Brooks Cole Publishing, 1978;同时间段其他探讨美国府际关系的研究还有 Arnold Howitt, *Managing Federalism: Studies in Intergovernmental Relations*, CQ Press, 1984。
② 王丽萍：《联邦制与世界秩序》，北京大学出版社 2000 年版，第 18—21 页。
③ 参见王丽萍：《联邦制与世界秩序》，北京大学出版社 2000 年版。

已经发达的集权国家。只要存在着国家,每个国家就会有自己的中央,每个公民只是因为有集权才履行自己的公民职责……国家集权的实质并不意味着某个孤家寡人就是国家的中心,就象在专制君主政体下那样,而只意味着有一个人位于中心,就像共和国中的总统那样。就是说,别忘记这里主要的不是身居中央的个人,而是中央本身。"①可以看出,在马克思、恩格斯的思想中,中央集权与中央高度集权有严格区别,并且虽然马克思、恩格斯主张中央集权制,但并不否定地方自治,并且承认地方自治的积极意义,认为地方自治与中央集权是不矛盾的。②

地方自治的理论以及央地关系的研究往往可以追溯到强调中央集权与地方自治不能偏颇的史密斯主义,③以及1861年英国哲学家约翰·斯图亚特·密尔(John Stuart Mill)创作的《代议制政府》中的分权理论。20世纪六七十年代以来,大量关于府际关系尤其是央地关系理论分析框架的探讨涌现出来。比较有代表性和影响力的分析框架包括法国政治学者安德雷·拉焦尔(Andrea Rajour)的央地分权类型说、美国政治学者戴尔·赖特的三模式七阶段论,以及英国政治学者罗兹的权力-依赖关系论。

拉焦尔在《行政部门的结构》一书中将分权分为政治性分权、行政性分权、行政性转让三类,它们在地方政体的权限的司法基

---

① 《马克思恩格斯全集》第41卷,人民出版社1979年版,第396—397页。
② 参见恩格斯:《中央委员会告共产主义者同盟书》,载《马克思恩格斯全集》第7卷,人民出版社1979年版,第298页;薄贵利:《中央与地方关系研究》,吉林大学出版社1991年版,第172—175页。
③ 辛向阳:《大国诸侯:中国中央与地方关系之结》,中国社会出版社2008年版,第275页。

## 第二章 府际关系概述

础、地方政体与中央当局的关系(对等还是从属)、地方政体对中央财政的依赖程度高低、地方政体的地位(独立还是派生)以及地方政府领导人的选择方式(民主选举还是任命)等方面存在区别。①

赖特基于美国历史提炼出联邦、州、地方三级关系的三种模式(分离模式、下位包含模式、相互依存模式)以及从 1930 年前到里根时代美国府际关系发展的七个阶段。② 分离模式的特点是联邦政府与州政府的事务相互独立,地方政府的事务服从于州政府的管理;比较少见的下位包含模式的特点是州政府和地方政府的事务都服从于中央政府的管理;相互依存模式的特征是联邦政府、州政府和地方政府的事务既有部分相互独立,又有部分相互重叠和合作。赖特的理论产生了深远的影响,新近研究在赖特的分析基础上进一步理论化美国府际关系的新发展阶段,并将其分析框架运用于一些最新事件,比如,新型冠状病毒肺炎疫情(简称"新冠疫情")对府际关系影响等方面。③

---

① 具体参见辛向阳:《大国诸侯:中国中央与地方关系之结》,中国社会出版社 2008 年版,第 276—277 页。
② 这七个阶段分别为 1930 年前的冲突(conflict)阶段、20 世纪三四十年代新政时期的合作(cooperative)阶段、20 世纪四五十年代新政时期的集中(concentrated)阶段、20 世纪 60 年代的创新(creative)阶段、尼克松时代的竞争(competitive)阶段、20 世纪 70 年代末的算计(calculative)阶段以及里根时代的收缩(contractive)阶段。具体参见 Deil Wright, *Understanding Intergovernmental Relations*, 3rd edn., Brooks Cole Publishing, 1988。
③ 比如有学者认为,美国的府际关系自 20 世纪 90 年代进入了第八个阶段,即万花筒阶段,具体参见 J. Edwin Benton, "Intergovernmental Relations in the Early Twenty-First Century: Lingering Images of Earlier Phases and Emergence of A New Phase", in Carl Stenberg, and David Hamilton, eds., *Intergovernmental Relations in Transition: Reflections and Directions*, Routledge, 2018, pp. 15-36。关于美国新冠疫情期间府际关系的(转下页注)

罗兹把组织理论的权力观运用到府际关系中，任何两个组织之间的权力-依赖（power-dependence）关系以及组织之间的相对权力地位主要受到以下五种资源的可得性、可替代性以及在不同组织之间的分布情况的影响，纵向政府间关系也不例外：(1)宪法-法律资源（constitutional-legal resources）；(2)行政等级资源（hierarchical resources）；(3)财政资源；(4)政治资源；(5)信息资源。[①] 权力就是实力，中央和地方在法律、行政等级、财政、政治、信息等多方面都有与另一方互动的方法和对策，中央与地方的关系会随着有关的机构、人员、政策领域和目标的变化而变化，它们的关系依双方的实力而定；而除了上述资源分布情况之外，实力还取决于双方的讨价还价和双方的利益与政策互动。[②]

府际关系，作为一个内生于国家政治的过程，当然同时受到若干政治因素的影响。比如，英国与法国、俄国、日本等其他单一制国家相比，在府际纵向关系中的主要控制手段是政党控制而非

---

（接上页注）探讨可参见 J. Edwin Benton, "Challenges to Federalism and Intergovernmental Relations and Takeaways amid the COVID-19 Experience", *American Review of Public Administration*, 2020, 50(6-7), pp. 536-542。对赖特研究的评述可参考 Brendan Burke, "Understanding Intergovernmental Relations, Twenty-Five Years Hence", *State and Local Government Review*, 2014, 46(1), pp. 63-76。

① R. A. W. Rhodes, *Control and Power in Central-Local Government Relations*, Routledge, 1999, p. 80. 这里的政治资源主要包括议员的决策权、权威的合法性以及获得民众支持的权利。

② 具体参见辛向阳：《大国诸侯：中国中央与地方关系之结》，中国社会出版社2008年版，第283—284页。

行政控制。① 在英国,政党政治是影响府际关系的重要因素;而在非洲一些国家,影响府际关系形态的重要因素则是族群政治。② 自治传统以及基层政府治理能力也是影响一个国家结构形式的重要因素。通过比较19世纪中期的德国和意大利,这两个在某些方面(比如分权意识形态的普及)相似的案例,丹尼尔·齐波拉特(Daniel Ziblatt)回答了为什么前者建立了联邦制而后者建立了单一制。他认为,不是中央相较地方的军事力量(coercive strength),而主要是地方政府治理它所辖社会的基础性能力(infrastructural capacity)解释了这两个案例的差异;地方政府的基础性能力越强,中央政府越倾向于建立联邦制。③ 在齐波拉特

---

① 这一特点在多部关于府际关系的著作中均有讨论,比如可参见辛向阳:《大国诸侯:中国中央与地方关系之结》,中国社会出版社2008年版;张志红:《当代中国政府间纵向关系研究》,天津人民出版社2005年版。关于政党竞争对府际关系的影响还可参考 Erik Wibbels, *Federalism and the Market: Intergovernmental Conflict and Economic Reform in the Developing World*, Cambridge University Press, 2005。关于政党力量对府际关系影响的讨论还可参考李东云:《当代印度府际关系探析》,《云南社会科学》2009年第1期。
② 李捷:《埃塞俄比亚民族联邦制的分裂风险:以提格雷冲突为例》,《统一战线学研究》2021年第5期;李文刚:《"联邦特征"原则与尼日利亚民族国家构建》,《西亚非洲》2012年第1期;Zemelak Ayele, and Yonatan Fessha, "Intergovernmental Relations and Ethnic Federalism in Ethiopia", in Yonatan Fessha, Karl Kossler, and Francesco Palermo, eds., *Intergovernmental Relations in Divided Societies*, Palgrave Macmillan, 2022, pp. 113–132; Yonatan Fessha, "Federalism, Territorial Autonomy and the Management of Ethnic Diversity in Africa: Reading the Balance Sheet", *L'Europeen Formation*, 2012, 363, pp. 265-285。在非洲,中央对地方精英的任命多受到族群因素的影响,较近的研究可参考 Mai Hassan, *Regime Threats and State Solutions: Bureaucratic Loyalty and Embeddedness in Kenya*, Cambridge University Press, 2020; Philip Roessler, *Ethnic Politics and State Power in Africa: The Logic of the Coup-Civil War Trap*, Cambridge University Press, 2017。
③ 参见 Daniel Ziblatt, *Structuring the State: The Formation of Italy and Germany and the Puzzle of Federalism*, Princeton University Press, 2006。

的分析中，权力在央地之间的分布是国家建构的重要内涵要素；在他的文献梳理中，决定一个国家在成立之初建立起联邦制还是单一制的因素主要包括：大众对分权观念的认同程度，地方自治和独立的历史文化传统，以及央地间在建国过程中的军事实力对比。①

像齐波拉特这样系统比较国家间结构形式差异原因的研究并不多见，是未来比较研究有待进一步发展的领域。虽然对于差异原因的分析还有待深入，对不同国家府际关系发展的描述与比较却一直是学者关注的领域，比如，约翰妮·普瓦里尔（Johanne Poirier）和谢丽尔·桑德斯（Cheryl Saunders）基于比较13个联邦制国家的案例发现，这些国家在府际关系方面存在一些类似的发展趋势：(1)府际关系相关正式制度的建立和日趋完善；(2)水平间府际关系的快速发展；(3)大城市开始享有越来越多的自主权；(4)虽然存在一些行政放权，但府际关系的总趋势是权力向联邦政府集中；(5)在这些国家的府际关系中，普遍存在的挑战是效率（efficiency）与责任（accountability）、变通性（flexibility）与法治（rule of law）以及有效性（effectiveness）与协商（consultation）之间的张力与冲突。②

已有大量研究描述了西方主要国家的结构形式和府际关系

---

① Daniel Ziblatt, *Structuring the State: The Formation of Italy and Germany and the Puzzle of Federalism*, Princeton University Press, 2006, p. 6.
② Johanne Poirier, and Cheryl Saunders, "Comparative Reflections on Intergovernmental Relations in Federal Countries", in Rupak Chattopadhyay, and Karl Nerenberg, eds., *Dialogues on Intergovernmental Relations in Federal Systems*, McGiu-Queen's University Press, 2010, pp. 3-8.

## 第二章 府际关系概述

的特征,①本书不再赘述。在府际关系方面,一些国家与我国的区别主要反映在以下三方面。

一是权限划分由法律明确规定。美国是典型的联邦与州的权力由联邦宪法规定的国家,联邦权与州权之间有明晰的界限:对联邦的权力采用列举的方式,明确规定哪些项权力属于联邦,也明确规定了禁止联邦使用的权力;对各州则采用概括和保留的方式,即除联邦宪法规定属于联邦的权力和禁止各州行使的权力以外,其余权力均由各州保留。②

二是职责异构。有学者以英国、法国和日本这些单一制国家的政府间纵向关系为例,指出这些国家鲜明的"职责异构"的运行特点。③ 以英国为例,基层地方政府,即教区或社区"负责管理物资分配、丧葬、礼堂、体育和娱乐设施、公共厕所、街道照明、停车场、人行道,对地方艺术和工艺的资助,鼓励旅游以及在实施计划和某些地方法规方面接受区议会的咨询……中层地方政府的职责主要是负责提供地方公共服务,涉及警察、消防和紧急援救、教育、交通、环境服务、住房、图书馆和档案管理、博物馆和艺术剧院、休闲娱乐……高层地方政府除了外交、国防、安全和经济政策等重大问题外,在

---

① 可参考张志红:《当代中国政府间纵向关系研究》,天津人民出版社2005年版;林尚立:《国内政府间关系》,浙江人民出版社1998年版;辛向阳:《大国诸侯:中国中央与地方关系之结》,中国社会出版社2008年版;薄贵利:《集权分权与国家兴衰》,经济科学出版社2001年版。
② 具体哪些权力归联邦政府,哪些权力由各州保留,可参考辛向阳:《大国诸侯:中国中央与地方关系之结》,中国社会出版社2008年版,第304—307页。
③ 参见张志红:《当代中国政府间纵向关系研究》,天津人民出版社2005年版。

诸如法律、司法、经济、交通、卫生、教育等地方事务方面均有决策权"①。

三是专门的央地联系与协商组织。在组织形式和政府管理体制上,比如,为了协调联邦中央与州和地方之间的关系,尤其是为了争取更多的联邦拨款援助,美国各级地方政府都在华盛顿设有院外活动集团,这样的全国性协商组织包括全国州长会议、全国市长会议、全国县联合会,以方便在国会和联邦行政部门表达州、城市、县的利益。②澳大利亚政府理事会(Council of Australian Governments)由总理、六州的州长、两个领地的行政长官以及全国地方政府协会的领袖组成,定期开会商讨和倡议府际合作事宜。③ 埃塞俄比亚有国家行政领导关系论坛(National Executives Relations' Forum)和国家行业行政领导关系论坛(National Executives Relations' Forum),分别在总理与州行政长官之间、联邦政府各部门部长与州行政长官之间搭建起制度化的交流和协商平台。④ 我国虽然没有这些专门的联系、协商机构与组织,但是有制度化

---

① 张志红:《当代中国政府间纵向关系研究》,天津人民出版社2005年版,第175—178页。
② 辛向阳:《大国诸侯:中国中央与地方关系之结》,中国社会出版社2008年版,第307页。
③ John Phillimore, "Understanding Intergovernmental Relations: Key Features and Trends", *Australian Journal of Public Administration*, 2013, 72(3), pp. 228-238.
④ Zemelak Ayele, and Yonatan Fessha, "Intergovernmental Relations and Ethnic Federalism in Ethiopia", in Yonatan Fessha, Karl Kossler, and Francesco Palermo, eds., *Intergovernmental Relations in Divided Societies*, Palgrave Macmillan, 2022, pp. 113-132.

的央地联系会议机制。

也有学者质疑将基于联邦制治理体制的分权概念和分权理论运用到中国的合理性。"分权要形成中央与地方的相互约束。中国的中央与地方权力划分理论和实践表明,维护中央强有力的统一领导为本,适当下放一些权力给地方为用,是一种放权(deconcentration)理论,其原则与内涵都与分权有很大差异,基于此的地方政府行为特征也存在很大差异。"[1]乔纳森·罗登(Jonathan Rodden)在剖析分权三维度(即财政、行政或政策、政治分权)时的定义和测量也并不能完全适应中国的情境。[2]

## 第四节 当代中国府际关系的利益维度与本书分析框架

基于以上三节的文献梳理,笔者将国内外府际关系领域的研究进展和发展趋势总结如下。

---

[1] 殷存毅、夏能礼:《"放权"或"分权":我国央-地关系初论》,《公共管理评论》2012年第1期。
[2] Jonathan Rodden, "Comparative Federalism and Decentralization: On Meaning and Measurement", *Comparative Politics*, 2004, 36, pp. 481-500. 比如,文章中提到的测量政治分权程度的主要依据是,地方政府主要领导是否由选民直接选举产生。

首先,新近研究对分权①利弊的分析更加全面深入,经典的财政联邦主义理论认为,分权的好处在于,(信息优势带来的)公共物品提供的效率得以提高,(基于人口和资本流动性及退出威胁带来的)地方政府更高的回应性。② 较近的研究则从理论和实证数据角度否定了这种对于分权的乐观,指出要实现分权的各种优势需要满足一系列条件,③并受到不同类型公共物品外溢程度和辖区人群偏好异质程度④以及制度安排⑤的影响。联邦体制下不同层级政府之间的冲突与博弈普遍影响发展中国家市场经济改革政策的执行和绩效。⑥ 实证数据分析也表明,分

---

① 对分权定义以及测量的讨论可参见 Jonathan Rodden, "Comparative Federalism and Decentralization: On Meaning and Measurement", *Comparative Politics*, 2004, 36, pp. 481-500,该研究将分权分为政治分权、财政分权和行政分权。也有学者将权力下放分为四类:政治、领土、军事和经济权力下放,具体可参考 Caroline Hartzell, and Matthew Hoddie, "Institutionalizing Peace: Power Sharing and Post-Civil War Conflict Management", *American Journal of Political Science*, 2003, 47(2), pp. 318-332.
② Charles Tiebout, "A Pure Theory of Local Expenditure", *The Journal of Political Economy*, 1956, 64(5), pp. 416-424.
③ Erik Wibbels, "Madison in Baghdad? Decentralization and Federalism in Comparative Politics", *The Annual Review of Political Science*, 2006, 9, pp. 165-199.
④ Timothy Besley, and Stephen Coate, "Centralized versus Decentralized Provision of Local Public Goods: A Political Economy Approach", *Journal of Public Economics*, 2003, 87, pp. 2611-2637.
⑤ Wallace Oates, "An Essay on Fiscal Federalism", *Journal of Economic Literature*, 1999, 37(3), pp. 1120-1149. 对分权潜在消极影响的讨论可参见 Judith Tendler, *Good Government in the Tropics*, The Johns Hopkins University Press, 1997; Richard Crook, and James Manor, *Democracy and Decentralization in South Asia and West Africa*, Cambridge University Press, 1998。
⑥ Erik Wibbels, *Federalism and the Market: Intergovernmental Conflict and Economic Reform in the Developing World*, Cambridge University Press, 2005.

权的绩效对有些方面(如市场经济的发展①、不同类型公共物品供给的质量②、减贫③以及化解民族矛盾④)的影响也并非总是正面的,而是在不同环境背景和制度设计情境下存在差异的。同时,给予地方官僚更多的自主性和因地制宜的政策空间,会带来更高的治理绩效,但也有可能增加他们的政策不遵从和腐败的

---

① 比如,Jinhua Cheng, *States, Intergovernmental Relations, and Market Development: Comparing Capitalist Growth in Contemporary China and 19th Century United States*, Palgrave Macmillan, 2019。
② Katrina Kosec, and Tewodaj Mogues, "Decentralization without Democracy", *World Politics*, 2020, 72(2), pp. 165–213.
③ Gordon Crawford, and Christof Hartmann, *Decentralisation in Africa: A Pathway out of Poverty and Conflict?*, Amsterdam University Press, 2008; Craig Johnson, "Local Democracy, Democratic Decentralization and Rural Development: Theories, Challenges and Options for Policy", *Development Policy Review*, 2001, 19(4), pp. 521–532; Richard Crook, and Alan Sverrisson, "Decentralization and Poverty-Alleviation in Developing Countries: A Comparative Analysis or, is West Bengal Unique?", Institute of Development studies(IDS), working paper, issue 130, 2001; Richard Crook, and James Manor, *Democracy and Decentralization in South Asia and West Africa*, Cambridge University Press, 1998.
④ 比如权力下放使次国家政府能够更加回应民众诉求,提高叛乱地区群众的政治参与水平,并削弱叛乱地区居民对地区分离组织的好感,进而减少族群冲突和分离主义,参见 Harry Blair, "Participation and Accountability at the Periphery: Democratic Local Governance in Six Countries", *World Development*, 2000, 28(1), pp. 21–39; Bumba Mukherjee, "Why Political Power-Sharing Agreements Lead to Enduring Peaceful Resolution of Some Civil Wars, but Not Others?", *International Studies Quarterly*, 2006, 50(2), pp.479–504。但是,权力下放也可能会加强族群的身份认同,并促进地区政党的发展壮大,同时提高地区政府从事分离活动的能力,具体可参见 Donald Horowitz, *A Democratic South Africa? Constitutional Engineering in a Divided Society*, University of California Press, 1991; Emanuele Massetti, and Arjan Schakel, "Between Autonomy and Secession: Decentralization and Regionalist Party Ideological Radicalism", *Party Politics*, 2016, 22(1), pp. 59–79; Dawn Brancati, "Decentralization: Fueling the Fire or Dampening the Flames of Ethnic Conflict and Secessionism?", *International Organization*, 2006, 60(3), pp. 651–685。

风险。①

其次,府际关系向来被认为受大量非正式制度的约束和影响,在海内外的府际关系研究中,府际之间的游说和讨价还价行为在最近三十年开始受到关注。② 比如,有学者关注中国各地方政府在北京设立的驻京办事处(类似唐宋两代的"进奏院")在游说中央政府和部委政策方面发挥的作用。③ 府际关系相关正式制度的研究多聚焦于政府间财税分享制度。在越来越多的国家开始重视府际关系相关正式制度建设的背景下,有学者呼吁,财税制度以外的其他相关正式制度应该获得更多的关注。④

最后,越来越多国家央地关系的调整已经较难单纯用分权

---

① Dan Honig, *Navigation by Judgment: Why and When Top Down Management of Foreign Aid Doesn't Work*, Oxford University Press, 2018.
② 关于美国府际游说(intergovernmental lobbying)的研究可参考:Rebecca Goldsten, and Hye Yong You, "Cities as Lobbyists", *American Journal of Political Science*, 2017, 61(4), pp. 864-876; Patricia Freeman, and Anthony Nownes, "Intergovernmental Lobbying in the States", *Southern Political Review*, 1999, 27(4), pp. 619-634; Alan Rosenthal, *The Third House: Lobbyists and Lobbying in the States*, Congressional Quarterly Press, 1993。关于中国政府内部的溢价行为可参考:David Lampton, "A Plum for a Peach: Bargaining, Interest, and Bureaucratic Politics in China", in Kenneth Lieberthal, and David Lampton, eds., *Bureaucracy, Politics, and Decision Making in Post-Mao China*, University of California Press, 1992, pp. 33-58; Susan Shirk, *The Political Logic of Economic Reform in China*, Berkeley: University of California Press, 1993。
③ Scott Kennedy, "Comparing Formal and Informal Lobbying Practices in China: the Capital's Ambivalent Embrace of Capitalists", *China Information*, 2009, 23(2), pp. 195-222.
④ Johanne Poirier, and Cheryl Saunders, "Comparative Reflections on Intergovernmental Relations in Federal Countries", in Rupak Chattopadhyay, and Karl Nerenberg, eds., *Dialogues on Intergovernmental Relations in Federal Systems*, McGiu-Queen's University Press, 2010, pp. 3-8.

## 第二章 府际关系概述

或集权来概括,而是在不同政策维度上的集分并存。不同层级政府从各自的利益出发,结合自身相对的资源优势,与上下级政府之间进行形态各异的互动,或合作遵从,或竞争博弈,或消极应对。因此,本书跳出集权与分权的分析框架,从府际关系的利益维度出发,关注通过不同政治制度平台开展的府际互动中的利益划一、利益表达以及利益重组问题。接下来各章的实证分析从制度的约束、信息和激励三大功能出发,探讨制度运行如何影响上级政府对下级政府的约束以及激励维度,下级对上级约束、激励的反应,以及府际互动中的信息流动,揭示中国地方府际关系集分并存的制度基础。

作为约定俗成的规则,制度是用来协调人们之间的关系和行为的一些约束条件。[1] 在道格拉斯·诺思(Douglass North)的理论中,意识形态,即世界观,价值观,信念体系,以及使个人和团体的行为方式理性化、理论化的"普遍"知识(包括约束人们行为的一整套风俗习惯、准则和行为规范),也属于制度的范畴。[2] 制度建立的一个重要条件是它必须建立在"公义(legitimacy)基础"之上,即社会成员共同接受或承认的合乎情理和期待的判断标准之上,而非建立在功利性或实用性基础之上,制度是一种重复稳定

---

[1] Douglass North, *Structure and Change in Economic History*, W. W. Norton & Company, 1982. 制度的其他定义还包括:制度是集体行动对个体行动的控制,参见[美]康芒斯:《制度经济学》,赵睿译,商务印书馆1997年版;制度是通过传统习惯或法律的作用力来创造出持久的、规范化行为类型的社会组织,参见樊纲:《渐进改革的政治经济学分析》,上海远东出版社1996年版。

[2] Douglass North, *Institutions, Institutional Change, and Economic Performance*, Cambridge University Press, 1990.

057

的观念习性。① 制度通过三种机制——即赋予人们"身份"(identity),塑造社会群体的记忆和遗忘功能,以及对事物加以分类,②实现了稳定化,形成了一种"思考的模式,在这样确定的认知图示下,人们的记忆与遗忘、遵从与选择、服从与反抗的方向都可以稳定化,或者说,制度下人们的思考范围和途径已经得到了思维的确定,规范和制度皆由此而来"③。

基于制度的基本定义,本书将政治制度定义为,社会政治领域中要求政治实体遵循的各类准则或规范。如果将政治制度划分为规范性、理念性制度和组织性、操作性制度两类,那么本书在讨论政治制度时,主要侧重的是组织性、操作性制度,即组织和规制具体的政治实践,以实现共同体的政治理想的制度、机构、程序等,从功能上划分包括利益表达、利益集成、咨询审议、决策、执行等基本政治制度以及在社会、经济、行政等领域的信息收集、传递、管理等技术性制度。④

从个人或组织行为层面上来看,制度的功能主要包括约束和激励。已有研究开始强调政治制度的信息功能,比如关于威权国家议会制度和选举制度功能的研究强调,议会传递出当权

---

① Douglas Mary, *How Institutions Think?*, Syracuse University Press, 1979;周雪光:《制度是如何思维的》,《读书》2001 年第 4 期。
② 同上。
③ 渠敬东:《制度过程中的信息机制》,《北京大学学报》(哲学社会科学版)2021 年第 6 期,第 77—78 页。
④ 王正绪:《秩序与繁荣:政治学原初问题的制度主义解释》,《学术月刊》2022 年第 3 期。该文指出规范性、理念性的制度包括正当性的基础价值和一系列指导政治实践的理论与原则。

者分享权力的可信承诺信号和百姓的需求信息,①选举传递出不同选民群体(即支持执政党的选民和潜在反对者)力量大小和地域分布以及地方官员执政能力的有用信息。② 信息也是"连接制度和人的纽带,制度需要信息得以界定,并为自身提供语义学的诠释,也需要信息为自身给出各种例证。制度也需要依靠信息来思考和运行,完成治理过程。制度还需要信息提供自我变迁和自我革新的机会"③。本书从政治制度的功能出发,探讨府际关系视角下的干部管理制度、人民代表大会制度和任务推动型项目制,分别对应纵向政府间利益划一、利益表达以及利益重组的机制、程序与规则。这三项政治制度的运作分别突出了制度的不同功能,塑造了不同形式的府际互动(如图2-3所示)。

---

① Jennifer Gandhi, Ben Noble, and Milan Svolik, "Legislatures and Legislative Politics without Democracy", *Comparative Political Studies*, 2020, 53(9), pp. 1359-1379; Carles Boix, and Milan Svolik, "The Foundations of Limited Authoritarian Government", *Journal of Politics*, 2013, 75, pp. 300–316; Beatriz Magaloni, "Credible Power-Sharing and the Longevity of Authoritarian Rule", *Comparative Political Studies*, 2008, 41 (no. 4/5), pp. 715–741; Kevin O'Brien, "Agents and Remonstrators: Role Accumulation by Chinese People's Congress Deputies", *The China Quarterly* 1994, 138, pp. 359-380; Melanie Manion, *Information for Autocrats: Representation in Chinese Local Congresses*, Cambridge University Press, 2015; Malesky Edmund, and Paul Schuler, "Nodding or Needling: Analyzing Delegate Responsiveness in an Authoritarian Parliament", *American Political Science Review*, 2010, 104 (3), pp. 42-502.
② Jennifer Gandhi, and Ellen Lust-Okar, "Elections under Authoritarianism", *Annual Review of Political Science*, 2009, 12, pp. 403-422.
③ 渠敬东:《制度过程中的信息机制》,《北京大学学报》(哲学社会科学版)2021年第6期,第86页。

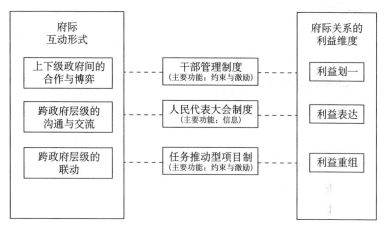

图 2-3　本书分析框架示意图

早期对中国地方政府自主性的研究主要从地方领导与高层领导的关系网络来解释自主性的大小。① 新近研究指出,政策的特征,包括政策范围(普遍还是有针对性的)、政策类型(治理型还是资源型),以及政策紧迫性,都是影响地方自主性的因素,具体而言,针对特定地区、资源型以及不紧迫的政策,往往伴随着更高的地方自主性(政策案例内容详见表 2-1)。②

---

① Parris Chang, *Power and Policy in China*, Penn State University Press, 1978; Dorothy Solinger, "Politics in Yunnan Province in the Decade of Disorder: Elite Factional Strategies and Central-Local Relations, 1967-1980", *The China Quarterly*, 1982, 92, pp. 628-662; David Goodman, *Centre and Province in the People's Republic of China: Sichuan and Guizhou*, 1955-1965, Cambridge University Press, 1986.

② Jae Ho Chung, *Centrifugal Empire: Central-Local Relations in China*, Columbia University Press, 2016.

## 第二章 府际关系概述

表 2-1 六个政策的特征

| 政策名称 | 政策范围 | 政策类型 | 政策紧迫性 | 预期的地方自主性程度 |
|---|---|---|---|---|
| 振兴东北 | 针对性 | 资源型 | 不紧迫 | 高 |
| 省直管县 | 普遍性 | 资源型 | 不紧迫 | 中 |
| 海南从广东划出 | 针对性 | 治理型 | 紧迫 | 低或中 |
| 分税制改革 | 普遍性 | 资源型 | 紧迫 | 低或中 |
| 家庭联产承包责任制改革 | 普遍性 | 治理型 | 不紧迫 | 低或中 |
| 维稳政策 | 普遍性 | 治理型 | 紧迫 | 低 |

资料来源：翻译自 Jae Ho Chung, *Centrifugal Empire: Central-Local Relations in China*, Columbia University Press, 2016, p.92, Table 6.2。

通过分析干部管理制度、任务导向型项目制与人民代表大会制度对府际关系的影响，本书对地方政府在某个政策领域自主性大小的影响因素研究也有启发意义：在制定该领域绩效目标时，博弈空间的大小，是否采用项目制治理模式，以及是否存在激励地方利益诉求表达的制度环境，是影响地方自主性不可忽视的要素。

府际关系的核心内容是财权和事权在不同层级政府间的分配关系，因而安排政府间财权和事权制度的财政体制在府际关系研究中占据天然重要的位置，这也是现有府际关系研究多聚焦于财政制度的原因。但如果从府际关系的利益维度出发，则可以拓展分析的制度类型。影响利益划一、利益表达与利益重组的制度并非仅限于财政制度，本书接下来的三章分别展开讨论的干部管理制度、人民代表大会制度以及任务推动型项目制，都是影响府际关系利益维度的重要政治制度。

# 第三章
## 干部管理制度：
## 利益划一与有限博弈

## 第三章 干部管理制度:利益划一与有限博弈

干部管理制度①是形塑当代中国纵向府际关系的重要政治制度。人事权的集中和分散构成了政治维度的集权和分权。人事任命权的集中以及目标责任制形成的压力型体制构成了我国纵向府际关系政治维度的基本底色。自上而下的政治行政命令是驱动各级政府运行的最核心压力。作为计划经济动员体制在市场化、现代化背景下的延续和变形,压力型体制的三个结构要素包括数量化的任务分解机制、各部门共同参与的问题解决机制以及物质化的多层次绩效评价体系;压力型体制下的压力及其传导机制包括自上而下的问责传导行政压力,横向比较传导同级政府间的竞争压力,以及自下而上的绩效考核传导公众治理压力。② 干部管理制度中蕴含的压力和激励的传导过程是对不同层级地方政府利益划一③的过程。虽然自上而下的干部任命及考核是利益划一的主要实现机制,但是并非唯一机制。由于对治理绩效的追求以及不同层级政府之间的绩效依赖性,上级政府在绩效指标的目标值(简称"目标值")设定方面开放了一定的博弈空间。这种有限度的博弈也是实现不同层级政府目标归一化的机制。早期研究多强调干部人事制度中的"集中"属性,新近研究、目标责任制的实践调整以及绩效目标制定中的地方自主性均表明,干部管理制度同样具有集分并存的特征。

本章首先通过梳理现有国内外主要文献、重要的政策文本,

---

① 为了避免重复,本书交叉使用干部管理制度和干部人事制度,两者内涵相同。
② 杨雪冬:《压力型体制:一个概念的简明史》,《社会科学》2012 年第 12 期;王程伟、马亮:《压力型体制下绩效差距何以促进政府绩效提升——北京市"接诉即办"的实证研究》,《公共管理评论》2020 年第 4 期。
③ 利益划一指利益的统一和协同,表现为政策遵从与合作。

结合田野调查数据,揭示在关于干部人事制度的研究和实际发展层面,都经历了从单一强调调控向强调调控和治理双重逻辑并重的转变,制度调适的方向也并非单一分权或集权,而是存在集分并存的特征。接下来,本章通过对地方干部考核条例的系统分析,讨论目标责任制的构成及其约束、激励与信息功能,阐明其实现利益划一的具体运行机制。最后,本章在质性访谈数据与条例数据的基础上,揭示绩效目标制定中的地方自主性:以目标和结果为导向的考核制度设计以及不同层级地方政府在绩效上的相互依赖性,使得围绕目标值的博弈成为必然;目标权重设计中的地方自主性使得地方政府可以因地制宜地选择发展重心,指导下级的注意力分配。

本章使用的一手数据主要包括在三省田野调查(2009—2021年)的访谈数据(采访对象主要包括省、地级市党委办公厅、组织部、统计局、环保局等部门中的30余名干部)和笔者自建的干部考核条例数据库。笔者于2012—2015年通过政府网站公开文件和田野调查收集到600多部地方干部考核条例,包括93部省级考核条例(覆盖22个省下176个地级市的领导干部),263部地级考核条例(覆盖118个地级市下763个县的领导干部),以及254部县级考核条例(覆盖225个县下2 925个乡镇的领导干部),考核类型包括年度领导干部考核、目标责任考核,以及届中届末考核条例,时间跨度为1991—2015年,其中90%的考核条例是2008年及以后制定的。地方干部考核条例一般包括考核安排、考核过程、考核结果的运用等内容。部分目标责任考核条例列出了绩效目标的内容、目标值,及其在考核中所占的权重。作为正式制度文本,大多数考核条例"下管一级",详细规定了下辖地方领导干部的考核,比如,地级考核条例规定了下辖所有县领导干部的考核安排。

## 第一节 干部管理制度中的双重逻辑

早在革命战争年代,毛泽东就于1938年提出"政治路线确定之后,干部就是决定的因素"①的论断。习近平总书记在庆祝全国人民代表大会成立60周年时提出,评价一个国家政治制度是否民主、有效的标志之一就是各方面人才能否通过公平竞争进入国家领导和管理体系。② 改革开放之后,中国干部队伍经历了两次大规模的结构转换:(1)20世纪80年代以干部"四化"为起点,"干部向在市场、外贸和金融等经济领域具有经济管理能力的知识经济型精英转换"③;(2)"以中共十六大为起点,在继续坚持干部'四化'原则的前提下,强调政治精英更需具备社会综合治理能力与公共服务意识,实现向年龄结构合理、知识结构完整和基层治理经验丰富的公共治理型精英转换"④。干部

---

① 《毛泽东选集》第二卷,人民出版社1991年版,第526页。
② 习近平:《在庆祝全国人民代表大会成立六十周年大会上的讲话》(2014年9月5日),《求是》2019年第18期。
③ 转引自袁超:《后备干部与当代中国的精英转换》,《治理研究》2018年第4期,第52页。
④ 同上。

制度是影响国家治理能力和绩效的主要政治制度和结构因素。

## 一、中国干部人事制度的沿革

干部人事制度指的是与干部管理相关的一系列法规和常规安排,由于篇幅限制,本章主要探讨干部的选拔任用和考核制度。两者紧密相连,但也存在明显的区别。干部选拔任用需要参考干部考核结果,但任用干部会考虑诸多其他因素;同时,干部考核的主要功能除了为干部任用提供参考之外,也是干部日常奖惩的主要依据。

建党初期,对干部的管理主要集中于对各级党组织的负责人和党员的管理。早期干部的选拔任用标准主要强调政治素质以及干部与群众的联系。比如,1929 年,中共六届二中全会提出:"考察一个党员,应该以其政治认识、纪律性及对工人利益的牺牲性为标准,此外还要加上他与广大工农群众的联系,他在这些群众中的威信与影响,以及指导群众的能力和标准。"[①]在延安时期,党的干部制度得到了较快发展,用人标准、干部教育、奖惩、审查(即干部考核的前身)以及监督等内容得到了系统阐释,或者相关党内法规得以颁布,[②]提升了干部管理的制度化和规范化程度。比如,毛泽东同志在扩大的中共六届六中全会上首次

---

[①] 白雪枫、薛慧锋:《新民主主义革命时期中国共产党干部选拔任用制度的历史考察》,《理论界》2012 年第 5 期,第 82 页。
[②] 参见陈云云、孙晓菲:《延安时期党内法规制度建设的历史考察与当代价值》,《中共南京市委党校学报》2021 年第 2 期;张乾元、张芳娟:《延安时期党的干部培养途径及制度建设》,《党建》2021 年第 2 期。

## 第三章　干部管理制度:利益划一与有限博弈

明确提出了"德才兼备"的干部标准和"任人唯贤"的干部路线;①陈云同志在担任中共中央组织部部长期间创立了干部审查制度,实行审干权与反奸权的分立;②边区各级政府所派之干部统一由民政厅登记审查和考绩奖惩,在考绩标准上,工作、学习、操行分别占50、25、25分。③ 作为干部制度运行核心的各级党委组织部,其作用、任务和具体工作制度在1948年11月的《关于建立和健全各级组织部门的业务与报告请示制度的通知》中也得到了明确的规定。

新中国成立后,在革命战争时期干部人事制度和工作经验的基础上,同时借鉴苏联干部管理经验,我国逐步建立起分部分级管理干部的制度。④ 根据1953年《中共中央关于加强干部管理工作的决定》,中央与各级党委管理的干部有很大一部分是交叉的,有很多干部同时由两级或三级党委管理,这要求中央与地方之间在人事决定上要达成共识。1955年《中共中央管理的干部职务名称表》进一步规定:"今后,凡列入这一职务名称表的干部的任免和调动,均须报经中央批准……各级党委均应建立各自管理的干部职务名称表。对各级党委管理的干部职务名称

---

① 白雪枫、薛慧锋:《新民主主义革命时期中国共产党干部选拔任用制度的历史考察》,《理论界》2012年第5期,第80—81页。
② 罗燕明:《再谈陈云与延安时期干部审查制度》,《中国延安干部学院学报》2011年第1期。
③ 《延安时期陕甘宁边区的干部考核工作》,《学习时报》,2017年6月12日,第A5版。
④ 具体参见《中共中央关于加强干部管理工作的决定》(1953年11月24日),中国经济网,http://www.ce.cn/xwzx/gnsz/szyw/200705/29/t20070529_11531215.shtml,最后浏览日期:2022年6月8日。

表,中央暂不做统一规定。"①同时,从1949年10月到1957年7月,中央政府和各级地方政府陆续设立了干部人事管理机构,②形成了党委与政府人事部门共同管理干部的体制。在干部的任免、调配、考核奖惩、工资福利等方面,规定也逐渐细化。改革开放之后,以1979年中共中央组织部(以下简称"中组部")颁布的《关于实行干部考核制度的意见》确定"德、能、勤、绩"四个考核维度以及邓小平同志于1980年8月18日发表的题为《党和国家领导制度的改革》的讲话为标志,中国共产党开始了干部人事制度改革和建立现代公务员制度的探索,包括确立干部"四化"方针,废除领导职务终身制,建立老干部退休制度(1982年),下放干部管理权限,以及各级党委对干部的管理从"下管两级"调整为"下管一级"(1984年)等,干部管理制度日趋规范。

通过干部评价标准的明确、干部培训和学习制度的常态化、干部工资和福利制度的建立,以及干部录用与提拔的标准化和规范化,新中国成立初期我国干部实现了从革命者向半官僚的转变,而20世纪80年代干部人事制度改革带来了技术官僚的兴起。③

---

① 中共中央组织部等编:《中国共产党组织史资料(第九卷)文献选编(下)(1949.10—1966.5)》,中共党史出版社2000年版,第225页。
② 唐琦玉、彭春瑞:《我国干部人事制度变迁中的结构逻辑与历史思考——基于历史制度主义的视角》,《领导科学》2021年第6期。在1957年和1958年,中央曾经把一部分中央管理干部委托给地方管理,1960年后又重新把委托管理干部的权力收了回去,关于从1953年到20世纪90年代干部人事制度发展的具体介绍,可参见黄相怀:《当代中国中央与地方关系的"竞争性集权"模式》,天津人民出版社2014年版,第76—86页。
③ 参见 Ezra Vogel, "From Revolutionary to Semi-Bureaucrat: The 'Regularisation' of Cadres", *The China Quarterly*, 1967, 29 (Jan.-Mar.), pp. 36-60; Hong Yung Lee, *From Revolutionary Cadres to Party Technocrats in Socialist China*, University of California Press, 1991。

## 第三章 干部管理制度：利益划一与有限博弈

改革开放以来，干部选拔任用制度共经历了四次转变：从20世纪80年代强调结构转换与干部选拔的"四化"到1990—2001年的制度修复与突出选拔的政治要求，到2002—2012年的改革深化与突出选拔的竞争导向，再到2013年以来路线修正与强调干部选拔的综合标准。[①] 随着改革的深化，20世纪80年代建立的"旨在解决当时迫在眉睫的新老干部正常交替问题"[②]的后备干部制度，通过一系列培养流程和评估标准的完善，其功能和目的转变为"培养塑造一个既符合政治标准，又具有年龄优势，还掌握高超治理技术的政治精英梯队"[③]。

### 二、干部人事制度研究中的两种逻辑

干部人事制度一直是当代国内外政治学研究中的显学。经过近三十年的积累，该领域的研究已从早期依赖制度文本内容进行描述性分析，拓展到综合运用定量和定性方法解释干部管理中的一些常见模式。以海外研究为例，在最近二十年开始呈现出研究视角的转变，逐渐从强调干部制度中的调控逻辑转向治理逻辑。[④]

---

① 陈家喜：《我国干部选拔制度改革的路线图——以全国组织工作会议为线索》，《社会科学研究》2017年第5期。
② 张弛：《解码中共"后备干部"》，《凤凰周刊》2016年第21期。
③ 转引自袁超：《后备干部与当代中国的精英转换》，《治理研究》2018年第4期，第55页。
④ 本部分梳理的研究主要关涉改革开放以来干部人事制度的发展。干部指的是在国家机关、军队、人民团体等部门担任公职的人员。由于村委会成员通过村民选举产生，对这一部分村干部的管理并不完全适用干部人事制度，因此，对村干部管理的文献不纳入本部分。

## 1. 调控逻辑

早期对当代干部人事制度的研究主要依赖于文本分析并且聚焦于干部人事制度的历史背景、制度框架和改革发展。墨宁(Melanie Manion)对中国干部管理制度的研究主要基于1983年由中组部研究室、组织局出版的《党的组织工作问答》手册,她的研究详细介绍了干部管理的制度框架、名册制度(nomenklatura system)、后备干部、人事档案、干部考核与个人推荐环节。① 《中共中央管理的干部职务名称表》也是早期干部制度研究的主要文本,比如卜约翰(John Burns)、陈汉宣(Hon Chan)分别通过对比不同年份发布的职务名称表上的变化,分析干部管理制度在不同时期改革的本质、原因及目的;黄亚生通过分析《人事工作文件选编》中的文件,细致地描述了改革开放以来监督干部的各项制度安排。② 这些研究多在宏观层面开展描述分析,尤其强调干部人事制度在约束地方官员行为和保障政令畅通方面的功能。除了对正式制度的描述,早期海外研究也关注制度的变革,比如,干部退休制度及其规范

---

① Melanie Manion, "The Cadre Management System, Post-Mao: The Appointment, Promotion, Transfer and Removal of Party and State Leaders", *The China Quarterly*, 1985, 102(June), pp. 203-233.
② John Burns, "China's Nomenklatura System", *Journal of Problems of Communism*, 1987, 36(Sep.-Oct.), pp. 36-51; Hon Chan, "Cadre Personnel Management in China: The Nomenklatura System, 1990-1998", *The China Quarterly*, 2004, 179(Sep.), pp. 703-734; Yasheng Huang, "Administrative Monitoring in China", *The China Quarterly*, 1995, 143(Sep.), pp. 828-843.

## 第三章 干部管理制度:利益划一与有限博弈

(norm)形成,以及公务员制度的建立。<sup>①</sup> 这个阶段的研究认为,干部人事制度在央地关系上主要起控制作用,"中国共产党的'党管干部制度'和苏联共产党的'党任命干部制度'在精神实质上是一致的,它们都是共产党国家确保社会生活各个方面处于党的领导之下,并且确保领导干部受控于党的核心机构的一种极具强力的制度,共产党国家的中央与地方关系自然也不能外于此"[②]。

除了关注正式制度,早期研究也通过聚焦于政治精英群体的构成及其转换,剖析干部人事任命中的一些非正式制度安排。学界普遍比较关注的精英转换包括新中国成立初期在革命任务完成以及新政权经济建设需要的背景下,干部队伍从革命者身份向建设者身份的转变,以及20世纪80年代干部人事制度改革带来的技术官僚的兴起。比如,傅高义(Ezra Vogel)认为,1949年后我国干部从革命者向半官僚的转变主要通过一系列制度的确定和细化来实现,包括"德""才"干部评价标准的确立、干部培训和学习制度的常态化、干部工资和福利制度的建立,以

---

① Melanie Manion, *Retirement of Revolutionaries in China: Public Policies, Social Norms, Private Interests*, Princeton University Press, 1993; Melanie Manion, "Politics and Policy in Post-Mao Cadre Retirement", *The China Quarterly*, 1992, 129, pp. 1–25; Tao-Chiu Lam, and Hon Chan, "Reforming China's Cadre Management System: Two Views of a Civil Service", *Asian Survey*, 1996, 36(8), pp. 772–786.
② 转引自黄相怀:《当代中国中央与地方关系的"竞争性集权"模式》,天津人民出版社2014年版,第73页。

及干部录用与提拔的标准化和规范化。① 基于干部简历信息,有研究发现,与第九届到第十一届中央委员会相比,第十二届中央委员会委员在政治和意识形态背景上的多样性程度有所下降,②第十三届中央委员会委员中的管理型技术官僚增多。③ 与对干部身份的关注一脉相承的是,探讨执政党在市场经济改革背景下如何管理重要国企的领导干部。④ 也有学者通过研究中央委员会委员的

---

① Ezra Vogel, "From Revolutionary to Semi-Bureaucrat: The 'Regularisation' of Cadres", *The China Quarterly*, 1967, 29(Jan.-Mar.), pp. 36-60. 其他相关研究还可参考 Yung Lee Hong, *From Revolutionary Cadres to Party Technocrats in Socialist China*, University of California Press, 1991。
② Yung Lee Hong, "China's 12th Central Committee: Rehabilitated Cadres and Technocrats", *Asian Survey*, 1983, 23(6), pp. 673-691.
③ Cheng Li, and Lynn White, "The Thirteenth Central Committee of the Chinese Communist Party: From Mobilizers to Managers", *Asian Survey*, 1988, 28(4), pp. 371-399. 除了第十八届中央委员会,现有英文学术期刊文献有专门对十二届到十九届中共中央委员会委员身份背景情况(包括人口学特征和工作经历等)的系统分析,比如 Xiaowei Zang, "The Fourteenth Central Committee of the CCP: Technocracy or Political Technocracy?", *Asian Survey*, 1993, 33(8), pp. 787-803; Cheng Li, and Lynn White, "The Fifteenth Central Committee of the Chinese Communist Party: Full-Fledged Technocratic Leadership with Partial Control by Jiang Zemin", *Asian Survey*, 1998, 38(3), pp. 231-264; Cheng Li, and Lynn White, "The Sixteenth Central Committee of the Chinese Communist Party: Hu Gets What?", *Asian Survey*, 2003, 43(4), pp. 553-597; Na Zhou, "The 19th Central Committee for Xi Jinping's 'New Era'", *China: An International Journal*, 2020, 18(1), pp. 76-94. 也有博士论文针对1922—2011年中共中央委员会的构成情况开展了跨时段的历史比较分析,参见 Jerome Tan Sibayan, *A Network Analysis of China's Central Committee: A Dynamical Theory of Policy Networks*, Ph.D. dissertation, Kansas State University, 2013。
④ 比如:Hon Chan, "Cadre Personnel Management in China: The Nomenklatura System, 1990-1998", *The China Quarterly*, 2004, 179(Sep.), pp. 703-734; Brødsgaard Kjeld, "Politics and Business Group Formation in China: The Party in Control?", *The China Quarterly*, 2012, 211(Sep.), pp. 624-648; Chin-Shian Liou, and Chung-Min Tsai, "The Dual Role of Cadres and Entrepreneurs in China", *Asian Survey*, 2017, 57(6), pp. 1058-1085。

历时(1978—2002年)发现,一个用来衡量地方讨价还价能力的指标——来自各省的领导干部占中央委员的份额——持续下降。①

干部人事制度中的调控逻辑主要表现在目标责任制的运作上。目标责任制,就是将工作目的和任务自上而下逐级逐项分解成具体的可量化的工作目标,同时明确相关个体在完成目标上的责任,依据目标完成情况进行层层考核。我国部分学者将目标责任制概括为中国"压力型政治"的表现和实施手段,强调目标责任制下的行政主导和层级控制。② 这种控制具体反映在约束性指标的运用上,其中最常见的为一票否决指标,"一票否决制"被认为是"最具威慑力也最为严苛的一项干部考核手段……带有计划式管理的色彩,过于依赖强制命令权"③。

2. 以晋升锦标赛理论为代表的研究转向

在20世纪八九十年代干部人事制度研究的基础上,21世纪以来国外对我国干部管理的研究发生了视角上的转换:开始关注干部管理对地方经济社会发展的影响;对干部人事制度功能的分析从单一政治功能转向多元功能;对干部人事制度中蕴

---

① Yumin Sheng, "Central-Provincial Relations at the CCP Central Committees: Institutions, Measurement and Empirical Trends, 1978-2002", *The China Quarterly*, 2005, 182, pp. 338-355.
② 荣敬本、崔之元、王拴正等:《从压力型体制向民主合作体制的转变:县乡两级政治体制改革》,中央编译出版社1998年版;徐勇、黄辉祥:《目标责任制:行政主控型的乡村治理及绩效——以河南L乡为个案》,《学海》2002年第1期;Kai-yuen Tsui, and Youqiang Wang, "Between Separate Stoves and a Single Menu: Fiscal Decentralization in China", *The China Quarterly*, 2004, 177(1), pp.71-90.
③ 陈硕:《"硬指标"的"软约束":干部考核"一票否决制"的生成与变异》,《四川大学学报》(哲学社会科学版)2020年第1期,第32页。约束性指标未达标的后果分为取消评优资格、评价档次降一级、直接定为"不合格"等级、减分等。

含的纵向府际关系的分析跳脱"自上而下单一约束关系"这一维度而开始关注自下而上的反馈与复杂的互动博弈关系。以晋升锦标赛理论为代表,从注重文本上的制度转向关注实践中的制度,这既是研究方法也是理论视角的转换。

周黎安借鉴相对绩效激励契约和职业前景理论提出了"晋升锦标赛理论"。① 晋升锦标赛理论就是根据代理的相对业绩,而非绝对成绩来决定政治上的晋升:"晋升锦标赛作为一种行政治理的模式,是指上级政府对多个下级政府部门的行政长官设计的一种晋升竞赛,竞赛优胜者将获得晋升,而竞赛标准由上级政府决定,它可以是 GDP 增长率,也可以是其他可度量的指标。"②周黎安认为,中国政治体制的若干特征使晋升锦标赛成为可能:(1)上级政府的人事权力集中,上级可以决定晋升的标准,并根据下级政府官员的绩效决定其升迁;(2)存在一种从委托人和代理人的角度看都可衡量的、客观的竞赛指标,包括 GDP 增长率、财政收入等;(3)政府官员的"竞赛成绩"是相对可分离的和可比较的;(4)政府官员能在相当程度上控制和影响最终考核的绩效;(5)参与人之间不易形成合谋。③ 中央-地方关

---

① 参见周黎安:《晋升博弈中政府官员的激励与合作——兼论我国地方保护主义和重复建设问题长期存在的原因》,《经济研究》2004 年第 6 期,第 33—40 页;周黎安:《中国地方官员的晋升锦标赛模式研究》,《经济研究》2007 年第 7 期。
② 参见周黎安:《中国地方官员的晋升锦标赛模式研究》,《经济研究》2007 年第 7 期,第 39 页。其他相关文献还包括 James Malcomson, "Work Incentives, Hierarchy, and Internal Labor Markets", *Journal of Political Economy*, 1984, 92, pp. 486-507。
③ 参见周黎安:《中国地方官员的晋升锦标赛模式研究》,《经济研究》2007 年第 7 期,第 40 页。

系及干部考核和晋升体制深刻影响并塑造了中国式锦标赛体制和政治标尺竞争。①

晋升锦标赛这一理论的实践基础是我国自20世纪80年代以来确立的以实绩为主的干部目标责任制这一具体干部考核制度。海外研究主要将目标责任制视为我国的核心政治激励机制,强调目标完成情况或工作实绩与政治晋升的关联,以及晋升动机下的官员行为。② 各级领导干部简历信息的公开进一步推动了晋升锦标赛理论的发展,国内外学者对中国地方领导干部晋升的影响因素开展了一系列实证研究。③ 部分研究支持经济绩效④对地方领导干部晋升起正向促进作用;而另一部分研究

---

① 参见周飞舟:《锦标赛体制》,《社会学研究》2009年第3期,第54—77页;王哲、顾昕:《政治标尺竞争理论:地方政府的激励效应》,载岳经纶、朱亚鹏主编:《中国公共政策评论(第10卷)》,商务印书馆2016年版。
② Maria Edin, "State Capacity and Local Agent Control in China: CCP Cadre Management from a Township perspective", *The China Quarterly*, 2003, 173, pp. 35-52; Susan Whiting, *Power and Wealth in Rural China: The Political Economy of Institutional Change*, Cambridge University Press, 2001; Mayling Birney, "Decentralization and Veiled Corruption under China's 'Rule of Mandates'", *World Development*, 2014, 53, pp. 55-67.
③ 对海外相关研究的总结可参见左才:《社会绩效、一票否决与官员晋升——来自中国城市的证据》,《公共管理与政策评论》2017年第3期。
④ 这里的经济绩效除了GDP的增加也包括财政收入的增长。这部分研究包括: Zhiyue Bo, "Economic Performance and Political Mobility: Chinese Provincial Leaders", *Journal of Contemporary China*, 1996, 5(12), pp. 135-154; Hongbin Li, and Li'an Zhou, "Political Turnover and Economic Performance: The Incentive Role of Personnel Control in China", *Journal of Public Economics*, 2005, 89, pp. 1743-1762; Gang Guo, "Retrospective Economic Accountability under Authoritarianism: Evidence from China", *Political Research Quarterly*, 2007, 60(3), pp. 378-390; Yumin Sheng, *Economic Openness and Territorial Politics in China*, Cambridge University Press, 2010; Eun Hyong Choi, "Patronage and Performance: Factors in the Political Mobility of Provincial Leaders in Post-Deng China", *The China Quarterly*, 2012, 212, pp. 965-981。

表明,非绩效因素①对地方领导晋升的影响更为重要。以工作成绩和能力为选拔导向的逻辑在基于 1983—2012 年省委常委的研究中得到了进一步证实,中国共产党高级领导干部选任的能力导向与国家治理现代化的要求和持续推进相呼应。② 影响晋升的因素在不同级别干部以及不同地域之间可能存在差异。"官员晋升锦标赛"主要存在于县级政府,而在省级和地市级一把手领导的升迁中,政治因素影响更强。③ 干部晋升存在"常规"与"快轨"的双轨逻辑,并且基于经济绩效的晋升锦标赛理论在东部省份具有较强的解释力,而在某些中部省份,社会稳定而

---

① 非绩效因素主要包括与上级的关系、政治背景、社会网络等。这方面的文献主要有陈潭、刘兴云:《锦标赛体制、晋升博弈与地方剧场政治》,《公共管理学报》2011 年第 2 期; Victor Shi, Christopher Adolph, and Mingxing Liu, "Getting Ahead in the Communist Party: Explaining the Advancement of Central Committee Members in China", *American Political Science Review*, 2012, 106(1), pp. 166-187; Graeme Smith, "Measurement, Promotions and Patterns of Behavior in Chinese Local Government", *The Journal of Peasant Studies*, 2013, 40(6), pp. 1027-1050; Hui Li, and Lance L. P. Gore, "Merit-Based Patronage: Career Incentives of Local Leading Cadres in China", *Journal of Contemporary China*, 2018, 27(109), pp. 85-102; Michael Wiebe, "Replicating the Literature on Meritocratic Promotion in China", workingpaper, 2020, https://michaelwiebe.com/assets/ch2.pdf, retrieved June 14, 2022; Victor Shih, and Jonghyuk Lee, "Locking in Fair Weather Friends: Assessing the Fate of Chinese Communist Elite When Their Patrons Fall from Power", *Party Politics*, 2020, 26(5), pp. 628-639。
② 杨竺松、燕阳、张雪君、张君忆:《中国共产党干部选任的能力导向——来自省委常委的证据(1983—2012)》,《政治学研究》2021 年第 3 期。
③ Pierre Landry, Xiaobo Lü, and Haiyan Duan, "Does Performance Matter? Evaluating Political Selection Along the Chinese Administrative Ladder", *Comparative Political Studies*, 2018, 51(8), pp. 1074-1105.

## 第三章　干部管理制度:利益划一与有限博弈

非经济发展是影响晋升的更重要的因素。① 同时,绩效因素也不仅局限于经济绩效,社会政策领域的工作绩效同样对干部晋升有帮助。② 并且,绩效因素与非绩效因素之间相互关联,并非各自独立地影响干部的晋升。③ 新时代中国的干部选拔标准也发生了深刻的变化,地方官员面临运动性任务、竞逐性任务、日常性任务以及约束性任务的多目标考核,政绩竞争呈现出"直通赛""锦标赛""资格赛""淘汰赛"并存的多元政绩竞赛格局。④ 对干部晋升影响因素的分析,尤其是不同类型治理绩效对干部晋升影响的大小差异(即政治激励结构⑤),经常作为解

---

① Baoqing Pang, Shu Keng, and Lingna Zhong, "Sprinting with Small Steps: China's Cadre Management and Authoritarian Resilience", *China Journal*, 2018, 80, pp. 68 - 93; David Bulman, *Incentivized Development in China: Leaders, Governance, and Growth in China's Counties*, Cambridge University Press, 2016.
② 比如 Cai Zuo, "Promoting City Leaders: The Structure of Political Incentives in China", *The China Quarterly*, 2015, 224, pp. 955-984。
③ Ruixue Jia, Kudamatsu Masayuki, and Seim David, "Political Selection in China: The Complementary Roles of Connections and Performance in Political Selection in China", *Journal of the European Economic Association*, 2015, 13, pp. 631 - 668; Junyan Jiang, "Making Bureaucracy Work: Patronage Networks, Performance Incentives, and Economic Development in China", *American Journal of Political Science*, 2018, 62(4), pp. 982-999; Liang Ma, Huangfeng Tang, and Bo Yan, "Public Employees' Perceived Promotion Channels in Local China: Merit-Based or Guanxi-Orientated?", *Australian Journal of Public Administration*, 2015, 74(3), pp. 283-297.
④ 陈科霖、谷志军:《多元政绩竞赛:中国地方官员晋升的新解释》,《政治学研究》2022 年第 1 期。
⑤ 也有学者提出了不同于"官员晋升锦标赛"激励视角的信号论,从政治选拔和能力辨识的角度来理解绩效与晋升的关系。具体参见 Jie Chen, Danglun Luo, Guoman She, and Qianwei Ying, "Incentive or Selection? A New Investigation of Local Leaders' Political Turnover in China", *Social Science Quarterly*, 2017, 98(1), pp. 341-359。

释地方干部注意力分配和治理结果的核心制度因素。①

目标责任制作为中国经济分权体制下的重要调控机制,也是上下级政府在政策制定和执行方面相互交流和提供反馈的制度平台。② 案例研究展现出以目标为导向的地方政府绩效评估制度在实际运行中引发了地方官员的各种博弈行为。值得注意的是,自上而下分解下达的结果导向型指标与高激励机制的结合,为恶性博弈行为的产生提供了温床。③ 新近研究指出,面对一些地方政府的应对策略行为(包括层层加码等现象)以及上级政府对下级政府信息的垄断导致的市压县现象和区域发展不平衡等问题,一些省份在2007年前后开始调整目标制定和考核的层级范围,由下考一级调整为下考两级,即由省来制定和考核县政府的绩效目标情况,反映出地方政府为了提升治理绩效对目标责任制的调整。④ 类似的治理逻辑也反映为:为了有效约束下级政府的不当行为,上级政府在放权改革后将部分来自市场、社会

---

① 除了上述非绩效因素决定论,还有学者从"干部有限晋升空间制约考核激励效果"的角度对晋升锦标赛理论提出质疑。比如一项基于1990—2011年地级市党委书记的实证研究表明,县级干部迁至地级市党委一把手的情况并不常见,大多数地级市党委书记在升至该职位之前一直都在省级或地级市政府部门工作,具体参见Genia Kostka, and Xiaofan Yu, "Career Backgrounds of Municipal Party Secretaries in China", *Modern China*, 2015, 41(6), pp. 467-505。
② Thomas Heberer, and René Trappel, "Evaluation Processes, Local Cadres' Behaviour and Local Development Processes", *Journal of Contemporary China* 2013, 22(84), pp. 1048-1066.
③ Jie Gao, "Pernicious Manipulation of Performance Measures in China's Cadre Evaluation System", *The China Quarterly*, 2015, 223, pp. 618-637.
④ Rui Qi, Chenchen Shi, and Mark Wang, "The Over-Cascading System of Cadre Evaluation and China's Authoritarian Resilience", *China Information*, 2021, 35(1), pp. 67-88.

的反馈纳入自上而下评价地方治理成效的纵向问责机制。①

3. 治理逻辑

近些年海外对中国干部人事制度的研究更全面细致并突出关注制度运行的治理逻辑。这种治理逻辑具体反映在地方领导班子中不同类型官员的搭配、干部交流制度、后备干部制度、干部"高配"制度等方面。长期以来,在重要干部任命的实证研究中得出的一般性结论是:为了提高政策遵从,中央倾向任命在中央政府机关有工作经验的官员为重要省份的一把手。② 较新研究结果表明,即使在重要省份,如果治理难度(legibility)较大,中央会基于治理绩效的考虑,任命有更多地方工作经历的官员担任省委常委职务。③ 这两类官员的不同搭配也带来了不同的治理绩效和政策结果。④ 治理而非调控的逻辑也同样体现在地方领导班子中本地官员与外地官员的搭配上,对地方治理经验和知识的考量以及央-地博弈结果解释了省委常委中本地与外

---

① 高翔:《放权与发展:市场化改革进程中的地方政府》,浙江大学出版社 2020 年版。
② Yasheng Huang, *Inflation and Investment Controls: The Political Economy of Central-Local Relations during the Reform Era*, Cambridge University Press, 1996; Yumin Sheng, "Global Market Integration and Central Political Control: Foreign Trade and Intergovernmental Relations in China", *Comparative Political Studies*, 2007, 40(4), pp. 405-434.
③ 治理难度(legibility)主要从地理、经济、社会文化因素三方面来衡量,具体参见 David Bulman, and Kyle Jaros, "Loyalists, Localists, and Legibility: The Calibrated Control of Provicial Leadership Teams in China", *Politics and Society*, 2020, 48(2), pp. 199-234。
④ Petra Persson, and Ekaterina Zhuravskaya, "The Limits of Career Concerns in Federalism: Evidence from China", *Journal of the European Economic Association*, 2015, 14(2), pp. 338-374; John Donaldson, *Small Works: Poverty and Economic Development in Southwestern China*, Cornell University Press, 2011.

地官员搭配结构的差异。① 为了更好地适应经济发展和国家建设,干部培训(尤其在经济发达的地区)呈现出市场化和全球化趋势,21世纪初的干部海外培训比20世纪90年代的更加多样化和制度化。②

干部交流指的是干部在体制内职务的变动,包括官员的异地任职和"空间流动"。③ 除了破除地方主义和派系主义的作用,干部交流或者轮换还能有效提升经济增长、降低流入地的腐败程度、减弱地方官员因晋升博弈的零和性而从事恶性竞争的程度以及促进人力资源的合理配置,从而提高管理效率;干部交流也带来了地方治理经验和成功政策的扩散。④ 后备干部制度的建立以1983年10月中组部下发的《关于建立省部级后备干部制度的意见》为标志,"旨在解决当时迫在眉睫的新老干部正常交替问题,也是中国共产党首次考虑制度性选拔接班人"⑤的机制创新。到20世纪90年代,后备干部选拔范围拓展到各个层级。2002年颁布的《党政领导干部选拔任用工作条例》明确

---

① Qingjie Zeng, "Control, Discretion and Bargaining: The Politics of Provincial Leader Rotation in China", *Chinese Political Science Review*, 2016, 1, pp. 623-644.
② Frank Pieke, "Marketization, Centralization and Globalization of Cadre Training in Contemporary China", *The China Quarterly*, 2009, 200, pp. 953-971; Kai Zhou, and Ge Xin, "Borrowing Wisdom from Abroad: Overseas Training for Political Elites in Reform-Era China", *The China Review*, 2020, 20(4), pp. 95-128.
③ 李美啸:《当代中国干部交流研究述评》,《现代管理科学》2019年第3期。
④ 李美啸:《当代中国干部交流研究述评》,《现代管理科学》2019年第3期;袁超:《后备干部与当地中国的精英转换》,《治理研究》2018年第4期。
⑤ 张弛:《解码中共"后备干部"》,《凤凰周刊》2016年第21期。

## 第三章　干部管理制度:利益划一与有限博弈

指出:"党政领导班子成员一般应从后备干部中选拔。"

与干部交流及后备干部制度兼具调控与治理的逻辑相似,干部人事管理中的"高配"安排也反映出这两种逻辑。不同层级的党委常委中都会有下辖重要行政区域的一把手,比如省委常委中经常会有下辖重要地级市的市委书记,这种现象被称为"高配"。这种人事安排不仅出现在中国,苏联和越南也存在这种现象。① "高配"一般被认为是上级政府施加调控的机制。通过这种纵向的交叉任职,使上级政府和党委制定的政策更容易在重要的下辖行政区域内得到推行。新近研究对这种单一调控逻辑提出了质疑,认为下辖行政单位通过这种"高配"安排获得了更多的经济发展资源和政策制定自主权;"高配"中的政府自上而下的关系包括调控(control)、制度化吸纳(co-optation)、妥协(compromise)和让步(concession)四个面向,而调控的面向是最不明显的。② 浙江省的乡镇扩权改革中也出现了乡镇干部"高配"现象。③

---

① 参见 David Lane, *State and Politics in the USSR*, Basil Blackwell, 1985; Malesky Edmund, "Straight Ahead on Red: How Foreign Direct Investment Empowers Subnational Leaders", *Journal of Politics*, 2008, 70(1), pp. 97-119.
② David Bulman, and Kyle Jaros, "Leninism and Local Interests: How Cities in China Benefit from Concurrent Leadership Appointments", *Studies in Comparative International Development*, 2019, 54, pp. 233-273.
③ 浙江省机构编制委员会办公室:《关于小城市培育试点行政管理体制改革的若干意见》,2010 年 12 月 31 日。该《意见》指出:"镇党委书记一般由县(市、区)领导班子成员兼任,少数不兼任的,可根据工作需要和干部本人条件,高配为副县(市、区)级。"转引自郁建兴、李琳《当代中国地方政府间关系的重构——基于浙江省县乡两级政府扩权改革的研究》,《学术月刊》2016 年第 1 期,第 113 页。

### 三、调控逻辑与治理逻辑的比较和表现

基于上述两个部分的讨论,干部人事制度中调控与治理的双重逻辑得以呈现。调控逻辑首先指的是在干部选拔任用方面政治标准和政治考量优先,府际纵向人事关系上呈现出单一的自上而下的控制与约束。具体而言,政治标准集中体现在 2002 年和 2019 年《党政领导干部选拔任用工作条例》关于党政领导干部应当具备基本条件的阐述中。① 强调政治立场和政治忠诚②一直贯穿在不同时期中国共产党的干部选拔任用中。"具有共产主义远大理想和中国特色社会主义坚定信念,坚决执行党的基本路线和各项方针、政策……有强烈的革命事业心和政治责任感……坚持和维护党的民主集中制,有民主作风,有全局观念"③等政治标准一直是党政领导干部应当具备的基本条件。中共十九大后,"好干部"的标准得到新的发展,《中国共产党党章》第 36 条将其概括为"信念坚定、为民服务、勤政务实、敢于担当、清正廉洁"。2019 年的《党政领导干部选拔任用工作条例》进一步明确,必须把政治标准放在首位,强调干部的"三严三

---

① 分别为 2002 年《党政领导干部选拔任用工作条例》第二章第六条与 2019 年《党政领导干部选拔任用工作条例》第二章第七条。
② 比如革命经历(revolutionary age)是新中国成立后考察干部时"德"方面的重要测量指标,参见 Ezra Vogel, "From Revolutionary to Semi-Bureaucrat: The 'Regularisation' of Cadres", *The China Quarterly*, 1967, 29 (Jan.-Mar.), pp. 36-60。关于政治忠诚对地方领导干部晋升的影响,参见 Pierre Landry, XiaoboLü, and HaiyanDuan, "Does Performance Matter? Evaluating the Institution of Political Selection along the Chinese Administrative Ladder", *Comparative Political Studies*, 2018, 51(8), pp. 1074-1105。
③ 参见《中国共产党党章》第 36 条。

## 第三章　干部管理制度：利益划一与有限博弈

实"等。最新实证研究还表明，中共十八大以来反腐败的制度化推进有效遏制了干部选拔任用中的不正之风。① 其次，调控逻辑反映在绩效指标的逐级复制分解以及约束性指标等政府内部控制机制方面。治理逻辑主要指的是基于治理绩效考量进行的制度设计以及制度运行过程中多元主体的参与互动。对治理绩效的关注，使得党委组织部门在干部选拔、培训、考核中重视干部的能力、素质以及治理绩效表现。同时，由于地方资源禀赋和历史发展路径存在差异，相关部门倾向在考核指标制定以及人事安排方面给予地方更多因地制宜的自主空间。

目标责任制中过强的计划式管理和行政命令色彩在治理中产生了地方官员的恶性博弈行为。② 面对存在的问题，比如层层加码和数据造假等，上级政府在制定指标过程中更加重视下辖行政单位的反馈意见，开始给予更多博弈的空间；目标责任制作为中国经济分权体制下的重要控制机制，逐渐成为上下级政府在政策制定和执行方面交流和博弈的制度平台。③ 同时，为

---

① Zeren Li, and Melanie Manion, "The Decline of Factions: The Impact of a Broad Purge on Political Appointments in China" (June 3, 2022), SSRN, http://dx.doi.org/10.2139/ssrn.3446354, retrieved July 11, 2022.
② 比如 Jie Gao, "Pernicious Manipulation of Performance Measures in China's Cadre Evaluation System", *The China Quarterly*, 2015, 223, pp. 618-637。
③ Ning Leng, and Cai Zuo, "Tournament Style Bargaining within Boundaries: Setting Targets in China's Cadre Evaluation System", *Journal of Contemporary China*, 2022, 31 (133), pp. 116-135; Genia Kostka, "Command without Control: The Case of China's Environmental Target System", *Regulation and Governance*, 2016, 10 (1), pp. 58-74; Thomas Heberer, and René Trappel, "Evaluation Processes, Local Cadres' Behaviour and Local Development Processes", *Journal of Contemporary China*, 2013, 22(84), pp. 1048-1066.

了最大限度地激励处于不同发展水平的下辖行政单位因地制宜地提升当地治理绩效，分类考核和个性化指标得到越来越广泛的运用。下一节将展开论述这一内容。表3-1和表3-2分别总结、提炼了两种逻辑的区别和表现形式。这两种逻辑的共存有效平衡了经济社会发展需要的秩序与活力，也反映出干部人事制度中的集分并存。

表3-1 两种逻辑的区别

| 比较维度 | 调控逻辑 | 治理逻辑 |
| --- | --- | --- |
| a. 制度设计或政策制定的首要考量因素 | 政治稳定 | 治理绩效（经济绩效、民生等社会领域绩效） |
| b. 选拔任用干部的核心关切 | 政治上可靠 | 能力与业绩 |
| c. 对干部行为的规范工具 | 行政命令 | 激励组合 |
| d. 干部管理中上下级的关系 | 自上而下的约束 | 自下而上反馈的制度化吸纳；博弈关系 |

表3-2 两种逻辑在干部选拔和干部考核中的具体表现

| 表现领域 | 调控逻辑 | 治理逻辑 |
| --- | --- | --- |
| 干部选拔 | 政治标准优先 | 绩效导向的干部交流和后备干部制度；"高配"安排给予地方自主性；经济绩效驱动下的晋升锦标赛 |
| 干部考核 | 约束性控制机制；指标的逐级复制；约束性指标（包括维稳逻辑） | 指标制定过程的适度开放；差异化考核指标体系 |

## 第二节　目标责任制中的激励、约束与信息

目标责任制是以指标体系为核心,以责任为基础,以考核体系为动力,辐射形成目标网络,以期获得最佳行政效能的一套综合管理方法;其在权威体系内部以及国家与社会之间构建出一整套以"责任-利益连带"为主要特征的制度性联结关系,对地方政权的运行以及地方社会的治理等产生一系列重要而复杂的影响。[1] 作为新公共管理运动中的核心要素,公共部门的绩效管理被认为是提升公职人员工作动机和效率的合理路径;实证研究也表明,采用量化指标衡量和考核部门绩效在推动经济增长、促进公共资金在政府承包商之间的合理分配以及提升医院服务方面发挥了积极作用。[2] 但更多文献指出了以结果和数字为导向的绩效管理存在的弊端。以英国布莱尔时期政府的绩效管理

---

[1] 王汉生、王一鸽:《目标管理责任制——农村基层政权的实践逻辑》,《社会学研究》2009 年第 2 期。

[2] Jiayuan Li, "The Paradox of Performance Regimes: Strategic Responses to Target Regimes in Chinese Local Government", *Public Administration*, 2015, 93(4), pp. 1152-1167; Robert Behn, "Why Measure Performance? Different Purposes Require Different Measures", *Public Administration Review*, 2003, 63(5), pp. 586–606; Carolyn Heinrich, "Do Government Bureaucrats Make Effective Use of Performance Management Information?", *Journal of Public Administration Research and Theory*, 1999, 9(3), pp. 363–394; Carol Propper, Matt Sutton, Carolyn Whitnall, and Frank Windmeijer, "Incentives and Targets in Hospital Care: Evidence from a Natural Experiment", *Journal of Public Economics*, 2010, 94, pp. 318-335;周黎安:《转型中的地方政府:官员激励与治理》,格致出版社 2008 年版。

为例,借鉴苏联计划经济指标体制存在的问题,克里斯托弗·胡德(Christopher Hood)将被考核主体的抵制和博弈行为分为三类:(1)"水涨船高"的棘轮效应(ratchet effect),即被考核主体将工作表现故意限制在一定水平,以防止下一年工作绩效目标的提升;(2)完全一致的无差别的绩效目标缺乏对高能力对象的充分激励,从而对高能力对象造成产出抑制,即门槛效应(threshold effect);(3)单纯以完成指标为目的而背离公共服务初衷,即"击中了目标,却没抓住要领"(hitting the target and missing the point)的扭曲行为(output distortion)。① 绩效目标考核结果对被考核对象的影响越大,绩效目标越有可能带来反效果,组织内部的绩效水平会受到更大的影响。② 基于俄罗斯和韩国公共部门绩效管理的案例分析,部分学者将这些抵制和博弈行为归因为委托-代理关系中代理人的自利动机,其他原因还包括资源的稀缺和任务的难度,对上报绩效数据的审核不到位,对绩效完成缺少直接和持续的监督,以及考核方与被考核对象之间的信息不对称。③ 除了资源依赖理论和委托-代理理论,

---

① Christopher Hood,"Gaming in Target World: The Targets Approach to Managing British Public Services", *Public Administration Review*,2006,4,pp.515-521。棘轮效应和门槛效应也可参考 Pamela Brown,Jeffrey Miller,and James Thornton,"The Ratchet Effect and the Coordination of Production in the Absence of Rent Extraction", *Economica*,1994,61(241),pp.93-114。
② Hans de Bruijn, *Managing Performance in the Public Sector*,Routledge,2006.
③ Alexander Kalgin,"Implementation of Performance Management in Regional Government in Russia: Evidence of Data Manipulation", *Public Management Review*,2016,18(1),pp.110-138;Sang Hoon Shin, *Dysfunctional Consequences of the Korean Performance Budgeting System and Their Policy Implications*,Ph.D. dissertation,Institute of Local Government(转下页注)

## 第三章 干部管理制度:利益划一与有限博弈

中国特殊的干部晋升模式被认为是我国官员产生目标偏差行为的制度根源。① 绩效目标管理是否产生积极的影响往往取决于绩效数据的运用方式以及管理文化。②

简单来说,激励问题就是委托人如何调动代理人的积极性的问题。关于政府组织中的激励与治理的研究在很大程度上借鉴了企业组织中的相关理论框架。③ 周黎安将线性激励契约理论中富有启发的观点总结为:"第一,如果产出对于代理人的努力程度依赖性很强,或者说,代理人对产出的控制能力较强,那么就应该给予代理人较强的激励。第二,如果产出受到的外在随机因素的

---

(接上页注) Studies, University of Birmingham, 2013; John Bohte, and Kenneth Meier, "Goal Displacement: Assessing the Motivation for Organizational Cheating", *Public Administration Review*, 2000, 60(2), pp. 173-182; Christopher Hood, "Gaming in Targetworld: The Targets Approach to Managing British Public Services", *Public Administration Review*, 2006, 4, pp. 515-521.

① 刘焕、吴建南、徐萌萌:《不同理论视角下的目标偏差及影响因素研究述评》,《公共行政评论》2016年第1期。
② Christopher Hood, "Public Management by Numbers as a Performance-Enhancing Drug: Two Hypotheses", *Public Administration Review*, 2012, 72(s1), pp. S85-S92.
③ 企业组织中激励与治理的理论主要包括:效率工资理论、线性激励契约理论,相对绩效(锦标赛)激励契约和标尺竞争理论,以及职业前景理论。参见 Bengt Holmstrom, and Paul Milgrom, "Aggregation and Linearity in the Provision of Intertemporal Incentives", *Econometrica*, 1987, 5(2), pp. 303-328; Edward Lazear, and Sherwin Rosen, "Rank-Ordered Tournaments as Optimal Labor Contracts", *Journal of Political Economy*, 1981, 89, pp. 841-864; Andrei Shleifer, "A Theory of Yardstick Competition", *The RAND Journal of Economics*, 1985, 16(3), pp. 319-327; Bengt Holmstrom, "Managerial Incentives Problems: A Dynamic Perspective", *Review of Economic Studies*, 1999,1, pp. 169-182. 关于企业组织中的激励与治理理论的综述可参见周黎安:《转型中的地方政府:官员激励与治理》,格致出版社2008年版,第25—41页。

干扰较大,导致产出有很大的不确定性,那么就应该给予代理人较弱的激励。第三,如果代理人规避风险的倾向较为严重,即非常厌恶风险,那么应该给予其较弱的激励。第四,如果代理人对于激励的反应很灵敏,那么应该给予其较强的激励。"[1]由于政府组织与企业组织相比,在目标属性及结构方面存在差异,[2]在激励的设计上也应与企业组织不同,比如阿维纳什·迪克西特(Avinash Dixit)认为,由于政府面临多维度的任务和多个委托人,如果对某项任务的绩效给予强激励,容易导致政府忽视其他任务,即产生激励扭曲问题,因此为了使政府平衡完成各项任务,应该给予所有任务以弱激励。[3] 政府作为一种特殊的组织,如果不充分考虑其机制特点而简单参照其他组织进行考核机制设计,效果可能适得其反。目标责任制是我国政治激励形成和分配的核心机制,是上级政府激励或约束下级政府的制度工具。本节旨在展示目标责任制蕴含的激励和约束形态以及目标责任制的信息功用,以呈现其实现利益划一的具体运行机制。本节讨论也为第三节关于地方自主性的分析奠定了知识基础。

---

[1] 参见周黎安:《转型中的地方政府:官员激励与治理》,格致出版社 2008 年版,第 28 页。

[2] 与企业追求经济利润的目标相比,政府组织追求的目标更多、更模糊、更复杂,更多关注公平、问责、回应等价值, Hal Rainey, and Barry Bozeman, "Comparing Public and Private Organizations: Empirical Research and the Power of the A Prior", *Journal of Public Administration Research and Theory*, 2000, 10(2), pp. 447-469。

[3] 参见 Avinash Dixit, *The Making of Economic Policy: A Transaction-Cost Politics Perspective*, MIT Press, 1996; Avinash Dixit, "Power of Incentives in Public versus Private Organizations", *American Economic Review*(*Paper and Proceedings*), 1997, 87(2), pp. 378-382。

# 第三章 干部管理制度:利益划一与有限博弈

## 一、目标责任制的构成及差异化落地

建立目标责任制是20世纪80年代干部体制改革的重要内容之一。邓小平同志在1978年中央工作会议上指出:"在管理制度上,当前要特别注意加强责任制。"①1982年《宪法》第27条规定:"一切国家机关要实现工作责任制。"1980年以来,岗位责任制和目标管理作为国家经委推广的18种现代管理方法之一,首先在一些大中型企业试行,然后向全国工矿企业推广,取得较好效果后,进一步推广到党政机关;最早在辽宁省抚顺市的一些单位建立了机关岗位责任制。② 建立目标责任制旨在提高工作质量和工作效率、反对官僚主义,主要经历了如下过程:1982年,劳动人事部发出《关于建立国家行政机关工作人员岗位责任制的通知》;1983年,全国组织工作座谈会确定"绩"相较其他考核维度的优先地位。③ 1984—1986年,中组部、劳动人事部数次召开全国党政机关岗位责任制座谈会和改革理论研讨会,总结交流经验,推动岗位责任制在全国各地党政机关的建立和发展;1984年,23个省中仅20%的省级机关和50%的地级市和区级机关建立了目标责任制,而到1987年,在县政府层面该比例达到94%;1999年,全国65%的省级机关、90%的地市

---

① 《邓小平文选》第二卷(第2版),人民出版社1994年版,第150页。
② 寒天主编:《领导干部考察考核实用全书》(上卷),中国人事出版社1999年版,第100—101页。
③ Rui Qi, Chenchen Shi, and Mark Wang, "The Over-Cascading System of Cadre Evaluation and China's Authoritarian Resilience", *China Information*, 2021, 35(1), pp. 67-88, p. 71.

以下机关确立了目标管理责任制。① 根据现有公开数据,安徽省和黑龙江省分别于 1986 年和 1987 年出台了《安徽省党政机关工作岗位责任制试行办法》和《关于党政领导班子和领导干部实行目标责任制的暂行规定》。② 1982 年,湖南省常德市澧县就对计划生育政策的执行情况实行了"一票否决"式绩效考核。③ 20 世纪 90 年代初一些省级政府就开始用具体的分解目标值来考核地级市政府,目标任务加分、减分项的设计也出现在对区县政府的考核中。④ 中组部则分别在 1988 年、1995 年、2006 年和 2009 年发布相关党内法规对地方实绩考核的目标内容给出具体指导意见(详见表 3-3)。

表 3-3 中组部规定地方党政领导班子实绩考核的具体目标内容

| 1988 年 | 1995 年 | 2006 年 | 2009 年 |
| --- | --- | --- | --- |
| 国民生产总值<br>工业总产量<br>农业总产量<br>农副产品采购<br>人均国内收入<br>人均农业收入 | 国内生产总值及增长<br>人均国内生产总值及增长<br>中央税收及增长率 | 人均生产总值及增长<br>人均财政收入及增长<br>城乡居民收入及增长 | 经济发展水平<br>经济发展综合效益<br>城乡居民收入<br>地区经济发展差异 |

---

① Hong Yung Lee, *From Revolutionary Cadres to Party Technocrats in Socialist China*, University of California Press, 1991, p.712.
② 寒天主编:《领导干部考察考核实用全书》(中卷),中国人事出版社 1999 年版,法规部分(第 1424—1565 页)。
③ 陈硕:《"硬指标"的"软约束":干部考核"一票否决制"的生成与变异》,《四川大学学报》(哲学社会科学版)2020 年第 1 期。
④ 参见 1992 年《成都市区(市)县目标管理考核奖惩办法(试行)》,收录于寒天主编:《领导干部考察考核实用全书》(中卷),中国人事出版社 1999 年版,第 1560—1562 页。

(续表)

| 1988 年 | 1995 年 | 2006 年 | 2009 年 |
|---|---|---|---|
| 上缴税收和利润财政收入 | 地方财政收入及增长率 | 安全生产 | 发展代价 |
| 国有和集体企业的劳动生产率 | 农民人均纯收入及增长率 | 资源消耗 | 基础教育 |
| 基础设施投资实现率 | 城镇人均生活费实际收入及增长率 | 基础教育 | 城镇就业 |
| 粮食产量 | 贫困人口脱贫率 | 城镇就业 | 医疗卫生 |
| 销售保有量 | 基础设施建设投资率 | 社会保障 | 生态建设与耕地等资源保护 |
| 地方预算收支 | 社会零售物价指数和居民消费价格指数 | 文化生活 | 社会安全 |
| 乡镇企业总产量 | 国有企业盈利面及实现利税增长速度 | 人口和计划生育 | 节能减排 |
| 森林覆盖率 | 国有资产增值率 | 耕地等资源保护 | 环境保护 |
| 九年义务教育普及率 | 乡镇企业实现利润和上缴税收额 | 环境保护 | 城乡文化生活 |
| 人口自然增长率 | 农产品产量及增长率 | 科技投入与创新 | 人口与计划生育 |
| | 耕地保有量 | | 科技投入与创新 |
| | 人口出生率 | | |
| | 农村三级医疗预防保健网点普及率 | | |
| | 案件下降率 | | |
| | 九年义务教育普及率 | | |
| | 青壮年文盲下降率 | | |
| | 科技进步贡献率 | | |

(续表)

| 1988 年 | 1995 年 | 2006 年 | 2009 年 |
|---|---|---|---|
|  | "三废"治理达标率<br>森林和绿地覆盖率<br>民主集中制建设<br>思想政治建设<br>领导班子和干部队伍建设<br>党风廉政建设、党的基层组织建设 |  |  |

资料来源:1988 年内容来自 Susan Whiting, *Power and Wealth in Rural China: The Political Economy of Institutional Change*, Cambridge University Press, 2006, p.103,由笔者翻译成中文。其余年份内容分别摘自 1995 年《关于加强和完善县(市)党委政府领导班子工作实绩考核的通知》、2006 年《体现科学发展观要求的地方党政领导班子和领导干部综合考核评价实行办法》、2009 年《地方党政领导班子和领导干部综合考核评价办法》。

目标责任制被认为是"压力型政治"的具体表现和实现方式,它由绩效指标以及围绕绩效指标形成的一系列奖惩机制构成,其核心是一套绩效指标体系,主要包括绩效指标内容、指标在规定年度的目标值、指标计分方式、指标在计分中所占权重。其制定和运行过程与政府内部的目标制定、激励分配直接关联,检查验收即对政府部门绩效目标完成情况的考核。因此,目标责任制是分析不同层次政府间不同维度"控制权"[①]分配组合的最佳载体。目标责任制在政府机关的应用范围非常普遍,除了

---

[①] 周雪光、练宏:《中国政府的治理模式:一个"控制权"理论》,《社会学研究》2012 年第 5 期。

## 第三章 干部管理制度：利益划一与有限博弈

用于专门针对各级地方领导班子和领导干部的年度考核，还用于对政府机关、政府直属机关以及社区和村委会党委的考核评价。① 虽然绩效指标体系主要用于省以下地方政府对下级政府的考核评价，国家相关部委也使用类似的绩效考评方法，如2021年9月商务部出台的《国家级经济技术开发区综合发展水平考核评价办法》②。

绩效指标体系中的指标权重传递出工作任务轻重缓急的信息，影响下级政府的注意力分配。在改革开放后的很长一段时间内，经济类指标的权重远远超过其他指标，激励地方政府和地方领导人发展经济。这被认为是中国经济快速增长的关键制度基础。研究者习惯将指标根据其对考核的影响程度由小到大划分为"软指标""硬指标""一票否决指标"。经济发展、社会稳定、财政收入一般被视为"硬指标"，因为这些指标在考核和晋升中更受重视。③ 这种对指标进行"软""硬"的区别主要是基于非正式制度安排及地方领导干部对不同指标重要程度的主观理解，在目标责任考核评价实施条例中，一定程度上可以通过指标权

---

① 对社区党委目标责任管理考核的研究可以参考田先红：《政党如何引领社会？——后单位时代的基层党组织与社会之间关系分析》，《开放时代》2020年第2期。
② 《商务部印发〈国家级经济技术开发区综合发展水平考核评价办法（2021年版）〉》（2021年11月3日），中华人民共和国商务部网站，http://tradeinservices.mofcom.gov.cn/article/zhengce/flfg/202111/123019.html，最后浏览日期：2022年6月14日。
③ Maria Edin, "State Capacity and Local Agent Control in China: CCP Cadre Management from a Township Perspective", *The China Quarterly*, 2003, 173, pp.35-52；刘明兴、侯麟科、陶然：《中国县乡政府绩效考核的实证研究》，《世界经济文汇》2003年第1期。

重大小进行区分。① 考核条例中一般会明确列出一票否决指标。除了"社会管理综合治理"等传统一票否决指标,"环境保护""节能减排""安全生产""党风廉政""统计数据弄虚作假"逐渐成为一票否决指标中的"新常项"。②

指标计分方式也是构成指标激励结构的重要维度。对单一指标的考核计分一般采取功效系数法、扣分法或特殊计分法。功效系数法主要将市、县的指标完成值加权排序,依据考核地与最小值的差距相应计分,③因此晋升锦标赛理论中的竞争逻辑主要适用于用功效系数法计分的指标内容,即一部分经济类指标。控制性指标采取扣分法,主要为环境类指标。还有一些指标采取特殊计分法,比如调研地 X 省在考核下辖地级市时,"城镇化率"和"税收入占财政总收入比重"达到规定比重后,该指标的提高值计满分。扣分法和特殊计分法都可以视为采取绝对标准进行考核,功效系数法则是采用相对标准。从逻辑上来讲,相较相对标准考核法,按照绝对标准考核要求下级完成上级给予的明确的底线目标,面临的压力应该更大,但由于存在对标单

---

① 也有学者指出税费改革后乡村治理中存在"软指标的硬指标化"的现象,参见申端锋:《软指标的硬指标化——关于税改后乡村组织职能转变的一个解释框架》,《甘肃社会科学》2007 年第 2 期。
② 有学者指出一票否决指标出现的原因包括:前现代的"救火行政"模式,未"除魅"的非科学化管理,运动式行政的组织记忆、组织的惯例记忆,泛压力体制、捐式行政与责任剥削,创新中的效率问题,具体参见尚虎平、李逸舒:《我国地方政府"一票否决"式绩效评价的泛滥与治理——基于 356 个案例的后实证主义无干涉研究》,《四川大学学报》(哲学社会科学版)2011 年第 4 期。
③ 各地功效系数法的公式有差别,以调研地 X 省的功效系数法为例,最大的计 100 分,最小的计 60 分,具体计分公式为:[(本市、县/市/区值－最小值)×40/(最大值－最小值)]＋60。

# 第三章 干部管理制度：利益划一与有限博弈

位出现超标行为，以及下级向上级反映诉求的渠道不畅等情况，在相对标准考核办法下，绩效目标被推高，导致过大的考核压力。① 现有研究的确对"排名"的指标计分和运用方式批评较多，认为这种旨在加强同级政府间竞争的考核方式导致了大量的博弈行为和应付式策略，②背离了考核的初衷。

如果将指标权重与计分方式结合起来考虑，可以依据激励方向和强度对绩效指标进行分类。指标权重大且为得分项或加分项的指标为正向强激励指标，比如 GDP 增长、财政税收、招商引资等经济发展类指标常被归为此类；指标权重大且为扣分项或者一票否决指标为负向强激励指标；指标权重小且为得分项或加分项的指标为正向弱激励指标，包括社会福利、科技创新、政府改革等指标；指标权重小且为扣分项的指标为负向弱激励指标，比如政府债务、资源消耗等。③ 也有学者指出，在不同激励类型下，县乡政府关系呈现不同形态：正向强激励可以激发县乡共谋，负向强激励易导致县乡卸责，正向弱激励带来县部门与乡镇政府的协商，而负向弱激励则易产生县部门与乡镇政府的无涉关系。④ 需要指出的是，这些分

---

① 张文翠：《基层政府政绩目标设置博弈与压力型体制异化——基于北方七个地市的实地调研》，《公共管理学报》2021 年第 3 期。
② Jiayuan Li, "The Paradox of Performance Regimes: Strategic Responses to Target Regimes in Chinese Local Government", *Public Administration*, 2015, 93(4), pp. 1152-1167. 也有学者从央地关系之间内生的一系列不确定性来解释地方政府的策略性不服从行为，具体可参见 Andrew Wedeman, "Incompetence, Noise, and Fear in Central-Local Relations in China", *Studies in Comparative International Development*, 2001, 35, pp. 59-83。
③ 陈家喜：《地方官员政绩激励的制度分析》，《政治学研究》2018 年第 3 期。
④ 杨华：《县乡中国：县域治理现代化》，中国人民大学出版社 2022 年版，第 34 页。

类成立的前提条件是考核结果能带来足够大的收益。目标责任考核中被评为优秀或先进的地方政府主要获得的是程度不等的物质奖励。在笔者收集的干部考核条例数据库中，尤其在地区分类考核①之前，绝大多数的绩效考核条例中对评为"优秀"的比例没有限制。与此同时，对评为"不合格"的比例也没有规定，也没有条例规定排名在末位的地方政府领导人将被评为"不合格"。"不合格"的考核结果多由于出现一票否决指标未达标或者出现干部违纪问题。因此，虽然一部分地方规定连续两到三年目标责任考核评为"优秀"的地方领导在提拔上会获得优先考虑，大多数地方规定连续两到三年考核结果为"较差"的当地领导干部将面临人事调整，但由于在没有出现重大一票否决事项或法纪问题的情况下，绩效考核的结果并没有拉开差距，因此考核结果与政治收益的关联在现实中并没有得到太多体现。

目标责任制以及绩效指标体系的约束主要体现在对政府不当行为的惩罚，主要体现在"党的建设"和"政治建设"类似一级指标下的一些二级指标，包括廉政建设、作风建设、依法行政、公正司法、行政效能提高、决策科学化民主化等（参见本书附录中的表 A-1）。这些指标的考核多由纪委、政法委、组织部、法制办、监察部门等党政机关实施并给出定性评价。

绩效指标是对地方政府工作情况的评价指标，既构成政府

---

① 关于地区分类考核的具体讨论见本章第三节。

## 第三章 干部管理制度:利益划一与有限博弈

机关工作人员日常工作的目标并指导日常工作的开展,也与领导干部和领导班子的评价直接相关,对领导干部行为有指引和导向作用。政绩考核对地方官员行为的引导作用建立在以下三个假设基础上:(1)干部具有晋升的强烈欲望,因而愿意为晋升做出努力(晋升欲望);(2)干部晋升主要依据政绩考核的结果(绩效晋升);(3)上级严格按照政绩考核的指标对干部进行考核(指标考核)。① 下文主要从绩效考核与干部考核的关系来分析第二个假设"绩效晋升"的制度基础。

中国的地方领导干部考核主要包括五类:一是各级党委组织部负责的领导班子和领导干部年度考核;二是党委组织部负责、统计局积极参与的年度目标责任考核;三是各级纪委负责的年度廉政建设考核;最后两类是各级党委组织部负责的届中、届末换届考察以及任职前的个别提拔考核。由于第二、第三为第一类考核的组成部分,在实践中,三类考核大多合并在一起开展。在 2019 年印发的《党政领导干部考核工作条例》②中,新增了"专项考核",并明确了"平时考核"的开展途径。表 3-4 列出了不同类型干部考核的实施机构及程序。考核的大多数环节仍然以主观评价为主。

---

① 陈家喜:《地方官员政绩激励的制度分析》,《政治学研究》2018 年第 3 期。
② 之前中组部印发的干部考核条例包括 1998 年《党政领导干部考核工作暂行规定》、2009 年《党政领导班子和领导干部年度考核办法(试行)》。

表 3-4　地方领导干部考核类型、实施机构及程序

| 考核类型 | 实施机构 | 实施程序 |
| --- | --- | --- |
| 领导班子和领导干部年度考核 | 考核领导小组（考评办）地方党委组织部 | 总结述职、民主测评、个别谈话、了解核实 |
| 年度目标责任考核 | 考核领导小组（考评办）地方党委组织部、统计局 | 自报数据、核查数据、民意调查、汇总上报 |
| 年度廉政建设考核 | 地方纪委 | 述职述廉、民主测评、个别谈话 |
| 届中、届末/任期考核 | 地方党委组织部 | 总结述职、民主测评、了解核实、实绩分析 |
| 任职前/个别提拔考核 | 地方党委组织部 | 民主推荐、调查核实、酝酿 |
| 专项考核 | 地方党委组织部 | 听取总结汇报、了解核实 |
| 平时考核 | 地方党委组织部 | 列席会议、谈心谈话、听取意见、调研走访、专题调查、现场观摩等，结合党内集中学习教育、日常监督、巡视巡查、工作督查、干部培训等深入了解 |

资料来源：笔者的调研材料及 2019 年印发的《党政领导干部考核工作条例》。
注：年度考核在考核领导小组的领导下由设在地方党委办公室或组织部的考评办负责具体实施。考核领导小组由地方党委常委任组长，组员包括同级主要党政机关领导。

在现有制度安排下，形成强政治激励的绩效考核制度应同时具备三个特征：(1)考核排在末位的地方领导将被评为"不合格"并且限制"优秀"的比例；(2)目标责任考核结果在年度领导

## 第三章　干部管理制度:利益划一与有限博弈

干部考核中所占比重较大;(3)考核结果能在较大程度上影响地方领导的仕途。在2019年《党政领导干部考核工作条例》出台之前,一个辖区内大多数地方政府领导班子和领导人都被评为"优秀"的情况并不鲜见。2019年《党政领导干部考核工作条例》明确规定,领导班子年度考核优秀等次比例一般不超过参加考核领导班子总数的30%,领导干部年度考核优秀等次比例一般不超过参加考核领导干部总人数的25%。这有助于解决之前广泛存在的考核结果平均主义的问题。

表3-5列出了在不同层级地方领导人考核中,关于目标责任考核结果所占比重的描述性分析。由于部分考核条例没有列出各考核要素所占比例,因此表3-5中的结果与现实情况可能存在较大偏差,但即便只分析一小部分数据,仍然可以看出较大的地区差异:有些地方年度领导干部考核结果超过70%取决于绩效目标的完成情况,而有些地方绩效目标完成情况与领导干部考核结果没有关联。在笔者自建的干部考核条例数据库中,10%的条例规定"连续若干年评为优秀的领导在提拔中予以优先考虑",5%的条例建立了排名"末位淘汰或惩罚"的激励,但仅有少数地方在年度考核结果与干部提拔之间建立了具体的实质性联系。[①] 如果

---

① 比如,2012年《陕西省年度目标责任考核工作规定》中的相关内容:"年度目标责任考核结果作为组织部门选拔任用干部的重要依据,领导干部年度考核结果占民主推荐量化分值权重的15%。领导干部近三年考核连续两年被确定为优秀等次的,按其民主推荐量化分值的10%计分;连续三年被确定为优秀等次的,按其民主推荐量化分值的15%计分。拟提拔使用的领导干部,考核等次应为称职以上。"其他关于实质晋升激励的证据,参见卓越、张红春:《绩效激励对评估对象绩效信息使用的影响》,《公共行政评论》2016年第2期。

目标责任考核只关系到物质奖励,而不与官员最关心的晋升产生联系,则是一种偏弱的政治激励机制。

表3-5 目标责任考核结果在年度地方领导干部考核中所占比重

| 条例层级 | 样本中相关条例数量(部) | 均值 | 标准差 | 最小值 | 最大值 |
| --- | --- | --- | --- | --- | --- |
| 省级考核条例<br>(对下辖地级领导人的考核) | 11 | .496 | .260 | 0 | .72 |
| 地级考核条例<br>(对下辖县级领导人的考核) | 51 | .445 | .205 | 0 | .72 |
| 县级考核条例<br>(对下辖乡镇级领导人的考核) | 62 | .438 | .188 | 0 | .72 |

数据来源:笔者自建的干部考核条例数据库。

综上,从正式制度设计来看,没有完成一些关键指标,地方领导干部在一定时间内会丧失晋升的资格,但即便绩效考核结果优秀,地方领导干部在一些地区的提拔中也不一定能获得优先考虑。由此可见,干部晋升及考核的正式制度中并没有引入强的晋升激励,干部考核正式制度中的激励配置主要是对一票否决指标的强激励。

绩效目标考核这样一个广泛运用的评价体系在具体落实时的一个主要环节就是分解指标,既包括在不同层级政府间绩效指标的纵向分解,也包括指标在横向职能部门间的分解。这样一个复杂的指标分解过程是结合地方实际情况对工作重点的再分配,在指标的内容设置以及权重分配上呈现出较大的地区差异和层级差异。

借助干部考核条例数据库中地区存在嵌套关系的部分,可以比较辖区内不同政府层级绩效目标内容和指标权重的异同。在指标内容和数量上,越是低层级的政府,考核其工作绩效的目标数量越多。市对县的考核指标往往会在省对市的考核指标基础上,新增一些新的绩效考核指标;县对乡镇的职权范围内工作相关考核指标又往往会在市对县的考核指标基础上,增设一些新指标。这种现象在样本中比较普遍。差异较大的是指标权重的分解,以经济类指标权重为例,有的地方出现了"层层加码"现象,也有部分地方是逐层下降,反映出地方在决定经济社会发展重心方面有一定的自主性。

如表3-6所示,在对乡镇领导干部的考核中,平均来说,经济指标的权重超过社会指标的权重;在对地级市及县级领导干部的考核中,权重分配则相反。这种政府层级之间的差异在统计上是显著的。这种差异可能与不同层级地方政府的职权分布有关,县及其以上政府在社会政策领域方面承担了更多的职能,因此在目标责任考核中,民生领域所占的比重更大。这与已有研究[①]对乡镇政府职能及对乡镇领导干部考核的发现一致。

---

① 侯麟科、刘明兴、陶然:《中国农村基层政府职能的实证分析》,《经济社会体制比较》2009年第3期。

表 3-6　经济指标与社会指标权重差在不同层级政府考核中的比较

| 权重差<br>(经济指标权重－<br>社会指标权重) | 省级考核条例<br>(N=76) | 地级考核条例<br>(N=110) | T 值 | Pr(>\|t\|) |
| --- | --- | --- | --- | --- |
| | －.031 | －.020 | －.330 | .740 |
| 权重差<br>(经济指标权重－<br>社会指标权重) | 省级考核条例<br>(N=76) | 县级考核条例<br>(N=83) | T 值 | Pr(>\|t\|) |
| | －.031 | .071 | －2.74 | .007** |
| 权重差<br>(经济指标权重－<br>社会指标权重) | 地级考核条例<br>(N=110) | 县级考核条例<br>(N=83) | T 值 | Pr(>\|t\|) |
| | －.020 | .071 | －2.43 | .016* |

数据来源:笔者自建的干部考核条例数据库。

注:* $p<0.05$, ** $p<0.01$。N 为条例数。

指标权重除了在不同层级政府间有区别,在不同地域间也存在显著差异。比如,2008—2012 年,在江西、安徽、辽宁和湖南省对下辖地级市的目标责任考核中,经济指标的分数超过社会指标的分数在 10 分以上(以百分制计);而在其他省份(如山东、广东、湖北、山西、甘肃、广西、陕西、云南),社会指标的分数远远超过经济指标,尤其在广东和山东,社会指标分数超过经济指标分数高达 30 多分(以百分制计)。这种地域差异的原因将在本章第三节进行深入探讨。

约束与激励是一枚硬币的两面,绩效考核中除了党风廉政和依法行政这些约束项,一票否决指标作为负面强激励对官员的决策和行为构成了最主要的约束项。对干部考核条例内容的分析表明:绩效目标完成情况与领导干部年度考核结果或晋升之间并不存在强关联。在常规治理状态下,目标责任制中并没有建立起强的晋升激励,其主要蕴含的是物质激励以及负向强激励,以实现利益划一。类似地,在运动式治理中,被列为政治任务的绩效目标同样具有强激励,这类绩效指标的设计直接影响压力型体制下压力的传导方式,也带来下级政府相应的应对策略。① 同时,目标责任制也是一种信号机制,能有效并准确表达上级的政策优先序。绩效目标的设计,尤其是指标权重,可信地传递出上级的政策偏好和注意力分配。下级政府在多大程度上会跟随上级的政策偏好,或者通过目标责任制来实现利益划一的效果,往往取决于指标的刚性程度、地方发展实际情况,以及领导的晋升动机等因素。

## 二、目标责任制的发展与调适

上述对目标责任制内涵及结构的剖析,使得理解其在实际运行中存在的问题及制度的调适变得简单了许多。比如,目标责任制中互相竞争的激励设计(即功效系数计分法)容易导致竞

---

① 绩效指标对压力型体制的影响,参见王程伟、马亮:《压力型体制下绩效差距何以促进政府绩效提升——北京市"接诉即办"的实证研究》,《公共管理评论》2020年第4期。关于目标责任制下地方政府各种应对策略的研究可参考:Jiayuan Li, "The Paradox of Performance Regimes: Strategies Responses to Target Regimes in Chinese Local Government", *Public Administration*, 2015, 93(4), pp. 1152-1167; Xuegang Zhou, "The Institutional Logic of Collusion among Local Governments in China", *Modern China*, 2010, 36(1), pp. 47-78; Kevin O'Brien, and Lianjiang Li, "Selective Policy Implementation in Rural China", *Comparative Politics*, 1999, 31(2), pp. 167-186; Jie Gao, "Pernicious Manipulation of Performance Measures in China's Cadre Evaluation System", *The China Quarterly*, 2015, 223, pp. 618-637; Genia Kostka, "Command without Control: The Case of China's Environmental Target System", *Regulation and Governance*, 2016, 10(1), pp. 58-74。

争中出现互相拆台的情况,即恶性竞争。① 结果导向的考核方式容易导致激励扭曲:使得官员将精力集中在可测度和能够短期见效的工程(如基础设施建设和招商引资)上,而忽视不易测度且短期内无法产生易量化或显性结果但同样重要的公共服务,对环境保护、教育、医疗、社会保障等民生领域的发展产生挤出效应;使得政府行为出现偏差,包括重要指标层层加码、短期化行为、形象工程、政府间共谋、数据造假等各种恶性博弈策略和避责行为。② 在目标责任制下,地方官员的避责策略包括质疑考核标准的正当性,对过失进行再归因,以及转移责任风险。③ 地方官员的"应付性服从型"和"蓄意偏离型"规避策略,"硬指标"的无限扩大、权力与责任的不匹配、责任界定的不清晰,以及制度与人情的交织也共同消解着"一票否决制"的效力,

---

① 周黎安:《转型中的地方政府:官员激励与治理》,格致出版社2008年版。
② 周雪光:《基层政府间的"共谋现象"——一个政府行为的制度逻辑》,《社会学研究》2008年第6期;蔡芸、杨冠琼:《晋升锦标赛与中国的基础教育发展失衡》,《中央财经大学学报》2011年第6期;[德]托马斯·海贝勒、[德]雷内·特拉培尔:《政府绩效考核、地方干部行为与地方发展》,王哲译,《经济社会体制比较》2012年第3期;刘瑞明、金田林:《政绩考核、交流效应与经济发展——兼论地方政府行为短期化》,《当代经济科学》2015年第3期;倪星、王锐:《从邀功到避责:基层政府官员行为变化研究》,《政治学研究》2017年第2期;Kevin O'Brien, and Lianjiang Li, "Selective Policy Implementation in Rural China", *Comparative Politics*, 1999, 31(2), pp. 167-186; Yongshun Cai, and Xiulin Sun, "Rural Cadres and Governance in China: Incentive, Institution and Accountability", *China Journal*, 2009, 62, pp. 61-77; Jie Gao, "Pernicious Manipulation of Performance Measures in China's Cadre Evaluation System", *The China Quarterly*, 2015, 223, pp. 618-637; Jiaqi Liang, and Laura Langbein, "Performance Management, High-Powered Incentives, and Environmental Policies in China", *International Public Management Journal*, 2015, 18(3), pp. 346-385。
③ Jianyuan Li, Xing Ni, and Rui Wang, "Blame Avoidance in China's Cadre Responsibility System", *The China Quarterly*, 2021, 247, pp. 681-702.

软化"硬指标"的约束力。①

针对这些问题,地方政府是否对目标责任制做出过相应调整?本部分基于在 X 省 Y 市的跟踪调研(2009—2019 年)来回答这个问题。② 自 1984 年干部管理体制从"下管两级"调整为"下管一级",干部考核长期以来一直遵循"下考一级"的原则,即地方政府仅对直接下辖的下一级政府开展考核评价。X 省自 2007 年开始建立省政府对县的考核评价系统(即下考两级),③对下辖县在经济发展、资源节约和环境保护、社会发展、社会稳定、民生工程以及政务环境六个考核大项进行考评,各县直接将指标完成情况上报给省考评办。这种考核层级的调整主要是为了克服"下考一级"中存在的问题,包括考核不同层级政府指标之间的不一致,直接上级政府对下级政府信息的垄断,以及这种信息垄断导致的市压县和区域发展不平衡现象。④ "下管两级"体制打破了激励分配控制权由单一层级政府掌握的常态,开始被两级政府共享。由于省对县考核与市对县考核方法

---

① 陈硕:《"硬指标"的"软约束":干部考核"一票否决制"的生成与变异》,《四川大学学报》(哲学社会科学版)2020 年第 1 期。
② 本部分实证分析建立在 68 份干部考核内部文件以及在 2009—2019 年与 Y 市市委办公厅、市委组织部、统计局、环保局等部门工作人员开展的 22 人次的访谈。
③ 有学者发现湖北省从 2005 年开始也由省政府对县的经济表现进行考核评价,参见 Rui Qi, Chenchen Shi, and Mark Wang, "The Over-Cascading System of Cadre Evaluation and China's Authoritarian Resilience", *China Information*, 2021, 35(1), pp. 67–88。
④ 参见 Rui Qi, Chenchen Shi, and Mark Wang, "The Over-Cascading System of Cadre Evaluation and China's Authoritarian Resilience", *China Information*, 2021, 35(1), pp. 67–88。

并不一致，考核优秀县的名单会略有差异。比如，由于省、市两个考核方案中对县（市、区）的分类以及指标权重略有差别，①在 X 省的考核评价中，Y 市有 4 个县获得先进，而这 4 个县中有一个县未获得 Y 市考核评价的先进奖。

在访谈中，Y 市统计局的工作人员讲道，"为了避免出现目标值的层层加码，自 2015 年开始，县级政府的环境类指标目标值的制定主体由市政府调整为省政府"②，目标制定的控制权由此向上位移了。这些都反映出省政府为了克服委托-代理关系中的信息不对称以及市县政府的策略性政策执行而做出的调整。值得指出的是，"下考两级"在 X 省仅仅停留在对政府绩效的考核方面，并没有扩散到对地方领导的考核中，③对县领导及领导班子的年度考核仍然由市委组织部负责完成。因此，这种改变反映的是为了解决治理中出现的问题而进行的调整，并非组织人事权的集中。

X 省干部考核方面另一项大的调整反映在分类考核制度的建立上。该省于 2013 年引入分类考核，根据各市、县（市、区）在发展基础、发展条件和主体功能区规划上的差异，实现分类考核评价，具体将设区的市按年末总人口分成两类，将县（市、区）按

---

① 市方案与省方案相比，经济发展及成效类指标权重下调了 10 分，生态环境类指标权重增加了 10 分。
② 资料来源：笔者对 Y 市统计局某科长的访谈，2020 年 7 月 27 日。
③ 这与已有相关研究中县领导由省政府进行年度考核的发现不一致，具体参见 Rui Qi, Chenchen Shi, and Mark Wang, "The Over-Cascading System of Cadre Evaluation and China's Authoritarian Resilience", *China Information*, 2021, 35(1), pp. 67-88。

功能区规划分为重点开发区、农业主产区、重点生态区三类。不同类型的市、区在工业、农业、服务业等经济指标和环境生态指标的权重上有差别,而在党建、社会建设和民生工程方面的指标内容和权重上则保持一致。"分类考核主要是为了保证考核的公平性以及考核激励效果的最大化,再加上考核指标总量和增幅的权重基本按照3∶7的比例设置,这些都让处于不同发展水平、具备不同发展条件的地域都有动力参与争优争先。"[1]Y市在落实省里分类考核文件中明确提到,市对县的考核也参照省里精神进行差异化分类考核:"将条件相近的县市区处于同一起跑线上,使经过努力都有奋勇争先的动力和机会。"[2]其他省份(比如广东、湖北、安徽)也存在类似的分类考核安排。

具体到目标责任考核的指标内容、计分方法、指标权重等方面,Y市在过去十年的发展主要呈现以下几方面特征。

(1)分类考核之后,指标的数量和内容每隔两至三年有一次大的调整,指标子项(即二级指标)的数量从2013年的52个到2015年的71个再到2018年的94个,大大超过了分类考核之前的水平;[3]指标内容分别在2016年和2018年新增了与创新创业和高质量发展相关的经济指标。考核指标的变化带来了考核结果的改变:在获得2013年该市考核先进的五个县(市、区)中,仅有两个进入2018年该市考核的先进县(共七个)名单。

---

[1] 资料来源:笔者对Y市市委组织部某科长的访谈,2015年6月21日。
[2] 资料来源:内部资料,2016年8月12日印发。
[3] 该省2009年和2012年考核子项数分别为54个和77个。

2022年,指标子项的数量则由133个精减到64个。①

(2) 计分方法更加符合职能特性,越来越多的指标计分方法不由党委和考评办确定,而是交由具体政府职能部门制定。如前所述,指标计分方法能够在一定程度上影响激励的强度和方向,这进一步反映出激励分配控制权的分散特征。

(3) 一票否决指标激励的弱化,其指标数量维持在4—5个,社会管理/治安综合治理、人口与计划生育、环境保护/生态文明建设是一票否决的常项,节能减排和安全生产在不同年份有所体现。2018年开始,对统计造假、指标结果上报弄虚作假的情形也实行"一票否决"。社会管理/治安综合治理指标的考核内容不再仅仅是基于群体性事件的发生情况,而是包括三个方面:一是平安建设成效(占75%),考评年度公众主观安全感调查指数;二是社会稳定情况(占15%),考评年度内发生重大群体性事件的情况;三是应急管理工作情况(占10%),考评年度内应急值守、应急处置、应急保障等工作。社会管理/治安综合治理指标的计分方法也发生了改变,从基于排序的功效系数法计分改为扣分法,其在整个目标责任考核体系中所占的权重也从2009年的15%下降到2019年的5%,这些都反映出对该指标的激励程度趋于弱化。

(4) 经济类指标所占的权重相较2013年之前有大幅下降,

---

① 有研究指出,考核项目越少,越可凸显重点,而十八大以来部门工作以各种方式被纳入县级对乡镇的综合考核范畴,乡镇要重视所有县级部门下达的所有工作,并且指标的细化压缩了乡镇的自主空间。具体参见杨华:《县乡中国:县域治理现代化》,中国人民大学出版社2022年版,第105—122页。

但自 2018 以来权重又有小幅回升,但是仍然低于社会类指标[①]10 个百分点。

(5) 单项考核的数目增加,除了常规的落实党风廉政建设责任制检查单项考核之外,自 2015 年以来,市对县陆续增加了法治建设、开放型经济工作、全面深化改革工作、农业农村工作单项考核。这些变化反映出地方根据国家中心工作和治理需要在目标责任考核方面进行的调整。通过将计分方法的确定权下放给具体政府职能部门,让对地方的激励更能反映出该政策领域的特征和发展需要;而单项考核的增加,既是为了凸显对某些具体工作的重视,也是为了扩大激励范围,让一些在某项工作有条件做出成绩的地方获得争优的机会,充分展现了提升治理绩效和扩大激励面的考量,符合新时代激励干部担当作为的发展方向。

在干部选拔任用方面,Y 市对操作的程序性、规范性要求变得更严,主要体现在动议环节的规范化、研判会的常规化以及事前监督机制的固定化等方面。比如,自中共十八大以来,Y 市固定至少每两个月开一次研判会,对领导班子队伍和岗位急需情况进行研判;综合研判主要由组织部部长牵头,分管干部口工作的领导、市

---

[①] 这里的社会类指标包括民生类和环境类指标。20 世纪 90 年代地方政府在绩效考核方面给予经济增长方面各项指标更高的权重。具体参见 John Burns, and Zhiren Zhou, "Performance Management in the Government of the People's Republic of China: Accountability and Control in the Implementation of Public Policy", *OECD Journal on Budgeting*, 2010, https://doi.org/10.1787/budget-10-5km7h1rvtlnq, pp. 1–28; Jie Gao, *Performance Management in the People's Republic of China during the Market Reform Era: A Case Study of Two Counties in Shaanxi Province*, Ph. D. dissertation, City University of Hong Kong, 2007。

委常委、四到五名组织部科长参加;"凡提四必"①把事前监督固定化,防止干部"带病提拔"。② 并且,目标责任考核结果、民主测评结果、党风廉政建设责任制测评结果等部分占年度考核的比例得到进一步明确,并自 2015 年开始落实到对领导班子的考核中。③

总的来看,干部任用制度一直保持对政治方向的强调,选拔任用的程序日趋规范化和制度化。X 省 Y 市在过去十年干部考核方面的治理逻辑日益凸显,针对目标值层层加码、激励不足等问题进行了相应调整,调整的方向并非单一集权或分权,而是在治理绩效驱动下的集分并存。同时,从正式制度设计来看,与社会稳定相关的一票否决指标有逐渐弱化的趋势。值得指出的是,激励分配的控制权呈现分散特征,以对县领导干部和县政府的考核为例,多个主体,包括省政府、地市党委、地市相应职能部门,均参与了激励分配过程。

## 第三节 绩效指标制定中的地方自主性

本节聚焦于目标制定过程和激励分配差异,探讨不同层级

---

① "凡提四必"指,干部档案"凡提必审",个人有关事项报告"凡提必核",纪检监察机关意见"凡提必听",以及反映违规违纪问题线索具体、有可查性的信访举报"凡提必查"。更详细的内容可参见《中共中央办公厅印发〈关于防止干部"带病提拔"的意见〉》(2016 年 8 月 29 日),中华人民共和国中央人民政府网站,http://www.gov.cn/zhengce/2016-08/29/content_5103284.htm,最后浏览日期:2022 年 8 月 26 日。
② 资料来源:笔者对 Y 市市委组织部某科长的访谈,2019 年 2 月 10 日。
③ Y 市对领导干部个人的年度考核以及提拔任职前考核仍然采用综合研判的方法。

## 第三章　干部管理制度:利益划一与有限博弈

地方政府对绩效目标设置的实质影响力,以进一步明晰地方自主性的表现形态及产生原因。无论是在"压力型体制"还是"行政发包制"模型中,已有研究都不否认上级政府在绩效指标制定中的绝对主导地位,这构成科层制组织内部上级政府决策权的重要部分。已有研究也发现,在制定目标时,地方政府存在一定程度的自主性。比如,被文献证实的从中央到基层政府普遍存在的经济增长指标"层层加码"现象,在一定程度上反映出下级官员在指标制定中的自主性,他们出于晋升的考虑主动加压,加码上级分配的指标和任务。[①] 有分歧的是,下级政府的自主性到底有多强? 以目标制定为例,针对围绕目标值进行协商博弈的空间和能力,存在"下级博弈优势""上下级地位平等""上级博弈优势"三种不同观点。[②] 本节第一部分通过分析基于调研地省、市政府部门相关工作人员的访谈,揭示围绕目标值的府际博弈和可能影响因素。本节第二部分利用干部考核条例数据库中指标权重的信息,探讨激励分配差异的相关因素。本节的主要观点是:地

---

[①] 周黎安、刘冲、厉行、翁翕:《"层层加码"与官员激励》,《世界经济文汇》2015年第1期。文中指出"层层加码"现象的根源在于中国"层层分包"的行政体制和多层级同时进行的官员晋升锦标赛。还可参见马亮:《官员晋升激励与政府绩效目标设置——中国省级面板数据的实证研究》,《公共管理学报》2013年第2期。对省级政府的实证研究表明,同中央政府关系紧密的官员出于晋升的考虑,会更卖力地实现节能减排的考核目标,参见 Jiaqi Liang, "Who Maximizes (or Satisfices) in Performance Management? An Empirical Study of the Effects of Motivation-Related Institutional Contexts on Energy Efficiency Policy in China", *Public Performance and Management Review*, 2015, 38, pp. 284-315; Xing Li, Chong Liu, Xi Weng, and Li-An Zhou, "Target Setting in Tournaments: Theory and Evidence from China", *The Economic Journal*, 2019, 129(623), pp. 2888-2915。

[②] 张文翠:《基层政府政绩目标设置博弈与压力型体制异化——基于北方七个地市的实地调研》,《公共管理学报》2021年第3期。

方政府在人事安排中的自主性主要存在于绩效考核目标值以及指标权重的向下分解过程中,前者的自主性体现在能够在上级给予的博弈空间内影响对自己的绩效考核目标值,后者的自主性体现在向下传递上级政策偏好这一信号时存在自主选择的空间;而在党管干部制度背景下,这些自主性产生的原因在于干部管理中的治理逻辑,以及不同层级政府在治理绩效结果上的相互依赖。

### 一、围绕目标值的有限博弈

讨价还价的谈判或博弈是上下级政府互动的重要形式之一。中国政府内部存在的条块分割的权威碎片化现象,使得竞争性部门之间需要不断通过讨价还价来达成共识。这在政策决策和实施过程中谈判较为普遍,[1]比如,现行的转移支付做法被认为是中央与地方"讨价还价"的妥协结果。[2]李侃如和奥克森伯格基于对山西和广东能源发展项目的案例分析,展现出不同层级政府部门间存在经常性的谈判、讨价还价和交易,并且政府部门间的竞争是省及省以下政府机构运行的核心特征。[3]在科层制组织内部,下级主要可以在以下几种情形中获得讨价还价

---

[1] David Lampton, "A Plum for a Peach: Bargaining, Interest, and Bureaucratic Politics in China", in Kenneth Lieberthal, and David Lampton, eds., *Bureaucracy, Politics, and Decision Making in Post-Mao China*, University of California Press, 1992, pp. 33-58; Susan Shirk, *The Political Logic of Economic Reform in China*, University of California Press, 1993; Genia Kostka, "Command without Control: The Case of China's Environmental Target System", *Regulation and Governance*, 2016, 10(1), pp. 58-74.
[2] 胡鞍钢:《中国发展前景》,浙江人民出版社1999年版,第172页。
[3] Kenneth Lieberthal, and Michael Oksenberg, *Policy Making in China: Leaders, Structure, and Processes*, Princeton University Press, 1988.

的空间并行使商议权:(1)上级的认知能力有限,使其在预期净收益和不同政策方案之间不能建立起确定的联系,[1]而下级部门往往拥有更多的地方性信息和技术处理能力,这使得它们与上级部门进行合法性申诉和互动中拥有更大的谈判能力;[2](2)实际或预期政策的严格执行,导致下级政府与民众的冲突,下级政府以冲突为策略与上级政府讨价还价,以获得相对有利的政策或宽松的政策执行空间;[3](3)制度上规定了协商程序并有相对充分的协商时间来开展正式或非正式的谈判博弈。周雪光和练宏基于组织学理论以及大量田野调查,构建了政府内部上下级谈判过程的序贯模型,并探讨了代理方采用"正式谈判"和"非正式谈判"博弈策略的发生条件。与正式谈判中代理方主要运用正式文书向委托方提供信息和解释等合法性诉求不同,非正式博弈谈判更可能涉及特殊性的社会关系,发生在非正式场合,并表现出轮流出价的多轮博弈特征;代理方更有可能在正式渠道的信息对自己不利的情形下,启动非正式谈判博弈,而正式谈判博弈更有可能发生在信息模糊或代理方拥有独占信息的情况下,或者谈判内容涉及

---

[1] 张践祚、刘世定、李贵才:《行政区划调整中上下级间的协商博弈及策略特征——以 SS 镇为例》,《社会学研究》2016 年第 3 期。
[2] 周雪光、练宏:《政府内部上下级部门间谈判的一个分析模型——以环境政策实施为例》,《中国社会科学》2011 年第 5 期。
[3] 冯猛:《政策实施成本与上下级政府讨价还价的发生机制——基于四东县休禁牧案例的分析》,《社会》2017 年第 3 期; Xiao Ma, "Consent to Contend: The Power of the Masses in China's Local Elite Bargain", *China Review*, 2019, 19(1), pp. 1-29; Ching Kwan Lee, and Yonghong Zhang, "The Power of Instability: Unraveling the Microfoundations of Bargained Authoritarianism in China", *American Journal of Sociology*, 2013, 118(6), pp. 1475-1508。

多方利益和需要履行正式程序的情况下。① 政策谈判空间主要包括政策目标的伸缩空间、政策落地进度的伸缩空间、政策工具的伸缩空间和政策评价的伸缩空间四个方面，同时，政策谈判空间的大小与层级间的熟悉程度有关，因为熟悉，上级对下级就能同情性理解、客观性归因、原则性通融、关系性协商和合理性认可，因此乡、村之间的谈判空间最大，其次是县、乡之间。②

已有关于政府内部博弈行为的研究多集中在政策执行③、检查考核④、资金争取与分配⑤方面，对政策制定尤其是绩效目标制定中的博弈行为关注甚少，且大多数研究认为，政策或目标制定的控制权牢牢掌握在上级政府手中，留给下级政府协商的空间很小。直到最近才开始有研究指出，政绩目标制定过程"博弈色彩浓厚，猜测试探、割喉竞争、协调反映等充斥整个过

---

① 周雪光、练宏:《政府内部上下级部门间谈判的一个分析模型——以环境政策实施为例》，《中国社会科学》2011年第5期。
② 参见杨华:《县乡中国:县域治理现代化》，中国人民大学出版社2022年版，第259—272页。
③ 周雪光、练宏:《政府内部上下级部门间谈判的一个分析模型——以环境政策实施为例》，《中国社会科学》2011年第5期;冯猛:《政策实施成本与上下级政府讨价还价的发生机制——基于四东县休禁牧案例的分析》，《社会》2017年第3期。
④ 艾云:《上下级政府间"考核检查"与"应对"过程的组织学分析——以A县"计划生育"年终考核为例》，《社会》2011年第3期。
⑤ 比如，在项目制的分级运作中，国家为各个行动主体提供一个参与和博弈的平台，这个平台向各个利益集团提供不同的制度性或结构性机会，国家部委"发包"后，地方(县市)政府的"打包"和村庄的"抓包"集中反映出下级政府的主观能动性和自下而上的反控制逻辑。具体参见折晓叶、陈婴婴:《项目制的分级运作机制和治理逻辑——对"项目进村"案例的社会学分析》，《中国社会科学》2011年第4期。关于财税方面的博弈模型，可参考Jun Ma, "Macroeconomic Management and Intergovernmental Relations in China", World Bank Policy Research Working Paper, 1995, No. 0971。

## 第三章 干部管理制度:利益划一与有限博弈

程……要经过复杂的充满心理较量的博弈环节"①。例如,笔者在调研中就发现,某县发展和改革局提供给县领导的一份关于解读省考核县域经济发展考核办法的内部文件中明确提出:由省财政厅基层财力处负责最终考核基础工作,指标增速的波动可能决定位次的波动;在考核指标分工中,统计局占较大比重,其次是财政局,在得分差距不大的情况下,扶贫办、住建局、环保局、林业局等部门数据也可能影响考核结果;并且建议各牵头部门要认真钻研考核办法,特别要想办法了解各指标在考核中的满意值和不满意值,同时还要研究该县在考核过程中的利与弊,并在今后征求各部门完善考核办法意见时,提出有利于该县的合理化建议。从中不难窥见,考核过程是一个信息交换的过程,被考核单位在明确考核具体单位、数据提供单位,以及自身在考核中的优势和劣势的同时,为开展博弈提供了基础和信息储备。

绩效目标制定的控制权不是完全掌握在委托方(上级政府)手中,代理方(下级政府)在一定条件下也能对目标值的确定产生实质影响。以结果为导向的绩效指标考核使得博弈既可能发生在检查验收指标完成情况的环节,也可能发生在指标制定的环节。下级政府的信息优势以及不同层级政府在治理绩效方

---

① 张文翠:《基层政府政绩目标设置博弈与压力型体制异化——基于北方七个地市的实地调研》,《公共管理学报》2021年第3期,第66页。英文文献中关于目标制定中政府内部博弈行为的研究,参考 Ning Leng, and Cai Zuo, "Tournament Style Bargaining within Boundaries: Setting Targets in China's Cadre Evaluation System", *Journal of Contemporary China*, 2022, 31(133), pp. 116-135; Genia Kostka, "Command without Control: The Case of China's Environmental Target System", *Regulation and Governance*, 2016, 10(1), pp. 58-74.

面的相互依赖,使得上级政府愿意在指标制定上开放一定博弈的空间。相较上级政府,下级政府往往对所辖区域的各类情况拥有更及时、充分、准确的信息,这种信息优势为下级政府在绩效目标值制定上带来了一定的影响力。同时,不同层级的政府在治理绩效方面相互依赖,如几位干部在接受访谈时讲道:"上级政府当然希望下级政府能完成更高的目标,但是也不想逼得太紧,否则下级政府可能造假。如果那样,上级政府最终还是会被影响到……现在考核里面的政治标准是最主要的,其重要性高于所有其他考核指标,在政治标准里,比如忠诚、不能造假……数据造假或是篡改政策执行结果现在影响更加恶劣,(意味着)不够诚实忠诚。所以现在上一级政府在制定目标的时候也会更多地和下级沟通,让目标值更加科学和符合现实。比如,我们现在制定就业增长率目标的时候,我们必须要听下级政府的,否则执行会出问题。"[1]简单来说,上级政府出于对指标制定不科学带来的数据造假等下级应对策略的担心,会在目标的设置环节开放一定程度的博弈空间。但是,由于人事权集中的根本性质没有变,目标值博弈的空间是有限的。不同的指标博弈空间也在近些年发生了一些变化,比如在调研地 J 省,为了防止层层加码,该省不允许各层级地方政府再为一些经济指标(比如 GDP、GDP 增速、招商引资指标)设定目标值;另外,一些对县的考核指标目标值,比如空气质量,由原来地级市政府环保部门

---

[1] Ning Leng, and Cai Zuo, "Tournament Style Bargaining within Boundaries: Setting Targets in China's Cadre Evaluation System", *Journal of Contemporary China*, 2022, 31(133), pp. 116-135.

制定改为由省环保部门制定,减小了下级政府在这些指标上的博弈空间。与此同时,在涉及就业以及农业生产类指标时,笔者在调研中发现,为了防止出现数据造假等策略性应对政策,上级政府在制定相应目标值时愿意更多地听取下级政府的意见,下级的博弈空间变大。哪些绩效目标在制定时具有更大的博弈空间,即可博弈性(negotiability),是一个亟待进一步深入分析的领域。初步研究表明,博弈空间与目标的重要性之间并没有严格的负相关关系,目标的急迫程度越高、上级政府相对于下级政府在该目标中拥有的信息优势越大,下级博弈的空间可能越小。①

绩效指标的制定一般包括如下五个步骤。(1)自下而上报指标:下级政府根据地方特点及上级确定的年度工作重点,确定本年度的责任目标任务,经领导班子集体研究后上报上级政府考核办。(2)自上而下分解指标:上级政府考核办将从上下达的目标任务、本级政府重点建设项目及为民办实事项目逐项分解到本级政府各职能部门的责任目标中。(3)形成指标初稿:考核办在充分协调沟通和研究分析的基础上,对下级政府的目标进行逐一审查筛选,调整、补充、完善考核指标,确保指标设置可行。(4)改进指标:确定指标初稿后,考核办征求本级政府领导干部的意见,领导根据自己分管的工作进一步查漏补缺、修改完善指标。(5)党委常委会研究确定指标:在充分征求意见后,考

---

① 参见杨华:《县乡中国:县域治理现代化》,中国人民大学出版社2022年版,第259—272页。

核办根据领导干部反馈意见进行修改并报本级党委常委会研究,常委会通过后以本级党委、政府的名义正式下发执行。

府际博弈在前三个环节中都有可能发生。已有研究表明,参与人(上下级政府)掌握的五种资源,即信息汲取、评比标准、约束程度、诉求表达和对标绩效,是影响目标设置和博弈成败(包括目标设置是否导致考核压力偏大)的决定性力量,也构成博弈产生的重要条件;依据条件的不同耦合程度,存在上下挤压型、总体控制型、信号传递失常型与风险规避型四种博弈失灵状态,推高了基层的目标设置与政绩压力。①

在与地方干部的访谈中,笔者发现了下级政府在目标值博弈中的三种常见策略:低承诺-高产出(under-promise, over-achieve);重塑目标构成要素内容(target reframing);最小化风险(risk minimization)。② 下面具体用访谈数据③来展现这三种策略及背后的逻辑。

低承诺-高产出策略在访谈中的体现有:

> 新增就业量在市里的考评中占 4 分(满分 100 分)。我

---

① 张文翠:《基层政府政绩目标设置博弈与压力型体制异化——基于北方七个地市的实地调研》,《公共管理学报》2021 年第 3 期。
② Ning Leng, and Cai Zuo, "Tournament Style Bargaining within Boundaries: Setting Targets in China's Cadre Evaluation System", *Journal of Contemporary China*, 2022, 31(133), pp. 116-135.
③ 本部分访谈内容均来自笔者与合作者的研究,具体参考 Ning Leng, and Cai Zuo, "Tournament Style Bargaining within Boundaries: Setting Targets in China's Cadre Evaluation System", *Journal of Contemporary China*, 2022, 31(133), pp. 116-135. 访谈对话中括号里补充的内容为笔者添加。

们不能改变这个指标在考核中占多少分,但是(新增就业量的)目标值是可以协商的。如果市里给我们定的目标是30 000个新工作岗位,因为我们去年创造了20 000个,我们会要求更低的目标,比如25 000个……新增30 000个工作岗位,我们其实是可以做到的。但是,如果其他人口数量较少的城市被要求创造22 000个工作岗位,那么这个较低的目标很可能会使他们明年比我们更容易取得更大的进步,即便他们创造工作岗位的绝对数量更少。(在)这种情况下,我们将会协商一个较低的目标,比如25 000个。但我们(明年)仍然会以创造30 000个工作岗位为目标,这样我们的增速更高,比去年增加50%,比创造工作岗位的目标高20%。我们就可以超越其他城市,在考评中排名靠前。

**重塑目标构成要素内容策略在访谈中表现为:**

科技创新是给所有城市的考核评价标准。但是,什么是科技创新,它的具体内容是可以协商的。

如果有一个城市即将进行公共交通的升级,但是明年的考核目标不包括公共交通的指标,那么市领导就会和省协商在"城市建设"这一考核类别下增加"公共交通"这部分内容。

**最小化风险策略在访谈中以如下内容呈现:**

我省对今年脱贫户数提出了明确目标。在分解成更具体的目标时,例如产业扶贫,我们会尽量通过让贫困户加入"更安全"的农村合作社(例如光伏产业)来增加脱贫家庭的数量,完成指标。只要电力并入国家电网,就会为村子带来稳定的收入,因为国有电力企业将支付电费。因此,这保证了短期内红利会分配给参与光伏合作社的贫困家庭。但对于一些产业,包括茶叶或水果,需要三到五年的时间才能成长进而产生收入,并且价格取决于销售时的市场供求情况,存在滞销的风险。因此,如果当地条件适合发展光伏产业,我们倾向于降低加入这些(茶叶或水果)农作物合作社脱贫的贫困户数值。

## 二、激励分配的影响因素分析

除了目标制定存在一定的博弈空间和地方自主性之外,在激励分配的制定中,即目标责任制中的指标权重方面,同样也存在一定程度的自主性。笔者接下来将目标责任考核中的指标权重的分配作为被解释变量,具体分析为什么有些地方将更多的权重赋予经济类指标,而其他地方更加重视社会类指标。

实证部分的数据来自笔者自建的干部考核条例数据库中的93部省级考核条例部分(覆盖22个省的176个地级市的领导干部)。笔者通过分析干部考核条例数据库的内容,发现实绩指标的权重存在较大的地区差异(如表3-7所示)。从表3-7中不难看出,经济类指标,包括地区生产总值及增长率、财政收入及

## 第三章 干部管理制度：利益划一与有限博弈

增长率、固定资产投资、招商引资等，在目标责任考核中的权重在样本地域中差异最大（标准差值最大，为 0.098），变化区间为 27%—64%。社会类指标，即非经济类指标的权重在各地的目标责任考核中也存在较大差异（标准差值为 0.094），变化区间为 24%—73%。在具体政策领域中，地域差异最大的为环境保护类指标，变化区间为 4%—40%；其次为社会保障和地区生产总值及增长率；教育类及招商引资比重的地域差异则比较小。由此可见，地方政府在制定社会经济发展计划上存在较大的自主性，在中央政府强调社会政策领域发展而不是单一的经济发展模式的背景下，地方政府根据自身发展条件和环境等因素能够自主地选择和调整地区发展策略。

表 3-7 省级目标责任考核条例中指标权重的描述性分析

| 指标名称 | 样本观察量 | 均值 | 标准差 | 最小值 | 最大值 |
| --- | --- | --- | --- | --- | --- |
| **经济类指标** | 700 | 0.457 | 0.098 | 0.27 | 0.64 |
| 招商引资 | 553 | 0.023 | 0.017 | 0 | 0.06 |
| 固定资产投资 | 553 | 0.044 | 0.021 | 0.01 | 0.11 |
| 财政收入及增长率 | 553 | 0.045 | 0.028 | 0 | 0.14 |
| 地区生产总值及增长率 | 492 | 0.053 | 0.030 | 0 | 0.14 |
| **社会类指标** | 700 | 0.471 | 0.094 | 0.24 | 0.73 |
| 环境保护类指标 | 608 | 0.139 | 0.058 | 0.04 | 0.40 |
| 社会综合治理类指标 | 553 | 0.022 | 0.024 | 0 | 0.09 |
| 安全生产 | 553 | 0.021 | 0.021 | 0 | 0.09 |

(续表)

| 指标名称 | 样本观察量 | 均值 | 标准差 | 最小值 | 最大值 |
|---|---|---|---|---|---|
| 药品或食品安全 | 553 | 0.017 | 0.023 | 0 | 0.11 |
| 教育类指标 | 553 | 0.020 | 0.014 | 0 | 0.06 |
| 社会保障 | 553 | 0.035 | 0.032 | 0 | 0.15 |
| **党建指标** | 711 | 0.074 | 0.089 | 0 | 0.32 |

数据来源:笔者自建的干部考核条例数据库。
注:"城乡居民收入"这一指标归类为经济类指标,"城市化"归类为社会类指标。表中的样本观察单位为地级市-年份。

实证部分的被解释变量为实绩目标考核中社会类指标的权重(百分比)与经济类指标权重(百分比)的商值,模型设定为分层线性模型。由于对地级市领导干部实绩考核的指标设定的最终决定权归省级党委常委,省级层面的特征能够直接影响下辖地级市的领导干部的考评设计,因此有必要将省级变量引入分析模型。主要的解释变量包括地级市的经济发展特征、GDP 和财政收入水平、省级经济社会发展水平以及省领导人的政治网络。具体来说,解释变量包括省 GDP、人口规模、财政收入水平、社会政策领域发展水平排名,以及拥有省级以上共青团工作经历的人数占省委常委的比例。其中,社会政策领域发展水平为以下四个指标在当年全国范围内排名的平均值:医生/人口比,中小学学生/老师比,绿化面积比,以及养老、医疗和失业保险覆盖率的平均值。为了减少内生性问题,所有解释变量均为滞后一年值。关于模型各变量的描述统计见表 3-8。表 3-9 呈现了具体的回归结果。

## 第三章 干部管理制度：利益划一与有限博弈

表3-8 分层线性回归变量的描述统计结果

| 变量名称 | 观察值 | 均值 | 标准差 | 最大值 | 最小值 |
|---|---|---|---|---|---|
| 被解释变量：社会指标权重与经济指标权重的商值 | 704 | 1.115 | 0.460 | 0.545 | 2.704 |
| 地级变量 | | | | | |
| 地区人均生产对数值 | 646 | 4.353 | 0.288 | 3.246 | 5.117 |
| 地区财政收入对数值 | 646 | 5.614 | 0.489 | 3.716 | 6.875 |
| 省级变量 | | | | | |
| 地区人均生产对数值 | 665 | 4.384 | 0.202 | 3.653 | 4.942 |
| 地区财政收入对数值 | 665 | 7.004 | 0.320 | 5.882 | 7.539 |
| 地区人口对数值 | 665 | 3.682 | 0.159 | 3.316 | 3.984 |
| 地区社会政策领域发展水平 | 637 | 14.948 | 4.417 | 6.5 | 26.333 |
| 有共青团工作经历的人数占省委常委的比例 | 649 | 0.212 | 0.157 | 0 | 0.833 |

数据来源：笔者自建的干部考核条例数据库及各年的《区域经济统计年鉴》。

表3-9 目标责任制指标设计的地区差异(2003—2014年)

| 解释变量 | 被解释变量：社会指标权重与经济指标权重的商值 | |
|---|---|---|
| | 系数值 | 标准差 |
| 地级变量 | | |
| 地区人均生产对数值 | −0.007 | 0.024 |
| 地区财政收入对数值 | −0.129 | 0.017 |
| 省级变量 | | |
| 地区人均生产对数值 | 14.340[***] | 0.740 |
| 地区财政收入对数值 | 1.621[***] | 0.277 |

(续表)

| 解释变量 | 被解释变量:社会指标权重与经济指标权重的商值 | |
|---|---|---|
| | 系数值 | 标准差 |
| 地区人口对数值 | 12.607*** | 0.545 |
| 地区社会政策领域发展水平排名 | −0.262** | 0.008 |
| 有共青团工作经历的人数占省委常委的比例 | 1.018*** | 0.055 |
| 年份固定效应 | YES | — |
| 观察值 | 622 | — |

数据来源:笔者自建的干部考核条例数据库及各年的《区域经济统计年鉴》。
注:* $p<0.5$,** $p<0.1$,*** $p<0.01$。

如表 3-9 所示,经济发展水平越高,地方财政收入越多,人口规模越大的省份,越重视社会政策领域的发展,这与社会福利领域发展需要一定的财力和经济基础以及较多的资源投入有一定关系。同时在社会政策领域发展排名靠后的省份,并没有出现预期中的追赶效应,反而更倾向于重视经济领域的发展,这在一定程度上反映了发展的锁住效应。以往的发展或政策会对当下的发展和政策选择产生正面强化。跳出以往治理的目标优先序,需要政治因素的推动。实证结果显示,省委领导人的政治网络是这些政治因素之一。例如,有在省级以上共青团工作经历的省委领导人在践行"科学发展观"上更加彻底和积极。[1] 在激

---

[1] 有学者发现其他政治因素对实绩考核目标的设置有影响,如省级领导干部的任期与来源会影响其设置的预期经济增长目标,参见马亮:《官员晋升激励与政府绩效目标设置——中国省级面板数据的实证研究》,《公共管理学报》2013 年第 10 期。

励分配方面,地方领导人具有一定程度的自主性,可以选择紧跟中央激励信号的程度。

目标责任制,作为干部管理制度的核心组成部分,是发挥基础性自上而下约束与激励功能的重要政治制度,也是传递上级政策偏好信息以及实现府际利益划一的主要机制。无论是从新近研究、目标责任制的发展与调整,还是绩效目标制定中的地方自主性和府际博弈,均呈现出制度运行背后的治理逻辑和集分并存的特征。在这个被认为是发挥调控作用的核心政治制度的运作中,仍然存在一定的博弈空间与一定程度的地方自主性,这些自主性产生的原因在于不同层级政府间在治理绩效结果上的相互依赖。同时,这种集分并存的特征有效平衡了秩序与活力,在保证稳定的政治格局下赋予地方一定程度的治理弹性,尤其是因地制宜的灵活性。

# 第四章
## 人民代表大会制度：
## 地方利益表达与跨层级府际交流

## 第四章 人民代表大会制度：地方利益表达与跨层级府际交流

利益表达是府际关系利益维度中的重要组成部分，府际有效互动的前提是利益的畅通和充分表达。抑制或缺乏地方政府利益表达平台的政治体制，无法获得长期的政治稳定和经济社会发展。地方政府利益表达既可以通过正式的制度渠道，如各种上级征求下级部门意见的方式，也可以通过非正式的制度渠道来完成。本章从府际关系利益表达这一视角出发，探讨人民代表大会（简称"人大"）制度，这一中国的根本政治制度在调节府际关系方面的功能。

本章第一节通过梳理关于人大制度职能的研究，突出人大制度的治理功能和信息传递功能的发展。第二节和第三节通过分析省人大代表建议和政府答复文本的内容，分别展现代表建议中的地域利益表达及代表建议在调节府际关系时的利益表达与信息传递作用。地方官员人大代表是表达地方治理信息和地域利益的关键主体，相较其他职业身份的人大代表，他们更积极地表达关涉地方利益的诉求；通过代表建议，使得信息的向上传递和利益的表达突破了科层制逐级上报的限制，便利了地方治理信息与利益诉求的跨（政府）层级向上流动。政府对代表建议的积极回应包括上级政府督促与建议下级政府解决具体问题，或进一步向更高层级的政府反映低层级政府的诉求和治理中遇到的问题，人大通过推进代表建议的办理，调节了地方政府间纵向关系，促进了府际之间的互动与交流。实证分析也表明，有些省份的政府部门对表达地域利益的代表建议，相较表达公共利益的代表建议，回应态度更加消极，这也显示出人大作为地方利益表达制度平台在现实运行中存在一定的局限性。对地域利益表达正向激励不足,也会在一定程度上抑制地方争取自主发展空间的积极性。

本章分析使用的方法和数据主要包括六省公开的人大代表建议的内容分析、省人大代表信息、三省对人大代表建议的回复的内容分析,以及基于这部分数据进行的定量统计回归分析。辅助数据包括田野调查中的访谈与内部资料。

## 第一节 人民代表大会制度的职能

西方比较议会的研究传统主要关注各国议会在立法、监督、决策、代表[1]和政体支持这几个方面的基本职能及其变迁。中国人大主要职能包括立法、监督、教育、代表,次要职能包括选举(领导)和司法。[2] 早期大量研究关注人大在 20 世纪八九十年代的制度变迁和功能变化。已有研究表明,人大制度在总体取得长足发展的同时,具体发展的领域和层级有明显的选择性和

---

[1] 对政治代表这个概念,沿用学界共识度较高的定义,指的是通过开展具体的行动来维护选民利益的实质代表,参见 Hanna Pitkin, *The Concept of Representation*, University of California Press, 1967; 使决策者对选民保有回应性的制度安排,参见 G. Bingham Powell, Jr., "Political Representation in Comparative Politics", *Annual Review of Political Science*, 2004, 7, pp. 273-296. 其他关于"代表"概念的讨论,参见 Jane Mansbridge, "Rethinking Representation", *American Political Science Review*, 2003, 97(4), pp. 515-528; Andrew Rehfeld, "Towards a General Theory of Political Representation", *The Journal of Politics*, 2006, 68(1), pp. 1-21。

[2] 吴大英、任允正、李林:《比较立法制度》,群众出版社1992年版,第126页。

## 第四章　人民代表大会制度：地方利益表达与跨层级府际交流

不均衡性。比如，欧博文（Kevin O'Brien）从自由化、理性化和包容性三方面来考察全国人大制度在20世纪七八十年代的变化，发现虽然没有出现自由化的特征，但是在理性化和包容性两方面都有明显的发展。① 随着改革开放的深入和市场经济的发展，全国人大和省人大的立法和监督功能都得到进一步强化，②但是，无论是全国人大还是地方人大，在代表功能方面都只发挥了有限的作用。③ 这种职能发展的选择性和不均衡性是人大发展内在逻辑的结果与表达："中国人大制度的发展是执政党出于治理的目的而主动释放空间的结果"④；"人大功能的非均衡运用不是各级人大单方面自主选择的结果，而是执政党'调控'与各级人大'调适'的互动结果"⑤。

人民代表大会制度这种治理的逻辑具体反映在以下三方面。

---

① Kevin O'Brien, *Reform without Liberalization: China's National People's Congress and the Politics of Institutional Change*, Cambridge University Press, 1990.
② Murray Tanner, "The Erosion of Communist Party Control over Lawmaking in China", *The China Quarterly*, 1994, 138, pp. 381-403; Michael Dowdle, "The Constitutional Development and Operations of the National People's Congress", *Columbia Journal of Asian Law*, 1997, 11(1), pp. 1-125; Ming Xia, "Information Efficiency, Organization Development and the Institutional Linkages of the Provincial People's Congresses in China", *The Journal of Legislative Studies*, 1997, 3(3), pp. 10-38.
③ Young Nam Cho, *Local People's Congresses in China: Development and Transition*, Cambridge University Press, 2009；何俊志：《中国省级人大常委会的职能变迁：路径与模式》，《政治学研究》2021年第1期。
④ 何俊志：《中国人大制度研究的理论演进》，《经济社会体制比较》2011年第4期，第191页。
⑤ 杨雪冬、闫健：《"治理"替代"代表"？——对中国人大制度功能不均衡的一种解释》，《学术月刊》2020年第3期，第61页。

第一,国外解释议会制度作用的政治吸纳模型强调,议会通过吸纳和安抚潜在的政治反对派发挥政治稳定平衡器的功能,安抚的方式包括为议员提供租金或特权,也包括分享和让渡部分决策权力。① 基于中国人大的实证经验分析,学者对吸纳论提出了修正。② 吸纳的对象并不一定是潜在的反对力量,吸纳的目的在于动员社会力量参与地方治理,推动解决地方经济和社会发展中面临的棘手问题。③

第二,人大的选举开放和功能强化在地方层面建立起权力制约和监督系统,主要是为了减少中央在"放权让利"改革模式下监督获得更多自主性的地方官员的成本。④ 人大形成了"围绕本级党委中心工作发挥作用,以合作方式实现职能的基本运作方式……人大工作人员自觉不自觉地把治理内化为人大功能的实现过程之中……地方人大可以更为灵活选择,通过运用与'事'而不是与'人'相关的监督方式,参与地方中心工作和重点

---

① Jennifer Gandhi, *Political Institutions under Dictatorship*, Cambridge University Press, 2008; Milan Svolik, *The Politics of Authoritarian Rule*, Cambridge University Press, 2012.
② 也有研究支持,人大对新兴阶层的吸纳对保持中国的政治稳定发挥了积极作用,参见 Ying Sun, "Municipal People's Congress Elections in the PRC: A Process of Co-Option", *Journal of Contemporary China*, 2014, 23, pp. 183-195。
③ Xin Sun, Jiangnan Zhu, and Yiping Wu, "Organizational Clientelism: An Analysis of Private Entrepreneurs in Chinese Local Legislatures", *Journal of East Asian Studies*, 2014, 14(1), pp. 1-29. 也有学者认为,政治吸纳并不能完全概括人大代表的政治录用模式,在全国人大代表政治录用过程中更为明显的趋势是以年轻化和高学历化为主要标志的结构优化,具体参见何俊志、黄伟棋:《吸纳与优化:全国人大代表政治录用的模式变迁》,《经济社会体制比较》2021年第5期。
④ 参见 An Chen, *Restructuring Political Power in China: Alliances and Opposition*, 1978-1998, Lynne Rienner Publishers, 1999。

## 第四章　人民代表大会制度：地方利益表达与跨层级府际交流

任务……围绕中心，就是要围绕全县的工作大局监督；突出重点，就是把推动市县委决策部署贯彻落实作为人大监督的重点"①。人大与同级政府之间主要是合作与协商关系。比如，在预算监督领域，地方人大常委会的行为模式不是直接的预算冲突，而是将竞争限制在一种官僚协商的范围内。②2006年《中华人民共和国各级人民代表大会常务委员会监督法》(简称《监督法》)的颁布也明确了人大的功能主要是为党和政府提供支持和决策建议，这符合中国协商民主的原则，也有利于协商治理模式的建立和发展。③ 人大的机构、人员同党政机关、人员的嵌套与合作，而非独立与冲突，推动了人大组织自身的发展。④

第三，人大职能的发展尤其代表职能的发展，主要是为了解决委托-代理治理结构中的信息问题。在早期研究人大代表角色的研究中，学者强调人大代表扮演着多重角色，包括发挥类

---

① 杨雪冬、闫健：《"治理"替代"代表"？——对中国人大制度功能不均衡的一种解释》，《学术月刊》2020年第3期，第65页。也有学者指出，省级人大职能的强化在于它们是解决"市场失灵"和"国家失败"的一种重要制度支柱，具体参见 Ming Xia, *The People's Congresses and Governance in China: Toward a Network Mode of Governance*, Routledge, 2008, pp. 178-217。
② Jun Ma, and Muhua Lin, "'The Power of the Purse' of Local People's Congresses in China: Controllable Contestation under Bureaucratic Negotiation", *The China Quarterly*, 2015, 223, pp. 680-701.
③ Oscar Almén, "Only the Party Manages Cadres: Limits of Local People's Congress Supervision and Reform in China", *Journal of Contemporary China*, 2013, 22(80), pp. 237-254.
④ Kevin O'Brien, "Chinese People's Congresses and Legislative Embeddedness: Understanding Early Organizational Development", *Comparative Political Studies*, 1994, 27(1), pp. 80-109.

似古代"谏官"的功能,选择承担"谏言者"角色的人大代表会替民众向政府提出合乎情理的要求以及对现行政策的批评建议。① 与早先认为人大的代表职能没有实质意义②的观点相反,新近研究在对地方人大的代表职能,尤其是地域代表职能发挥的制度基础与表达形式进行细致分析的基础上,揭示了代表职能运行的有效性和重要的信息功效。③ 地方人大代表将地方治理中的问题和选民需求等信息传递给地方政府,地方政府在提供公共服务时予以回应和调整。

## 第二节　人大代表建议中的地域利益表达与信息传递

依据《中华人民共和国地方各级人民代表大会和地方各级人民政府组织法》和《中华人民共和国各级人民代表大会常

---

① Kevin O'Brien,"Agents and Remonstrators: Role Accumulation by Chinese People's Congress Deputies", *The China Quarterly*, 1994, 138, pp. 359-380.
② Young Nam Cho, "From 'Rubber Stamps' to 'Iron Stamps': The Emergence of Chinese Local People's Congresses as Supervisory Powerhouse", *The China Quarterly*, 2002, 171, pp. 724 - 740; Murray Tanner, *The Politics of Lawmaking in Post-Mao China: Institutions, Processes and Democratic Prospects*, Clarendon Press, 1999.
③ Melanie Manion, *Information for Autocrats: Representation in Chinese Local Congresses*, Cambridge University Press, 2015; Rory Truex, *Making Autocracy Work: Representation and Responsiveness in Modern China*, Cambridge University Press, 2016.

务委员会监督法》,虽然人大常委会能够监督本级政府,但由于上级人大对下级人大只能进行指导,因此人大常委会在调节政府间纵向关系方面的作用有限。然而,如果将分析单位从人大常委会转换为人大代表,人大可以通过向上传递基层政府诉求信息来调节府际纵向关系。本节基于六省人大代表建议的内容分析,来展现地域利益诉求表达和信息传递的实现机制。

## 一、理论与假设

立法机关的核心功能之一就是政治代表。"联系选民,代表选民",开展选区服务是西方各国议员重要职责之一。政治代表的二分模型强调两类委托主体对议员(代理人)行为的影响。第一类委托主体是政党,政党代表模型中的议员主要被视为政党成员,代表其所属政党及政党代表的选民在议会开展活动并影响政策制定;第二类委托主体是选区选民,地域代表模型中的议员主要是在一个有限地域(即选区)中作为居民的代理人。无论在何种政治制度的国家,这两类委托主体对议员行为均存在影响并互相竞争。选举制度和选区选民利益的分布等因素影响这两类主体影响力的强弱。比如,在多数决制下选举产生的议员,相较基于政党名单的比例代表制,由于其政治生涯相对来说更多受到选区选民的影响,因而在其代表行为方面更多地反映选区地域代表(geographic or dyadic representation);而在选区选民利益异质化程度较高的情况下,议员更多地代表和回应政党关切(partisan representation),对所在选区中间选民的回应减少。① 近些年,比较政治学领域的学者开始关注在政党主导型议会中地域代表的存在原因和发生机制,②中国人大制度的研究也表明地域代表的广泛存在。③

议员关注的议题分为普遍性议题和特殊性议题:前者关注公共政策,如国家安全政策、宏观经济政策和社会福利保障等;后者与之相反,其受益者或影响对象只限于少部分人群。在竞选连任的驱动下,议员通过支持特殊性议题为其选区争取特殊利益赢得选民支持,即所谓的"猪肉桶政治"(pork-barrel politics)。这类利用公共资源为选区争取特殊利益的"分配政治"(distributive politics)现象虽广为诟病,但确是基于地理选

---

① Michael Bailey, and David Brady, "Heterogeneity and Representation: The Senate and Free Trade", *American Journal of Political Science*, 1998, 42(2), pp. 524-544; Elisabeth Gerber, and Jeffrey Lewis, "Beyond the Median: Voter Preferences, District Heterogeneity, and Political Representation", *Journal of Political Economy*, 2004, 112(6), pp. 1364-133; Jeffrey Harden, and Thomas Carsey, "Balancing Constituency Representation and Party Responsiveness in the US Senate: The Conditioning Effect of State Ideological Heterogeneity", *Public Choice*, 2012, 150, pp. 137-154.
② 具体可参考,比如:Thomas Zittel, Dominic Nyhuis, and Markus Baumann, "Geographic Representation in Party-Dominated Legislatures: A Quantitative Text Analysis of Parliamentary Questions in the German Bundestag", *Legislative Studies Quarterly*, 2019, 44(4), pp. 681-711。
③ Tomoki Kamo, and Hiroki Takeuchi, "Representation and Local People's Congresses in China: A Case Study of the Yangzhou Municipal People's Congress", *Journal of Chinese Political Science*, 2013, 18(1), pp. 41-60; Melanie Manion, *Information for Autocrats: Representation in Chinese Local Congresses*, Cambridge University Press, 2015; Rory Truex, *Making Autocracy Work: Representation and Responsiveness in Modern China*, Cambridge University Press, 2016.

## 第四章 人民代表大会制度:地方利益表达与跨层级府际交流

区的选举制度下的必然产物和实践民主的理想方式。① 议员既要考虑整体利益,又要回应选区的选民的诉求,因此整体和部分、普遍和特殊之间始终存在一种张力,这在任何施行代议制度的国家都不例外。从制度供给方面来看,不同版本的《中华人民共和国全国人民代表大会和地方各级人民代表大会代表法》(简称"《代表法》")都明确将"与原选区选民或者原选举单位和人民群众保持密切联系,听取和反映他们的意见和要求,努力为人民服务"列为人大代表的义务之一。《代表法》第18条规定:"代表有权向本级人民代表大会提出对各方面工作的建议、批评和意见。建议、批评和意见应当明确具体,注重反映实际情况和问题。"因此,人大代表履职过程中存在地域代表的现象可以视为

---

① 西奥多·洛维(Theodore Lowi)在1964年第一次提出分配政治的概念。他认为,涉及分配政治的政策,指的是政策利益集中于少数地区,但成本由全国所有纳税人共同承担的政策。参见 Theodore Lowi, "American Business, Public Policy, Case Studies, and Political Theory", *World Politics*, 1964, 16(4), pp. 677-715。"猪肉桶政治"属于分配政治中的一大类。根据苏珊·斯托克斯(Susan Stokes)等人的定义,如果某个分配项目(distributive program)能够惠及某个地理区域的所有人,为这个地区的所有人提供公共产品,而不论其是否投票支持了某个议员,那么它就属于分配政治中的"猪肉桶政治"。参见 Susan Stokes, Thad Dunning, Marcelo Nazareno, and Valeria Brusco, *Brokers, Voters, and Clientelism: The Puzzle of Distributive Politics*, Cambridge University Press, 2013。还有学者认为,不论政策的主题与内容是什么,只要政策体现出"利益集中但成本分散"的特点,均可归入分配政治的研究领域,参见 Pietro Nivola, "Regulation the New Pork Barrel: What's Wrong with Regulation Today and What Reformers Need to Do to Get It Right", *Brookings Review*, 1998, 16(1), pp. 6-9。关于分配政治的集中讨论,可参考 Miriam Golden, and Brian Min, "Distributive Politics around the World", *Annual Review of Political Science*, 2013, 16(1), pp. 73-99。对分配政治的批评参见 Frances Lee, "Interests, Constituencies and Policymaking", in Paul J. Quirk, and Sarah A. Binder, eds., *Institutions of American Democracy: The Legislative Branch*, Oxford University Press, 2005, pp. 281-313。

与正式制度的内涵相一致。但同时在实践中,各省人大常委会"重点督办建议"基本都是"公共利益建议"。制度安排提供的这种空间有助于人大代表因地制宜地、灵活地开展工作,这种不明确的信号也为理论研究提供了观察和分析行为差异的绝佳机会。

代表建议中的地域代表性可以从代表的履职积极性以及履职时的地域倾向来展开分析。现有研究多着力于探讨人大代表的身份特征与其履职行为之间的关系。实证数据显示,官员人大代表履职的积极程度较低,较少会提出议案和建议。[①] 而在非官员代表中,企事业单位的管理人员、民间组织的管理者和专业职称技术人员是较为积极提出议案的群体。[②] 除了职业背景,代表个人的性别、年龄、学历、党派身份也与履职积极性相关:女性、年龄较大、学历较高以及非中共党员的人大代表提出议案数量更多,履职更加积极。[③]

在履职的地域倾向方面,研究表明,地方人大代表具有持续地表达地域诉求、为所在地区争取利益的偏好,正越来越积极地利用提建议和议案的机会为选区或选举单位解决实际问题。奥斯卡·阿尔门(Oscar Almén)从"地域归属感"的角度来解释这种行为和偏好背后的原因:人大代表基于地域区划被分成一些

---

[①] 杨云彪:《从议案建议透视人大代表的结构比例》,《人大研究》2006 年第 11 期;黄冬娅、陈川慜:《县级人大代表履职:谁更积极?》,《社会学研究》2015 年第 4 期。
[②] 何俊志、刘乐明:《全国人大代表的个体属性与履职状况关系研究》,《复旦学报》(社会科学版)2013 年第 2 期。
[③] 同上。

## 第四章 人民代表大会制度:地方利益表达与跨层级府际交流

代表团和代表小组,这种划分创造了一种归属感,并且通常这些代表也有共享的利益,所以来自同一个地方的人大代表经常共同参与提交有利于自己所属地域的议案和建议。① 墨宁发现,在基层人大选举中,由政党、群团组织提名的人大代表并不能确保当选,②还需要尽可能赢得选民的支持,地方人大的地域代表性与这种具有一定竞争性的选举激励有关。更主要的是,干部选拔和晋升中对社会稳定这一工作绩效的重视使得地方信息弥足珍贵,地方人大代表在基层信息收集和传递中的重要作用使得地方党委在组织和制度实践层面支持和鼓励人大代表反映地方具体实际的问题,因此人大代表履职中的地域倾向是制度设计的结果。③ 国内学者则认为,地方人大常委会和地方政府往往会动员和组织人大代表表达地方发展需求,从而催生代表建议中地域利益的表达,并且"欠发达地区的代表团的代表地方性利益表达偏好一般比发达地区利益表达偏好更强烈";在"抱团"为地方争取特殊利益时,这种"抱团"并不仅仅指向人大代表之间的联名提出建议,也同样指向地方人大与地方政府之间的合作。④ 代表建议反映的不仅仅是代表的心愿,也反映了下级地

---

① [瑞典]奥斯卡·阿尔门:《地方人大、利益集团与法治的发展》,载陈明明、何俊志主编:《中国民主的制度结构》(复旦政治学评论·第6辑),上海人民出版社2008年版,第22—33页。
② Melanie Manion, "When Communist Party Candidates Can Lose, Who Wins? Assessing the Role of Local People's Congresses in the Selection of Leaders in China", *The China Quarterly*, 2008, 195, pp. 607-630.
③ Melanie Manion, *Information for Autocrats: Representation in Chinese Local Congresses*, Cambridge University Press, 2015.
④ 李翔宇:《中国人大代表行动中的"分配政治"——对2009—2011年G省级人大大会建议和询问的分析》,《开放时代》2015年第4期。

方政府的意志。行政层级较低的政府官员,在通过常规的行政体制渠道反映诉求无效或解决问题无果时,可能尝试以省人大代表的身份,通过省人大这一渠道反映诉求或寻求问题的解决方案。研究国外议员代表性的文献也发现,行政职务这一职业属性对议员的地域代表倾向有积极正面的影响。[①] 因此,笔者提出如下假设。

> 假设:在地方人大、党政机关担任职务的官员人大代表更倾向于提出地域性建议。

一个可能的竞争性假设是人大代表工作单位的层级是代表提出地域性建议倾向的显著相关因素。工作单位的层级越低,表明地域性知识和经验越丰富。同时有研究表明,人大代表有较强的为工作单位利益表达诉求和争取利益的倾向。[②] 因此,本部分在论证时将要检验的竞争性假设如下。

> 竞争性假设:工作单位层级越低的人大代表更倾向于提出地域性建议。

---

① Shane Martin, "Using Parliamentary Questions to Measure Constituency Focus: An Application to the Irish Case", *Political Studies*, 2011, 59, pp. 472-488.
② Chuanmin Chen, and Dongya Huang, "Workplace-Based Connection: Incentives for Part-Time Deputies in China's Municipal People's Congresses", 2020, Working paper.

# 第四章 人民代表大会制度：地方利益表达与跨层级府际交流

## 二、方法与数据

本部分聚焦于研究数量相对较少的、由间接选举产生的省人大代表，并充分利用信息公开的成果，突破以往省人大研究局限于个别省份的数据限制，利用六省人大代表建议的数据检验上述假设。相较数量有限、专业知识要求更高，且以立法为最终目的的代表议案，代表建议的数量更多、形式多样、内容丰富，并更能反映代表的自主观念。随着政府信息公开程度的提高，对代表建议进行跨省份的系统数据收集与分析成为可能。2016年以来，A、B、S、F、C、Y六省①人大在其官方网站上较为完整地公开了其收到的代表建议，包括建议标题、建议内容、主提与附议代表名单等。② 相较全国人大以及其他公开建议内容的两省市人大，以上六省人大公布的信息最多最完整，除了代表建议内容外，还公开了较为详细的代表身份信息。

通过自动信息提取技术收集了A、B、S、F、C、Y六省人大网站公开的8 316条代表建议以及5 055位省人大代表信息之后（代表职业信息详见表4-1），本项研究利用词频-逆向文本频率（term frequency-inverse document frequency，TF-IDF）算法和有监督的机器学习方法，对建议内容的主题和地域范围进行编码。

建议内容的地域变量编码主要使用关键词匹配的方法，利

---

① 在六省中有三个直辖市，为了隐匿地点的信息，故下文统一用省指称。
② 访谈数据以及与新闻公开报道的比对结果均显示，省人大网站公开了超过90％的省人大建议。

表 4-1 六省人大代表的职业情况

| 职业类别 | S省 N | S省 share(%) | Y省 N | Y省 share(%) | B省 N | B省 share(%) | A省 N | A省 share(%) | F省 N | F省 share(%) | C省 N | C省 share(%) |
|---|---|---|---|---|---|---|---|---|---|---|---|---|
| 党政一把手(党委书记和行政首长) | 49 | 5 | 284 | 22 | 45 | 6 | 71 | 10 | 49 | 8 | 101 | 11 |
| 省级 | 2 | .23 | 4 | .3 | 2 | .1 | 1 | .1 | 2 | .4 | 2 | .2 |
| 地市级 | 18 | 2 | 52 | 4 | 31 | 4 | 13 | 2 | 12 | 2 | 71 | 8 |
| 县级 | 29 | 3 | 205 | 16 | 12 | 2 | 55 | 8 | 30 | 5 | 28 | 3 |
| 乡镇级 | 0 | 0 | 23 | 2 | 0 | 0 | 2 | .3 | 5 | .9 | 0 | 0 |
| 党政机关非领导职务 | 190 | 22 | 327 | 26 | 132 | 17 | 121 | 17 | 92 | 17 | 248 | 29 |
| 省级 | 90 | 10 | 91 | 7 | 81 | 11 | 44 | 6 | 22 | 4 | 44 | 5 |
| 地市级 | 76 | 9 | 103 | 8 | 41 | 5 | 51 | 7 | 42 | 8 | 197 | 23 |
| 县级 | 23 | 3 | 111 | 9 | 10 | 1 | 26 | 4 | 22 | 4 | 7 | 1 |
| 乡镇级 | 1 | .1 | 22 | 2 | 0 | 0 | 0 | 0 | 6 | 1 | 0 | 0 |
| 人大机关领导及工作人员 | 64 | 7 | 125 | 10 | 185 | 24 | 81 | 12 | 100 | 18 | 77 | 9 |
| 省级 | 34 | 4 | 49 | 4 | 137 | 18 | 33 | 5 | 70 | 13 | 28 | 3 |
| 地市级 | 30 | 3 | 39 | 3 | 46 | 6 | 23 | 3 | 15 | 3 | 48 | 6 |

# 第四章 人民代表大会制度:地方利益表达与跨层级府际交流

（续表）

| 职业类别 | S省 N | S省 share(%) | Y省 N | Y省 share(%) | B省 N | B省 share(%) | A省 N | A省 share(%) | F省 N | F省 share(%) | C省 N | C省 share(%) |
|---|---|---|---|---|---|---|---|---|---|---|---|---|
| 县级 | 0 | 0 | 36 | 3 | 2 | .3 | 25 | 3 | 15 | 3 | 2 | .2 |
| 乡镇级 | 0 | 0 | 1 | .1 | 0 | 0 | 0 | 0 | 0 | 0 | 0 | 0 |
| 社区或农村"两委"工作人员 | 17 | 2 | 13 | 1 | 32 | 4 | 38 | 5 | 32 | 6 | 32 | 4 |
| 企业工作人员 | 310 | 36 | 113 | 9 | 250 | 32 | 224 | 31 | 156 | 28 | 225 | 26 |
| 国企工作人员 | 204 | 24 | 49 | 4 | 141 | 18 | 62 | 9 | 26 | 5 | 68 | 8 |
| 私企工作人员 | 74 | 9 | 56 | 4 | 97 | 13 | 152 | 21 | 125 | 22 | 143 | 16 |
| 群团组织工作人员 | 29 | 3 | 33 | 3 | 33 | 4 | 17 | 2 | 25 | 5 | 31 | 4 |
| 事业单位工作人员 | 71 | 8 | 15 | 1 | 80 | 10 | 17 | 2 | 11 | 2 | 12 | 1 |
| 媒体工作人员 | 16 | 2 | 9 | 1 | 21 | 3 | 7 | 1 | 2 | .4 | 4 | .5 |
| 军队系统工作人员 | 16 | 7 | 60 | 5 | 25 | 3 | 21 | 3 | 29 | 5 | 16 | 2 |
| N | 864 | | 1 265 | | 771 | | 729 | | 559 | | 867 | |

数据来源:笔者搜集的人大代表建议及建议回复文本数据库。

注:Y省人大代表包括两届人大代表的信息。由于部分人大代表有多个职业身份,因此加总权重超过百分之百。囿于篇幅,某些职业类型由于人数太少,故未列出。

用TF-IDF指标提取出文本的关键词,对照行政区域名称数据匹配地域变量。地域编码基于两类数据:第一类是A、B、S、F、C、Y六省人大代表建议内容文本数据;第二类是行政区划数据,包含A、B、S、F、C、Y六省下属的市、区、县、街道、社区、村的数据。数据处理主要使用"python",以及"jieba"①和"gensim"②两个依赖库,对建议内容文本数据依据以下步骤进行处理。首先,文本分词和去除停用词。使用"jieba"对建议内容文本进行分词,同时根据常用中文停用词表去除文本中的标点符号和停用词。其次,提取关键词。关键词是指能够反映建议内容文本的核心词语,本项目使用"gensim"计算所有建议内容文本中词语的TF-IDF指标,并选取每个文本中TF-IDF指标排名前10位的词语作为该文本的关键词。最后,遍历关键词,匹配地域变量。遍历建议内容文本的关键词,判断是否存在具体地域名称。如果存在,则提取该关键词,对照行政区划数据,生成对应的地域变量。

  TF-IDF算法的作用是针对词频无法过滤、未能反映文本核心内容的中文常用词(比如我、我们等)的缺陷,引入逆向文本频率加以改进。一个词语的权重不仅受到词频影响,还受到其在总体文本中分布的影响。逆向文本频率(IDF)测量的是含有某一词语的文本数量与总文本数量的关系,如果一个词语集中出现在某一文本中,而在其他文本中出现次数较少,

---

① "jieba"是目前常用的中文分词库。
② "genism"是目前常用的自然语言处理库。

# 第四章 人民代表大会制度:地方利益表达与跨层级府际交流

则该词语越能反映出区别于其他文本的核心内容。在本研究中,如果一位人大代表强调了某一地域或者特殊主题,与其他代表有明显差别,使用词频提取的关键词虽然可能包含了核心词语,但也会包含冗余、信息量不高的词语,模糊焦点,因此需要引入逆向文本频率,使得所涉地域或者特殊主题的词语权重增加(见表4-2)。

表4-2 人大代表建议的主题及地域编码样例

| 文本 | TF-IDF 值 | 主题 | 地理区域 |
| --- | --- | --- | --- |
| 将B省建成节约用水之城<br>主提代表:×××<br>将B省建成节约用水之城,B省现已用上了南水北调的水,可是随着B省的发展,环境的变化…… | (0.698 8,"节约用水")<br>(0.173 7,"浴缸")<br>(0.150 4,"用水")<br>(0.148 2,"节水")<br>(0.133 2,"之城") | 水利 | 市级 |
| 关于省整治×××立交桥西北角东侧环境的建议<br>主提代表:×××<br>×××立交桥西北角重要的商圈之一。有翠微、城乡等大型商厦,整体环境良好…… | (0.315 2,"叫卖")<br>(0.288 7,"西北角")<br>(0.267 3,"喇叭")<br>(0.267 3,"公主坟")<br>(0.229 0,"顾客")<br>(0.225 2,"商店") | 商业 | 街道 |

数据来源:笔者搜集的人大代表建议及建议回复文本数据库。

具体 TF-IDF 值的计算公式为:

$$TF\text{-}IDF_{ij} = w_{ij} * \log(T/(D_i + 1))$$

其中,$TF\text{-}IDF_{ij}$ 表示第 $i$ 个词语在第 $j$ 个文本中的 TF-IDF 值,$w_{ij}$ 为第 $i$ 个词语在第 $j$ 个文本中的词频,$T$ 为文本总数量，$D_i$ 为含有第 $i$ 个词语的文本数量。

关于建议内容的主题编码，由于建议内容文本数量较多，采用完全人工标注的方式耗费较多人力和时间，因此本项目尝试采取半人工标注和监督学习的方法相结合，利用已标注样本训练分类，对剩余样本标注，再进行人工校对和验证。主题编码的数据来自 A、B、S、F、C、Y 六省人大代表的建议文本内容。主题编码借助"python"，以及"jieba""gensim""scikit-learn"三个依赖库，其中"scikit-learn"是常用的机器学习库，本研究使用了该库包含的朴素贝叶斯算法。数据处理流程包括以下四个步骤。

第一，建立主题编码表。主题编码表参考了 2007 年 9 月 10 日发布的国家电子政务标准化项目工作组文件《政务信息资源目录体系》的第 4 部分："政务信息资源分类"。主题编码表共分为 21 个主题大类，如综合政务、经济管理、国土资源与能源等，主题大类下有二级类主题 133 个（见表 4-3）。

第二，基于关键词的主题标注和人工校对。在提取关键词后，将所有文本的关键词合并和去重，形成关键词字典，词量为 2 209 个。关键词的标注工作由两名研究团队成员独立进行，比较两人标注，如有差别，则由研究团队老师确认最终标注，确定每个词语对应的主题（见表 4-4），最后共有 200 多个主题。

第四章 人民代表大会制度:地方利益表达与跨层级府际交流

表 4-3 主题编码表(部分)

| 主题大类 | 二级类主题名称 | 描述说明 |
|---|---|---|
| 经济管理大类 | 经济发展计划 | 关于经济的宏观的发展规划 |
| | 经济管理 | 关于经济的宏观管理现状 |
| | 经济体制改革 | 关于经济体制改革的管理和规划、发展情况 |
| | 经贸管理 | 关于经济贸易的宏观管理和发展调查报告、统计资料 |
| | 统计 | 关于统计工作的管理和发展情况 |
| | 物价 | 关于物价的管理和调查报告、统计资料,以及物价体系规划 |
| | 工商 | 关于市场监督管理和维护公平竞争的市场秩序 |

数据来源:中华人民共和国国家质量监督检验检疫总局、中国国家标准化管理委员会:《政务信息资源目录体系 第4部分:政务信息资源分类》(GB/T 21063.4—2007),2007年9月10日。

注:囿于篇幅,仅展示部分主题编码表。引用时对表头略有调整。

表 4-4 关键词-主题的编码样例

| 关键词 | 主题(学生 A) | 主题(学生 B) | 主题(教师) |
|---|---|---|---|
| 再生 | 环境保护、治理 | 其他 | 环境保护、治理 |
| 再生资源 | 环境保护、治理 | 其他 | 环境保护、治理 |
| 在校生 | 教育 | 院校管理 | 院校管理 |
| 在校学生 | 教育 | 院校管理 | 院校管理 |
| 脏乱差 | 环境保护、治理 | 其他 | 其他 |
| 早婚 | 计划生育 | 计划生育 | 计划生育 |
| 早期教育 | 教育 | 教育 | 教育 |

数据来源:笔者搜集的人大代表建议及建议回复文本数据库。

第三，基于关键词-主题关系，标注建议内容文本。根据关键词-主题的关系，遍历每个建议内容文本的关键词，分别匹配相应的关键词来决定该建议内容文本对应的主题。匹配后，出现以下两种情况：其一，每个建议内容文本关键词对应同一个主题，在初次标注基础上，通过人工校对主题标签；其二，每个建议内容文本对应两个或者两个以上主题，则舍弃关键词-主题的标注方法，通过监督学习的方法加以标注。

第四，训练主题分类器，处理未标注数据。本项研究使用"jieba"对已标注文本进行分词和去除停用词，通过"gensim"实现词语的向量化处理，将其作为输入数据，主题标签作为输出数据。随机抽取80%的标注数据作为训练集，剩余20%作为测试集。主题分类器的模型是朴素贝叶斯算法，是一种基于贝叶斯法则的统计学习算法，广泛应用于文本分类，例如垃圾邮件识别。直接调用"scikit-learn"的朴素贝叶斯模型对训练集进行训练，得到一个主题分类器。利用测试集对该分类器进行测试，评估结果显示该分类器的召回率和精确率均为90%，说明该分类器的分类效果良好。利用训练好的朴素贝叶斯分类器对剩余未标注文本进行标注，最后对自动标注好的文本进行人工检查、校对和修正。

接下来的部分在分析代表建议内容的基础上，将代表建议分成两大类，并通过描述地域性建议的数量、比例、分布以及与主题的关联程度，呈现我国省人大代表履职地域倾向的概况。最后，通过负二项和普通最小二乘回归分析影响人大代表争取地方特殊利益偏好的因素来检验本节第一部分提出的假设。

### 三、代表建议内容分类与描述

在已有研究中,学者根据不同的标准对代表建议进行过分类,比如,李翔宇曾将代表建议分为公共议题建议、地方议题建议和区域议题建议。① 结合既有研究成果,依据建议涉及的范围与对象,代表建议可以被分为公共利益建议和特殊利益建议两大类。公共利益建议涉及全省或跨地级市的事务,而特殊利益建议涉及某个地级市及其以下行政区域的事务。如果某项公共利益建议得到采纳的话,建议内容将在全省(直辖市)范围内推动实施,而不是只涉及省内的某个区域、某个地级市,或是某家企业。例如Y省的某位代表提出的《关于促进Y省中等职业教育发展的建议》:

> 省委省政府历来高度重视职业教育……但Y省中等职业教育仍然面临一些突出的问题。一是教育和行业主管部门对职业教育多头管理,职能交叉,统筹乏力……二是Y省中等职业教育的办学规模偏小……为此,提出以下几点建议:(1)加大"州市统筹"职业教育的力度,建立发展中等职业教育的新格局……(2)建立职业教育联席会决策机制……

---

① 李翔宇:《中国人大代表行动中的"分配政治"——对2009—2011年G省省级人大大会建议和询问的分析》,《开放时代》2015年第4期。

特殊利益建议则与之相反,其要求省级政府在政策、资金等方面提供特殊支持。如果建议得到采纳,建议的实施将仅惠及某个特定对象,而不惠及全省。这个特定对象可能是某个市、某个县,也可能是某家企业。地域性特殊利益建议如果得到采纳并实施的话,只有省内的某个特定区域会获益。省级人大中,虽然主要是依据地级市来划分代表团,但代表团内人大代表提出的地域性建议、希望争取到的特殊利益可能仅指涉一个远小于地级市的地域范围:可能是一个县、一个乡,甚至一个村。例如,F省的某些人大代表联合提出的《关于××县××乡建设××大桥及生态河堤的建议》:

> ××县××乡××村是重要产粮区和农林产品基地大村……长期以来,隔河相望的村民来往仅靠全县仅存不多的2座铁索吊桥通行,铁索桥始建于20世纪70年代,建设年限长、跨度长、安全系数低……急需规划建设一座大桥,建议有关部门将该桥建设列入乡村道路建设项目库,给予××大桥项目规划立项,早日开工建设……每年受雨季、台风、洪水泛滥等影响,严重危害到××村沿河人民群众的生命财产安全……建议把××段生态河堤建设列入"十三五"重点水利建设项目规划,并于2017—2018年先行实施。

地域性建议当中数量最多的为关于交通的建议,其次还涉及环境保护、文化、城乡建设、经济管理等主题,表4-5呈现

## 第四章 人民代表大会制度：地方利益表达与跨层级府际交流

了六省地域性建议的主题分布。除了地域性建议之外，特殊利益建议还包括针对特定民族或特定企业的建议等。针对特定民族的建议如果得到采纳并实施的话，只有省（直辖市）内的某个或某些少数民族群体会获益。例如，Y省的一位代表提出《关于对××州"直过民族"建档立卡贫困户子女实行14年全免费教育的建议》。针对特定企业的建议如果得到采纳并实施的话，只有省（直辖市）内的某家企业或某些特定企业会获益。例如，B省的某位代表提出《关于对××集团××煤矿退出转型脱困给予政策支持的建议》。在六省的样本中，地域性建议占特殊利益建议的绝对多数。以B省人大为例，在2017年收到的320条特殊利益建议中，有299条属于地域性建议，有10条属于针对某个具体企业的建议，其余11条特殊利益建议的涉及对象包括某所寺庙、某家医院等。其他各省级人大的情况也与B省类似，地域性建议以外的特殊利益建议的数量相对有限。

如表4-6所示，在8 316条代表建议中，地域性建议占到了总数的40.4%。虽然六省的社会经济发展情况存在明显差异，①但争取地方特殊利益的地域性建议在六省人大中普遍存在，并都占据一定比例（16.8%—60.6%）。因此，虽然省级人大代表是由间接选举产生，但从代表建议的内容来看，他们中的一部分与直接选举产生的基层人大代表一样，也体现出为所在选举单位争取利益的偏好与倾向。

---

① 六省2017年在全国人均GDP的排名从第1位到第30位不等。

表4-5 六省人大代表建议中的主题分布

(单位:条)

| 主题类型 | A省 所有 | A省 地域 | B省 所有 | B省 地域 | S省 所有 | S省 地域 | F省 所有 | F省 地域 | C省 所有 | C省 地域 | Y省 所有 | Y省 地域 |
|---|---|---|---|---|---|---|---|---|---|---|---|---|
| 交通 | 129 | 81 | 494 | 285 | 95 | 43 | 206 | 164 | 210 | 133 | 413 | 350 |
| 环境保护 | 64 | 17 | 1978 | 588 | 50 | 9 | 120 | 58 | 57 | 18 | 194 | 130 |
| 文化 | 32 | 5 | 89 | 31 | 31 | 6 | 129 | 63 | 25 | 11 | 119 | 72 |
| 城乡建设 | 59 | 7 | 302 | 117 | 58 | 4 | 73 | 22 | 41 | 17 | 123 | 86 |
| 卫生 | 113 | 20 | 142 | 14 | 72 | 6 | 122 | 13 | 76 | 10 | 174 | 35 |
| 经济管理 | 55 | 22 | 34 | 10 | 19 | 6 | 82 | 51 | 49 | 28 | 145 | 100 |
| 国土资源 | 51 | 15 | 71 | 18 | 19 | 3 | 108 | 60 | 29 | 16 | 97 | 72 |
| 科技教育 | 111 | 13 | 140 | 17 | 51 | 3 | 135 | 25 | 56 | 10 | 182 | 60 |
| 商业贸易 | 8 | 2 | 21 | 8 | 14 | 4 | 34 | 13 | 22 | 13 | 61 | 53 |

# 第四章 人民代表大会制度：地方利益表达与跨层级府际交流

| | | | | | | | | | | | | |
|---|---|---|---|---|---|---|---|---|---|---|---|---|
| 服务业 | 39 | 15 | 30 | 7 | 7 | 1 | 39 | 25 | 32 | 22 | 54 | 39 |
| 农业 | 73 | 7 | 27 | 8 | 8 | 1 | 99 | 42 | 36 | 18 | 148 | 107 |
| 工业 | 18 | 10 | 42 | 4 | 11 | 0 | 70 | 22 | 30 | 6 | 45 | 19 |
| 水利 | 13 | 13 | 0 | 0 | 1 | 0 | 22 | 19 | 4 | 3 | 94 | 88 |
| 社会保障 | 43 | 1 | 96 | 6 | 24 | 1 | 80 | 9 | 29 | 2 | 81 | 17 |
| 政法、监察 | 48 | 0 | 120 | 5 | 31 | 1 | 76 | 4 | 34 | 0 | 60 | 14 |
| 财政 | 25 | 4 | 26 | 3 | 13 | 2 | 43 | 10 | 20 | 3 | 52 | 25 |
| 总量 | 989 | 254 | 1 978 | 588 | 558 | 94 | 1 620 | 641 | 832 | 330 | 2 339 | 1 389 |

数据来源：笔者搜集的人大代表建议及建议回复文本数据库。

注：本表主题分类主要参考了中华人民共和国国家质量监督检验检疫总局、中国国家标准化管理委员会：《政务信息资源目录体系 第4部分：政务信息资源分类》（GB/T 21063.4—2007），2007年9月10日。引用时，笔者调整了主题类型，部分主题类型的建议数量较少，故未列出。

155

表 4-6 六省人大代表及代表建议分省分类统计

| 省人大及届别 | 代表数量（人） | 总建议数（条） | 地域性建议数（条） | 地域性建议数占比（%） |
|---|---|---|---|---|
| A省第×届人大(2016) | 729 | 989 | 254 | 25.7 |
| B省第×届人大(2016) | 771 | 1 031 | 364 | 35.3 |
| B省第×届人大(2017) | 771 | 947 | 284 | 30.0 |
| C省第×届人大(2017) | 867 | 832 | 330 | 39.7 |
| F省第×届人大(2016) | 559 | 861 | 333 | 38.7 |
| F省第×届人大(2017) | 559 | 759 | 308 | 40.6 |
| S省第×届人大(2017) | 864 | 558 | 94 | 16.8 |
| Y省第×届人大(2016) | 633 | 913 | 553 | 60.6 |
| Y省第×届人大(2017) | 633 | 763 | 449 | 58.8 |
| Y省第×届人大(2018) | 632 | 663 | 387 | 58.4 |
| 总数 | 5 055 | 8 316 | 3 356 | 40.4 |

数据来源：笔者搜集的人大代表建议及建议回复文本数据库。

注：B省(2017)、F省(2017)以及Y省(2017)的代表数量未计入代表总数中，因为他们与前一年的人大同届。

### 四、地域代表倾向的相关因素分析

为检验前文提出的假设，基于六省人大代表建议的内容分析以及 5 055 位省人大代表的人口学信息构建出因变量、自变量与控制变量。本研究的分析单位是代表-年，并用以下三个变量去测量人大代表的地域代表倾向（因变量）：(1)代表在某年份提出建议的数量，以此来衡量代表总体的履职积极性；

## 第四章 人民代表大会制度：地方利益表达与跨层级府际交流

(2)代表在某年份提出地域性建议的数量；(3)代表在某年份提出建议中地域性建议所占的比重(按百分比计)。[①] 在运用第一和第二个因变量进行回归分析时，为了防止过度散布，采用的模型是负二项回归(negative binomial regressions)；而在用第三个因变量进行回归时，采用的模型设计是普通最小二乘回归。

核心解释变量为人大代表的职业身份。依据公开的省人大代表信息，本项研究将代表职业划分为如下几类：党政一把手、党政机关非领导职务、人大机关[②]领导或工作人员、社区或村"两委"工作人员、统一战线组织[③]工作人员、企业工作人员、事业单位[④]工作人员、媒体工作人员、军队系统工作人员、律师以及其他人员。其中，党政一把手、党政机关非领导职务与人大机关领导或工作人员代表再编码为官员人大代表，其余为非官员人大代表。笔者对代表工作单位层级的信息也进行了编码，分为省级及以上、地市级、县乡级及以下三类。控制变量是人大代表的人口统计学信息，包括性别和民族。另外，在B省样本中有代表年龄和党派信息，在F省样本中有代表党派信息。同时，除了A省，其余五省有代表是否为上届就当选的复选(reselected)代表

---

① 关于已有研究中用地域性建议数量的绝对值以及占比来衡量议员的地域代表倾向的，可参照 Shane Martin, "Using Parliamentary Questions to Measure Constituency Focus: An Application to the Irish Case", *Political Studies*, 2011, 59, pp. 472-488; Edmund Malesky, and Paul Schuler, "Nodding or Needling: Analyzing Delegate Responsiveness in an Authoritarian Parliament", *American Political Science Review*, 2010, 104(3), pp. 482-502。
② 本书中的人大机关包括人大的专门委员会以及人大常委会的工作机构和办事机构。
③ 本书中的统一战线组织包括群团组织、政协、民主党派。
④ 本书中的事业单位主要包括医院、学校、科研机构等组织。

信息。在稳健性检验中,代表年龄、党派和是否复选作为控制变量加入了分省的回归检验中。除了这些控制变量,回归中均加入了年份和代表团的固定效应。地域代表倾向的变量说明以及变量的描述性统计见本书附录中的表 A-2。

表 4-7 呈现了回归的结果。如模型 1 所示,省人大代表中,官员人大代表提建议的积极性显著低于非官员人大代表,但是进一步将官员人大代表的工作单位层级进行细分则发现,主要是工作单位在省级或地市级的官员人大代表提建议的积极性较低,工作单位在县乡级的官员人大代表提出建议的数量显著高于非官员人大代表(见模型 4)。从地域代表倾向来看,居于较低层级的官员人大代表(即在地市级和县乡级党政、人大机关工作的代表),与非官员人大代表相比,更倾向于提地域性建议;无论是地域性建议的绝对数量还是其占代表建议的百分比,较低层级官员人大代表都显著高于非官员人大代表。

如何解释上述发现?具体需要回答两个问题:(1)为什么较低层级官员人大代表比非官员人大代表更倾向表达关涉地域利益的诉求;(2)为什么在省级党政、人大机关工作的省人大代表在地域代表倾向方面要弱于在地市级和县乡级党政、人大机关工作的省人大代表。

针对第一个问题,首先,官员人大代表相较非官员人大代表具有更多的地方"治理类"知识,包括法规、政策、制度、财税等,这些地方治理知识有助于官员人大代表向省政府提出地域性建议;其次,相较非官员人大代表,由于官员的职务晋升与地方治

# 第四章 人民代表大会制度:地方利益表达与跨层级府际交流

表 4-7 省人大代表地域代表倾向的相关因素

| 变量名称 | 负二项回归 | | 普通最小二乘回归 | 负二项回归 | | 普通最小二乘回归 |
|---|---|---|---|---|---|---|
| | DV:建议数量 | DV:地域性建议数量 | DV:地域性建议占比 | DV:建议数量 | DV:地域性建议数量 | DV:地域性建议占比 |
| | 模型 1 | 模型 2 | 模型 3 | 模型 4 | 模型 5 | 模型 6 |
| 官员人大代表 | -.348***<br>(.043) | .232***<br>(.048) | .093***<br>(.016) | — | — | — |
| 工作单位:省级 | — | — | — | -.995***<br>(.066) | -.444***<br>(.110) | -.109***<br>(.027) |
| 工作单位:地市级 | — | — | — | -.390**<br>(.058) | .161*<br>(.070) | .090***<br>(.023) |
| 工作单位:县乡级 | — | — | — | .305***<br>(.060) | .443***<br>(.059) | .179***<br>(.022) |
| 其他变量 | YES | YES | YES | YES | YES | YES |
| 截距项 | .011<br>(.234) | -1.233**<br>(.357) | .073⁺<br>(.041) | .014<br>(.171) | -1.208**<br>(.356) | .078⁺<br>(.043) |

(续表)

| 变量名称 | 负二项回归 模型1 DV:建议数量 | 负二项回归 模型2 DV:地域性建议数量 | 普通最小二乘回归 模型3 DV:地域性建议占比 | 负二项回归 模型4 DV:建议数量 | 负二项回归 模型5 DV:地域性建议数量 | 普通最小二乘回归 模型6 DV:地域性建议占比 |
|---|---|---|---|---|---|---|
| 参照组:非官员人大代表 | | | | | | |
| 年份固定效应 | YES | YES | YES | YES | YES | YES |
| 代表团固定效应 | YES | YES | YES | YES | YES | YES |
| 观察值 | 6 991 | 2 946 | 2 946 | 6 991 | 2 946 | 2 946 |
| 代表团数量 | 115 | 115 | 115 | 115 | 115 | 115 |
| R squared/ pseudo R squared | .048 | .073 | .186 | .060 | .080 | .205 |
| Log(pseudo) likelihood | −9 604.433 | −3 878.894 | — | −9 480.876 | −3 849.636 | — |

数据来源:笔者搜集的人大代表建议及建议回复文本数据库。

注:+ $p<.10$,* $p<.05$,** $p<.01$,*** $p<.001$。其他变量包括代表性别和民族。在普通最小二乘回归中,括号中的标准差为稳健标准差。

## 第四章　人民代表大会制度：地方利益表达与跨层级府际交流

理的绩效联系更紧密，因此官员人大代表有更强的职业动机去反映地方治理中的问题，提高管辖区域的治理绩效；最后，地方多明确规定涉及代表个人、亲属以及单位的问题不适宜作为建议提出。比如，S省人大早在20世纪80年代就明确规定"不属于本市有关机关、组织职权范围的；涉及解决代表本人及其亲属等个人问题或者本单位等个别问题的"不宜作为建议、批评和意见提出。① 对于非官员人大代表，涉及单位利益的建议往往需要用涉及整个行业或政策领域的方式提出来，比如有学者指出企业家全国人大代表主要提关涉所在行业的建议，因为他们"不被鼓励去为自己企业的狭隘利益发声和游说"②。而对官员人大代表来说，单位的利益往往和某个地域的公共利益融为一体，因此可以直接表达。

针对第二个问题，之所以省级党政、人大机关工作的省人大代表在地域代表倾向方面要弱于在地市级和县乡级党政、人大机关工作的省人大代表，有可能是因为他们地域性治理知识和经验较少。为了进一步分析省人大代表中地域代表倾向的差异是否源自地方性治理知识和经验的差异，本研究进一步细分了省人大代表的职业身份。在社区和村"两委"工作的省人大代表同样具有丰富的地方性治理知识，如果地方知识是影响地域代表倾向的关键因素，那么在地域代表倾向方面，在社区

---

① 资料来源：笔者对S省人大代表工委副主任的访谈，2019年6月27日。
② 原文是"CEO deputies ... are discouraged from lobbying for their firms' narrow interests"。参见 Rory Truex, *Making Autocracy Work: Representation and Responsiveness in Modern China*, Cambridge University Press, 2016, p. 145。

和村"两委"工作的省人大代表应该与地市级和县乡级党政、人大机关工作的省人大代表类似。如表4-8所示,与在事业单位工作的省人大代表相比,在地市级党政机关以及在县级人大和党政机关工作的省人大代表提出的地域性建议数量及其占比都显著更高,但在社区和村"两委"工作的省人大代表在地域代表倾向方面与其他省人大代表相比并没有显著的差异。这表明地方性治理知识并不是影响地域代表倾向的关键因素。同时值得注意的是,在地域代表倾向方面,在乡镇机关工作的省人大代表与其他省人大代表相比,并没有显著的差异。相较其他人大代表,中间层官员人大代表的强地域代表倾向更符合"解决问题"的逻辑。已有研究表明,无论是从代表自身还是老百姓的认知来看,人大代表的主要职责是解决具体的问题,而非提出政策倡议。[①] 并且,地方人大多建立了分级处理审核机制——能够在下级人大办理的建议尽量向下级人大反映并办理。[②] 乡镇或村庄在治理方面存在的问题,往往可以通过层级较低的人大来反映给相应的地级市或县乡政府机关来寻求解决,通过省人大来反映违背分级处理审核的原则,并且"牵涉的行政层级链条过长而具有较大的不确定性"[③],因此基层的问题在代表地域建议中的数量低于地市级和区县级之和(见表4-9)。同时,在省级党政或人大机关工作的人大代表可能

---

① 参见 Melanie Manion, *Information for Autocrats: Representation in Chinese Local Congresses*, Cambridge University Press, 2015。
② 资料来源:笔者对S省人大代表工委副主任的访谈,2019年6月27日。
③ 资料来源:笔者对G省人大代表的访谈,2019年9月19日。

# 第四章 人民代表大会制度:地方利益表达与跨层级府际交流

表 4-8 省人大代表地域代表倾向的相关因素(职业细分)

| 省人大代表的工作性质和单位 | 负二项回归 DV: 建议数量 | | 负二项回归 DV: 地域性建议数量 | | 普通最小二乘回归 DV: 地域性建议占比 | |
|---|---|---|---|---|---|---|
| | 模型 1 | 模型 2 | 模型 3 | 模型 4 | 模型 5 | 模型 6 |
| 地方党政一把手 | −.001 (.076) | — | .179* (.074) | — | .105*** (.030) | — |
| 省党政一把手 | — | −20.010*** (.278) | — | — | — | — |
| 地市级党政一把手 | — | −2.696*** (.312) | — | −.080 (.374) | — | .008 (.139) |
| 县党政一把手 | — | .212** (.075) | — | .413*** (.083) | — | .229*** (.029) |
| 乡镇党政一把手 | — | .319+ (.163) | — | .347+ (.194) | — | .088 (.077) |

163

(续表)

| 省人大代表的工作性质和单位 | 负二项回归 DV: 建议数量 | | 负二项回归 DV: 地域性建议数量 | | 普通最小二乘回归 DV: 地域性建议占比 | |
|---|---|---|---|---|---|---|
| | 模型 1 | 模型 2 | 模型 3 | 模型 4 | 模型 5 | 模型 6 |
| 地方党政机关其他干部 | -.228*** (.064) | — | .240*** (.064) | — | .100*** (.021) | — |
| 省党政机关 | — | -1.496*** (.153) | — | -.434* (.206) | — | -.043 (.050) |
| 地市级党政机关 | — | -.071 (.089) | — | .155+ (.089) | — | .091** (.028) |
| 县党政机关 | — | .352*** (.085) | — | .442*** (.090) | — | .152*** (.034) |
| 乡镇党政机关 | — | -.210 (.147) | — | -.048 (.201) | — | .183* (.080) |
| 人大机关 | -.430*** (.086) | — | .074 (.088) | — | .051+ (.026) | — |
| 省人大 | — | -.714*** (.120) | — | -.412** (.135) | — | -.094** (.033) |

# 第四章 人民代表大会制度:地方利益表达与跨层级府际交流

(续表)

| 省人大代表的工作性质和单位 | 负二项回归 DV:建议数量 | | 负二项回归 DV:地域性建议数量 | | 普通最小二乘回归 DV:地域性建议占比 | |
|---|---|---|---|---|---|---|
| | 模型 1 | 模型 2 | 模型 3 | 模型 4 | 模型 5 | 模型 6 |
| 地市级人大 | — | −.516*** (.126) | — | .103 (.136) | — | .162*** (.042) |
| 县人大 | — | .367** (.138) | — | .549*** (.143) | — | .167** (.054) |
| 乡人大 | — | .106 (.198) | — | −20.554 (31 739.8) | — | −.553*** (.088) |
| 社区或村"两委" | .356*** (.099) | .343** (.107) | .168 (.115) | .186 (.112) | .049 (.035) | .060+ (.036) |
| 参照组:在事业单位工作的省人大代表 | | | | | | |
| 其他变量 | YES | YES | YES | YES | YES | YES |
| 截距项 | −.042 (.236) | .057 (.233) | −1.201*** (.328) | −1.425*** (.363) | .068 (.042) | .080+ (.042) |

(续表)

| 省人大代表的工作性质和单位 | 负二项回归 DV: 建议数量 | | 负二项回归 DV: 地域性建议数量 | | 普通最小二乘回归 DV: 地域性建议占比 | |
|---|---|---|---|---|---|---|
| | 模型 1 | 模型 2 | 模型 3 | 模型 4 | 模型 5 | 模型 6 |
| 年份固定效应 | YES | YES | YES | YES | YES | YES |
| 代表团固定效应 | YES | YES | YES | YES | YES | YES |
| 观察值 | 6 991 | 6 991 | 2 946 | 2 946 | 2 946 | 2 946 |
| 代表团数量 | 115 | 115 | 115 | 115 | 115 | 115 |
| R squared/ pseudo R squared | .054 | .080 | .076 | .097 | .199 | .215 |
| Log(pseudo)likelihood | −9 537.264 | −9 275.913 | −3 864.650 | −4 023.036 | — | — |

数据来源：笔者搜集的人大代表建议及建议回复文本数据库。

注：⁺ $p<.10$，* $p<.05$，** $p<.01$，*** $p<.001$。其他变量包括代表性别和民族，以及其他职业二分变量，包括民主党派机关工作人员，政协工作人员，群团组织工作人员，企业代表，媒体工作人员，军队系统工作人员，律师。在普通最小二乘回归中，括号中的标准差为稳健标准差。

## 第四章 人民代表大会制度:地方利益表达与跨层级府际交流

由于牵涉自身利益而缺乏提地域性建议的动力,这也与代表建议"解决问题"的逻辑相一致。

表 4-9 地域性建议涉及的地域层级

(单位:条)

| 代表类型 | 地域性建议 | | |
|---|---|---|---|
| | 地市级 | 区县级 | 街镇或村社 |
| 官员人大代表 | 212 | 334 | 308 |
| 非官员人大代表 | 219 | 252 | 301 |
| 总数 | 521 | 586 | 609 |

数据来源:笔者搜集的人大代表建议及建议回复文本数据库。
注:本表中剔除了地域性建议中涉及马路、路口、具体某个项目等无法用机器识别具体涉及区域的信息。

为了检验竞争性假设,本研究对省人大代表的工作单位层级进行编码,并在回归模型中加入单位层级的变量。表 4-10 表明,单位层级与省人大代表的地域代表倾向并不显著相关,因此否定了竞争性假设。

表 4-10 单位层级与人大代表的地域代表倾向

| 因变量 | 负二项回归 | | 普通最小二乘回归 |
|---|---|---|---|
| | 建议数量 | 地域性建议数量 | 地域性建议占比 |
| | 模型1 | 模型2 | 模型3 |
| 在公共组织[a]中工作的省人大代表 | | | |
| 省级组织 | −.574*** (.087) | −.386*** (.092) | −.080** (.025) |

(续表)

| 因变量 | 负二项回归 | | 普通最小二乘回归 |
| --- | --- | --- | --- |
| | 建议数量 | 地域性建议数量 | 地域性建议占比 |
| | 模型 1 | 模型 2 | 模型 3 |
| 地市级组织 | －.066<br>(.076) | －.043<br>(.082) | .006<br>(.024) |
| 县乡组织 | .374***<br>(.072) | .274***<br>(.079) | .105***<br>(.025) |
| 国企工作人员 | －.400***<br>(.097) | －.405***<br>(.113) | －.052<br>(.032) |
| 私营企业家 | .083<br>(.078) | －.046<br>(.089) | .016<br>(.027) |
| 媒体工作人员 | .158<br>(.178) | －.153<br>(.216) | －.048<br>(.054) |
| 律师 | 1.427***<br>(.175) | －.499+<br>(.264) | －.226***<br>(.038) |
| 其他变量 | YES | YES | YES |
| 截距项 | .194<br>(.261) | －.992**<br>(.332) | .121**<br>(.046) |
| 参照组:在社区或村"两委"工作的省人大代表 | | | |
| 年份固定效应 | YES | YES | YES |
| 代表团固定效应 | YES | YES | YES |
| 观察值 | 6 991 | 2 946 | 2 946 |

(续表)

| 因变量 | 负二项回归 | | 普通最小二乘回归 |
| --- | --- | --- | --- |
| | 建议数量 | 地域性建议数量 | 地域性建议占比 |
| | 模型1 | 模型2 | 模型3 |
| 代表团数量 | 115 | 115 | 115 |
| R squared/pseudo R squared | .058 | .079 | .194 |

数据来源:笔者搜集的人大代表建议及建议回复文本数据库。
注:$^+p<.10$,$^*p<.05$,$^{**}p<.01$,$^{***}p<.001$。其他变量包括代表性别、民族和军队系统工作人员的二分变量。在普通最小二乘回归中,括号中的标准差为稳健标准差。
[a] 公共组织包括党政机关、人大机关、医院及大学等事业单位以及统一战线组织。

在六省人大代表建议的样本中,平均来说,超过40%的建议是地域性建议,仅涉及某个地级市或下辖更小行政区域的利益。这种地方利益的表达促进了地方性信息的流动,尤其是关于地市级和县级政府层面治理需求和存在问题的信息。通过地域代表倾向相关性因素的统计回归分析进一步发现,中间层官员人大代表是这种地域利益表达和信息向上传递的推动者和行动者(agent),他们主要关注的是地域性交通问题和经济发展①问题,分别占他们所提地域性建议的31%和19%。省人大建议成为县级官员省人大代表向省党政机关反映县域治理问题的平台,由此可见,人大建议为地方政府实现跨层级向上反映问

---

① 这里经济发展包括经济管理、农业、工业、服务业这四类主题。

题和利益表达提供了制度化的途径。

## 第三节　代表建议回复中的治理逻辑与府际交流

人大作为府际交流平台既体现在地方官员人大代表向上级政府提建议这种自下而上的信息流动,也反映在上级政府对这些建议的回应和吸纳层面。上节内容主要关注地方利益通过人大平台的表达,本节则通过分析政府对代表建议的回应,考察地方利益的实现情况以及信息向上流动后对府际互动产生的后续影响。

人大代表建议是民意代表的意见表达,政府对代表建议的回复在本质上反映的是政府对民意诉求的回应。现有大量关于政府回应性的研究集中在政府对民众诉求回应的取向、模式以及难点困境方面。① 中国目前政府的回应大多属于民意先发、政府被动回应的"杜鹃模式",②并呈现出"有条件性地吸纳"和"选择性回应"的特征。③ 与政府回应相关的因素可以分为影响

---

① 柳新元、顾月霞:《国内政府回应研究的现状及热点聚焦——基于2000—2019年文献计量分析》,《贵州省党校学报》2019年第6期。
② 翁士洪、顾丽梅:《网络参与下的政府决策回应模式》,《中国行政管理》2012年第8期。
③ Tianguang Meng, Jennifer Pan, and Yang Ping, "Conditional Receptivity to Citizen Participation: Evidence from a Survey Experiment in China", *Comparative Political Studies*, 2017, 50(4), pp. 399-433; Greg Distelhorst, and Yue Hou, "Ingroup Bias in Official Behavior: A National Field Experiment in China", *Quarterly Journal of Political Science*, 2014, 9(2), pp. 203-230.

## 第四章 人民代表大会制度：地方利益表达与跨层级府际交流

政府回应意愿和回应能力的两类因素。中国政府的回应意愿主要受到维护社会稳定以及提升决策和治理绩效的影响，具体表现为传递出集体行动压力的诉求[①]，相对强势的主体[②]或者是基层政策执行者[③]提出的诉求会获得更积极的政府回应。同时诉求涉及议题的复杂程度[④]会影响政府的回应策略。地方治理网络的开放程度和政府制度吸纳能力[⑤]则构成影响政府回应能力的因素。制度的调整，比如条块关系的重塑，能从回应意愿和回应能力两方面提升政府的回应性。[⑥] 相较公民在网络空间或集体行动中的诉求表达，人大代表提建议是表达民意的制度化渠道，而且诉求提出者是国家最高权力机关的组成人员。政府在回应人大代表建议时的逻辑和影响因素与政府回应网络空间或集体行动中表达出的民意是否存在异同？地域性建议相较涉及公共利益的建议，是否会获得更少的重视？由于地域性建议多涉及省级以下政府，省政府机关在办理地域性建议时，如何调节下辖不同层级政府间的关系？这些都是本节

---

① Greg Distelhorst, and Yue Hou, "Ingroup Bias in Official Behavior: A National Field Experiment in China", *Quarterly Journal of Political Science*, 2014, 9(2), pp. 203-230.
② 孟天广、李锋：《网络空间的政治互动：公民诉求与政府回应性》，《清华大学学报》2015 年第 3 期。
③ Yoel Kornreich, "Online Consultation with 'Issue Publics' in China", *Governance*, 2019, 32(3), pp. 547-564.
④ 孟天广、赵金旭、郑兆祐：《重塑科层"条块"关系会提升政府回应性么？》，《中国行政管理》2021 年第 4 期。
⑤ 孙小逸：《理解邻避冲突中政府回应的差异化模式：基于城市治理的视角》，《中国行政管理》2018 年第 8 期。
⑥ 孟天广、李锋：《网络空间的政治互动：公民诉求与政府回应性》，《清华大学学报》2015 年第 3 期。

讨论的主要问题。

新近研究认为人大代表提的议案和建议能产生有实质意义的政策影响,但需要人大代表采取积极的行动策略,比如,动员有说服力和影响力的代表参与联名提出议案,提升政策建议的说服力和可行性,诉诸人大常委会委员或公众舆论的支持等。[①] 国外研究议员对政府议程和政策的影响力主要聚焦议员身份如何影响议案的通过和政策的出台。实证分析表明,女性议员在维护女性权益的福利政策方面发挥了积极推动作用。[②] 族群身份与议员政策影响力之间关系的研究则缺乏共识。有研究发现,美国拉美裔和非洲裔议员的比例与福利支出扩大以及社会领域政策的发展有正相关关系。[③] 也有观点认为,两者的联系并不显著。[④] 还有研究强调,族群身份

---

[①] Chuanmin Chen, "Getting Their Voices Heard: Strategies of China's Provincial People's Congress Deputies to Influence Policies", *China Journal*, 2019, 82, pp. 46-70.

[②] Beth Reingold, and Adrienne Smith, "Welfare Policymaking and Intersections of Race, Ethnicity, and Gender in U. S. State Legislatures", *American Journal of Political Science*, 2012, 56(1), pp. 131-147; Kimberly Cowell-Meyers, and Laura Langbein, "Linking Women's Descriptive and Substantive Representation in the United States", *Politics and Gender*, 2009, 5(4), pp. 491-518.

[③] Chris Owens, "Black Substantive Representation in State Legislatures from 1971 to 1994", *Social Science Quarterly*, 2005, 6, pp. 779-791; Robert Preuhs, "Descriptive Representation as a Mechanism to Mitigate Policy Backlash: Latino Incorporation and Welfare Policy in the American States", *Political Research Quarterly*, 2007, 60(2), pp. 277-292.

[④] 参见 Albert J. Nelson, *Emerging Influentials in State Legislatures*, Praeger, 1991; Andrew Reynolds, *Designing Democracy in a Dangerous World*, Oxford University Press, 2011。

## 第四章 人民代表大会制度：地方利益表达与跨层级府际交流

与其他人口学特征在议员政策影响力上存在交互作用。① 基于已有研究，影响政府回应代表建议的因素主要包括以下三类：(1)建议的议题属性，具体指议题的重要程度，即是否契合政府维护稳定和促进发展的需要；(2)诉求提出者的特征，即提出者的身份地位；(3)诉求的提出策略和方式，包括是否为联名提出或重复提出。

### 一、三省政府对人大代表建议回复文本的内容分析

2014年以来，在加强和改进人大工作，尤其是加强各级国家机关同人大代表和人民群众联系等方面，各地进行了诸多探索与创新。比如，在建议交办方面，海宁市和绍兴市人大探索建立预交办制度，对职责交叉不清、难以确定主办及会办单位的代表建议，采取预交办方式，再根据部门反馈意见调整主会办单位，提高建议交办的精准度。② 更多创新围绕人大代表建议处理的评价及督办展开，旨在强化政府对代表建议办理工作的重视。比如，杭州市上城区规定，将代表建议办理工作按系数计入政府办理单位年度综合考评总分，并落实"一把手"责任制，由承

---

① Hanni Miriam, "Presence, Representation, and Impact: How Minority MPs Affect Policy Outcomes", *Legislative Studies Quarterly*, 2017, 42(1), pp. 97-130; Robert Preuhs, "The Conditional Effects of Minority Descriptive Representation: Black Legislators and Policy Influence in the American States", *Journal of Politics*, 2006, 68(3), pp. 585-599.
② 张正阳：《海宁：二次预交办让建议交办更精准》，《浙江人大》2015年第4期，第76页；单国君：《绍兴：首试"1+X"建议交办机制》，《浙江人大》2015年第5期，第75页。

办单位主要负责人亲自办理代表建议。①深圳市龙华区、宁波市江东区等地方人大针对代表评价满意程度较低的建议,进行重点督办,运用集体面商、约见问询、专项视察、督办合议等措施推动建议的办理。②推进政府回复的落实也是地方人大探索创新的重点。比如,深圳市坪山区人大在2019年推出新的建议办理评分机制,办理的落实情况占最终评分的60%。③地方的这些探索反映出近些年人大代表建议办理工作越来越受到各方重视。因此,对建议办理情况的研究也具有较强的现实意义。

  本部分通过分析三省人大代表建议及政府回复的文本内容,呈现人大代表建议主题以及政府回复的类型分布。实证研究数据包括D省(2009—2011年;2013—2019年)、F省(2016—2019年)和Y省(2017—2020年)的省人大代表信息、人大代表建议及政府回复文本内容。其中F省与Y省数据提取自省人大网站,包括代表建议、建议回复及代表信息;D省数据为田野调查所得,仅包括代表建议和建议回复,代表信息缺失。三省样本中人大代表及代表建议的基本情况如表4-11所示。

---

① 《上城区区委将代表议案、建议办理考核纳入区直单位综合考评》(2016年9月27日),中国·浙江人大网,https://www.zjrd.gov.cn/sxrd/hzs/201609/t20160927_69863.html,最后浏览日期:2022年6月20日。
② 《建立"双满意"评价机制跨年督办代表建议》,《宝安日报》,2019年4月2日,第B11版;柯伯俊:《江东区:规范"长跑"建议办理》,《浙江人大》2015年第4期,第77页。
③ 杨丽萍:《我市举行基层人大创新案例研讨推进会》,《深圳特区报》,2019年7月12日,第A3版。

## 第四章 人民代表大会制度：地方利益表达与跨层级府际交流

表 4-11　三省人大代表及代表建议数量

| 省份 | 年份 | 省人大代表数量（名） | 代表建议数量（条） | 省份 | 年份 | 省人大代表数量（名） | 代表建议数量（条） |
|---|---|---|---|---|---|---|---|
| D省 | 2009 | 570 | 545 | F省 | 2016 | 559 | 822 |
| D省 | 2010 | 570 | 626 | F省 | 2017 | 559 | 736 |
| D省 | 2011 | 570 | 544 | F省 | 2018 | 561 | 792 |
| D省 | 2013 | 578 | 590 | F省 | 2019 | 561 | 843 |
| D省 | 2014 | 578 | 696 | F省总计 | | | 3 193 |
| D省 | 2015 | 578 | 753 | Y省 | 2017 | 633 | 765 |
| D省 | 2016 | 578 | 660 | Y省 | 2018 | 632 | 662 |
| D省 | 2017 | 578 | 575 | Y省 | 2019 | 632 | 733 |
| D省 | 2018 | 568 | 699 | Y省 | 2020 | 636 | 758 |
| D省 | 2019 | 568 | 818 | Y省总计 | | | 2 918 |
| D省总计 | | | 6 506 | | | | |

数据来源：笔者搜集的人大代表建议及建议回复文本数据库。

表 4-12 呈现了三省样本中代表建议主题的分布及各主题建议中地域性建议的占比。

表 4-12　三省代表建议主题分布及地域性建议占比

| 建议主题 | D省 | | Y省 | | F省 | |
|---|---|---|---|---|---|---|
| | A | B | A | B | A | B |
| 交通 | 18.12% | 26.81% | 26.87% | 27.5% | 11.56% | 28.59% |
| 环境保护 | 9.53% | 9.60% | 8.16% | 9.20% | 7.61% | 8.09% |
| 科技教育 | 6.52% | 3.73% | 6.96% | 3.60% | 9.90% | 4.46% |
| 卫生 | 4.17% | 1.45% | 6.96% | 3.20% | 8.43% | 2.65% |
| 农业 | 7.01% | 7.39% | 5.59% | 6.80% | 5.95% | 5.16% |

(续表)

| 建议主题 | D省 A | D省 B | Y省 A | Y省 B | F省 A | F省 B |
| --- | --- | --- | --- | --- | --- | --- |
| 经济管理 | 6.30% | 5.94% | 4.97% | 7.30% | 7.17% | 11.99% |
| 文化 | 4.14% | 5.43% | 3.63% | 5.70% | 6.17% | 8.79% |
| 国土资源与能源 | 7.01% | 7.58% | 3.53% | 4.70% | 4.26% | 6.97% |
| 城乡建设 | 7.84% | 8.72% | 2.88% | 3.30% | 2.91% | 1.26% |
| 扶贫 | 2.86% | 2.31% | 7.47% | 7.70% | 2.19% | 1.53% |
| 工业 | 3.94% | 3.60% | 1.68% | 1.20% | 4.95% | 2.65% |
| 服务业 | 3.46% | 4.45% | 1.58% | 2.20% | 2.51% | 3.35% |
| 社会保障 | 3.30% | 1.01% | 1.99% | 0.60% | 5.17% | 1.40% |
| 地域性建议数量(条) | 3 167 | | 1 000 | | 717 | |
| 建议总数量(条) | 6 506 | | 2 918 | | 3 193 | |

数据来源:笔者搜集的人大代表建议及建议回复文本数据库。

注:$A=\dfrac{\text{本主题建议数量}}{\text{总建议数量}}$,$B=\dfrac{\text{本主题地域性建议数量}}{\text{地域性建议总数量}}$

编码方法参照本章第二节相关内容。本表仅列出部分主题的分布情况,故每列百分比总和小于100%。

根据《代表法》第42条的规定,有关机关应该自代表建议交办之日起三个月内答复;涉及面广、处理难度大的建议,应当自交办之日起六个月内答复。在D省1 222条包含交办和答复日期的政府回复中,平均答复时长为78天,最快21天,最长267天。[①] 书面答复需要明确标注办理结果。办理结果一般分为以下三类:(1)已

---

① 关于对人大代表建议办理结果的工作规程,还可参考《福建省人民政府办公厅关于印发省政府系统办理省人大代表建议和省政协提案工作规程的通知》(闽政办〔2016〕21号),福建省人民政府网,http://www.fujian.gov.cn/zwgk/zfxxgk/szfwj/fzsj/201602/t20160219_1414717.htm,最后浏览日期:2022年6月27日。

## 第四章 人民代表大会制度：地方利益表达与跨层级府际交流

经解决，主要指所提问题已经解决或在本年度内能够及时解决，以及所提问题已有规定；(2)计划解决，主要包括建议被采纳、问题正在解决或已列入计划逐步解决；(3)留作参考，主要指所提问题因条件限制或者其他原因难以解决等。政府对于代表建议的回复往往抄送省人大常委会人事代表工作室、与建议内容相关的省人大常委会某个专门委员会、省人大代表所在代表团的地市级人大常委会、政府相关部门等，包括省政府督查室、省委办公厅等。值得指出的是，与人大代表建议相比，建议的政府答复往往公开程度较低。比如 F 省人大网站公开的代表建议政府答复中，虽然绝大多数都标明了办理结果的类型，但具体答复内容的公开比例约为 57%，剩余 43% 的建议为"依据有关规定答复不公开"。

根据全国人大常委会办公厅的有关数据，全国人大代表建议办理中得到解决（A 类）或计划逐步解决（B 类）的件次总数，2013 年和 2014 年分别占代表建议总数的 81% 和 79.8%；地方人大建议得到办理为 A 类和 B 类的比例总和更高，接近甚至超过 90%。[①] 表 4-13 呈现了样本中三省政府对人大代表建议的回复类型的分布。在 D 省和 F 省的代表建议中，超过 60% 的建议办理结果为"计划解决"，近三分之一的为"已经解决"，不到 10% 的建议回复为"留作参考"；在 Y 省的代表建议中，超过 60% 建议的政府办理结果为"已经解决"，近四分之一的为"计划

---

① 数据来源：《福建省人民政府关于省人大常委会会议对省人大代表建议办理工作审议意见办理情况的报告》(2016 年 7 月 5 日)，福建人大网，最后浏览日期：2022 年 6 月 20 日；《市政府关于代表建议办理工作情况的报告》(2020 年 12 月 22 日)，最后浏览日期：2022 年 6 月 20 日。

解决",大约10%的建议答复为"留作参考"。①

表4-13 建议回复类型分布

| 回复类型 | D省 | Y省 | F省 |
| --- | --- | --- | --- |
| 已经解决（A类） | 30.38% | 64.53% | 24.47% |
| 计划解决（B类） | 60.31% | 23.97% | 67.06% |
| 留作参考（C类） | 9.31% | 11.50% | 8.46% |
| 政府回复总数（条） | 5 447 | 1 235 | 3 191 |

数据来源：笔者搜集的人大代表建议及建议回复文本数据库。
注：在样本中，D省和Y省均有超过15%的建议缺失政府回复类型的信息。

在回复"计划解决"的政府答复中，有相当大一部分是政府在收到代表建议之前就已经有相关工作计划来解决提出的问题。比如，在D省3 285条列为"计划解决"的政府回复中，仅30%是专门针对代表建议新做的工作计划。② 如以下三省（办理结果为"计划解决"）的政府答复文本示例③展现出来的，政府的积极回应主要包括承诺向上反映和争取、建议和督促下级政

---

① 比如，《云南省人民政府办公厅关于认真做好省人大代表建议和省政协提案办理结果公开工作的通知》中指出："省人大代表建议和省政协提案办理复文涉及国家秘密的，依法不予公开。对部分内容涉及国家秘密、商业秘密和个人隐私，公开可能危及国家安全、公共安全、经济安全和社会稳定的，根据有关法律法规的规定，能够作区分处理的，应依法将可公开的内容予以公开。"参见《云南省人民政府办公厅关于认真做好省人大代表建议和省政协提案办理结果公开工作的通知》（2017年2月25日），中华人民共和国中央人民政府网站，http://www.gov.cn/zhuanti/2017-03/14/content_5177319.htm，最后浏览日期：2022年6月27日。
② 本研究运用关键词方法来区分"政府已有工作计划"和"专门针对代表建议新做的工作计划"。在F省和Y省"计划解决"类政府回复中，依据下一步工作计划的说明措辞大多缺少"针对您提的建议"之类的表述，因此难以分辨和区别"政府已有工作计划"和"专门针对代表建议新做的工作计划"。
③ 文本示例中的斜体系笔者标注。示例编号为样本中原始编号，故在本书中不连贯。

## 第四章 人民代表大会制度：地方利益表达与跨层级府际交流

府以及启动措施解决问题三类。在D省样本中，前两类占政府积极回应的70%。从政府回复的文本内容来看，同样印证了上节提到的通过代表建议"解决问题"的逻辑。

1. 向上反映和争取

**【政府答复例1】D省：**

因此对于建议中所提的××环线纳入高速项目的问题，省上将在国家有关部委来××对项目进行现场审查评估时，尽最大努力向审查评估专家进行阐述、沟通，取得理解，力争将××环线纳入××公路一并建设，支持××经济发展。感谢你们对我省公路交通运输事业的关心与支持！

**【政府答复例2】D省：**

我们将按照既保持政策连续性，又根据实际情况有所调整的原则统筹考虑。一方面在确保完成规划任务和争取中省财政扶贫开发资金投入增加的前提下，进一步调整各市、县(区)重点村建设的投资额度，增加各县(区)贫困村的建设数量。另一方面积极向国务院扶贫办争取资金，尽可能地提高贫困村建设标准，使启动建设的扶贫开发重点村建设质量不降低，较好地改善贫困村基础设施落后状况。在今后的工作中，我们将多方协调，整合涉农资金，统筹各级各类扶贫资源，提高整村推进扶贫开发工作的建设标准。

同时,建立奖惩激励机制,鼓励和支持财政收入较好的市、县(区)增加扶贫资金的投入,争取全面完成我省"十一五"期间的扶贫开发工作重点村建设任务。

**【政府答复例3】D省:**

对于您的建议,我们高度重视,*将会继续通过各种形式和机会向国家税务总局反映和汇报,争取建立健全与服务型制造业相配套的税收体系*,以鼓励和扶持服务型制造业乃至生产性服务业的发展。

**【政府答复例4】F省:**

一、关于"×××"问题的建议我们也已发现此类问题,并予以高度关注。一方面积极向人社部反映情况,提出建议;另一方面在工作机制上采取相应措施。目前,已通过举办劳动能力鉴定专家和劳鉴机构人员培训班典型案例指导方式,引导省级和设区市级鉴定专家认真把握……

**【政府答复例5】Y省:**

省发展改革委将加强衔接汇报,争取国家发展改革委在三方合作框架协议下给予配套政策、资金和项目支持,并

# 第四章 人民代表大会制度:地方利益表达与跨层级府际交流

帮助指导××市制定完善××国际综合交通枢纽规划和各专项规划,积极协调推进过程中存在的突出问题。

除了向上级政府反映和争取各类支持,也有少部分是向同级机关提出建议,具体如下。

**【政府答复例6】D省:**

> 关于"在全省县域经济社会发展监测考评指标体系中,增加生态环境方面的指标比重,淡化GDP考核……"的问题,我们认为很有必要,将积极主动向省考核委员会及办公室提出建议和意见,争取加大对生态环境建设的考核比重。

**【政府答复例7】D省:**

> 但考虑××市地方财政比较困难,兑现中心户长报酬的压力较大,我们将向省财政厅做专门说明,积极协调,争取给予××市一定的专项资金补助。

**【政府答复例8】D省:**

> 针对您的建议,示范区管委会及时与××省教育厅进行了沟通,由于××技术学院的管理体制改革涉及省组织、人事、财政、编办等多个部门,我们将与教育厅一起积极与

有关部门沟通协调,形成一致意见,推动建议落实。

2. 建议和督促下级政府

**【政府答复例9】D省:**

我们将建议××市交通局、××县政府结合县城规划,合理确定××国道××县过境方案,组织开展前期工作,积极落实配套资金,争取在省上政策支持下,早日建成过境路,解决好县城过境交通问题。感谢你们对我省公路交通运输事业的关心与支持!

**【政府答复例10】D省:**

我们将在今后的扶贫开发工作中,一方面加强对这个问题的调查研究,认真听取各市、县(区)的意见和相关建议;另一方面认真指导好各市、县(区)扶贫部门将省界周边地区未启动建设的扶贫开发重点村尽快纳入今明两年的建设计划内,同时加大投入力度,提高建设标准和质量,树立××省对外扶贫开发的新形象。

**【政府答复例11】F省:**

我局将积极支持××县在条件成熟的情况下,依法依规开展林地（涉林湿地）的异地占补平衡，将提供涉及林业方面的政策指导，并帮助供需双方牵线搭桥。建议××县认真开展前期调研，摸清家底，在确保本县资源保有量富余、满足自身占补平衡的前提下，制定合理可行的工作方案。此外，××县还要进一步明晰产权，对于占补平衡涉及不动产权证的，应当依法依规先行发证，并有效保护相关权利人的合法权益。

**【政府答复例 12】F 省：**

我厅的资金主要来源于费改税以后的成品油价格税费返还资金，按照国务院税费改革的有关规定，仅能用于普通公路、水路及运输方面的支出。因此，对高速公路建设项目的投资补助不在我厅资金的使用范围内。在后续的建设中，××市将积极通过办理贷款、发行公司债券、吸引社会资本投入等方式，统筹解决资金问题。

**【政府答复例 13】Y 省：**

我们将积极与××市林业局、××县林业局沟通协调，结合××县"三江并流"及相邻地区生态恢复治理实际，在新一轮退耕还林、陡坡地生态治理及造林补贴等营造林项目安排中对××县给予重点扶持。

**【政府答复例 14】Y 省：**

省民族宗教委将积极向国家民委汇报、争取支持；在省级层面，做好协调、联系工作，加强对××县创建工作的指导，帮助××县总结好、宣传好示范县创建的经验做法、先进典型，扩大影响；同时，加强与××市、××县的沟通、指导，把示范县创建确定的各项目标任务一项一项抓实抓好，争取早日取得创建成效。

省人大代表建议的办理单位除了省级相关政府机关之外，还包括下辖的地市级政府，如案例 15 所示，县域的问题和诉求也可以通过省人大提建议的方式向市政府施压得以解决和反映。

**【政府答复例 15】D 省：**

至于核免××县农村合作基金会呆坏账和再贷款利息问题，目前省上和国家还没有出台相关政策措施，我市由于财力十分紧张也无力承担应由县区归还的再贷款本息，因此，将继续积极向省上反映，争取得到省上的更大的重视支持。同时，将督促××县进一步采取措施加大借款清收力度，尽力减少呆坏账损失，维护国家利益。感谢您对我市清理整顿农村合作基金会工作的关心和支持，欢迎您继续提出宝贵的意见和建议。

## 第四章 人民代表大会制度:地方利益表达与跨层级府际交流

虽然数量较少,但是在回复文本中也存在省政府在答复人大代表建议时向县级政府机关施压的案例,具体如下。

**【政府答复例20】D省:**

×××代表:您提出的《关于×××违章建筑拆除的建议》收悉。现答复如下:对您的建议,我市××区政府高度重视,立即召集相关部门和街道办事处召开专题会议,研究办理工作方案,责成区民宗局、区市容园林局、区城管执法局、区建住局、公安××分局、××路街办、×××街办予以整改,并三次召开协调会推进落实……

**【政府答复例21】D省:**

针对你们在建议中提到的关于×××镇建设还需做好的四个方面工作,××县政府及时召集县民政、城建、国土、扶贫、交通、电力等部门结合×××镇的集镇规划进行研究讨论,决定将从以下途径来解决。一是立足×××镇集镇现状,对村镇规划进行重新修订,整合资金完善集镇绿化、亮化、美化工程,提升集镇品位。二是将×××镇×××路列入建设规划,落实由交通、城建、国土等部门按照政策予以倾斜和帮助。三是×××镇××村已列入社会主义新农村建设示范村,将按照统一要求,规划出高水平且具有民族特色的新农村建设,并利用工赈搬迁、移民搬迁和安居工程等资金帮助解决集镇人口居住分散和老城改造等问题。

### 3. 启动措施解决问题

**【政府答复例16】D省：**

您提出的关于尽快建立信访事项办理三级终结制度的建议收悉。现答复如下：您的建议紧密结合全省信访工作实际，我局领导高度重视，及时进行了认真研究，并作为重点进行办理……建立信访事项办理三级终结制度意义重大。在接到您的建议后，我们进行了认真研究部署，并决定启动此项工作。一是把建立信访事项办理三级终结制度纳入2009年工作重点，进行组织实施。二是明确了承办单位，并提出了明确要求。三是已开始代省政府拟定《××省信访事项办理三级终结办法》。四是在今年省政府机构改革中，积极推进建立信访事项复查、复核机构。希望您和其他附议代表继续关心全省信访工作，我们将始终虚心接受各方面的监督和指导。

**【政府答复例17】D省：**

针对您提出的问题和工作现状，我市××县政府进行了认真分析研究，确定从以下几个方面着手，确保工作顺利

## 第四章 人民代表大会制度：地方利益表达与跨层级府际交流

进展。一是对剩余的近 200 亩临时用地，将加强人力投入，加大工作力度，确保在 3 月底前交付工程使用。二是对个别具体问题，由所在乡镇积极协调处理；对带有普遍性问题由××县、××市××建设处共同研究解决。争取早日建成这一惠及××市人民的饮水工程。

**【政府答复例 18】Y 省：**

省水利厅将加强技术和政策指导，按照中央和省级财政农田水利建设补助政策尽量给予××市倾斜支持。

**【政府答复例 19】F 省：**

下一步，将进一步要求全省法院强化诉权保护意识，把各级法院执行立案登记制各项规定的情况纳入年终考核，同时积极邀请人民法院监督员开展明察暗访、定期回访等活动，及时了解各地法院立案情况，督促各级法院依法畅通立案渠道，不得变通或规避立案登记制规定，坚决防止和杜绝"年底不立案""限制立案""排队立案""拖延立案"等错误做法，巩固立案登记制改革各项成果，切实保障当事人诉权。

从上面的示例不难看出，代表建议促进了政府间互动，具体包括向上反映低层级政府的诉求和治理中遇到的问题，以及督促和建议下级政府解决具体问题,进而参与调节了地方政府间纵向关系。地方人大是跨层级府际互动和交流的制度化平台。

## 二、政府回复的相关因素分析

由于地域性建议的回应更多地涉及府际纵向互动,而这种互动能够发生的前提条件是政府对地域性建议的积极正面的回应。如前所述,与地方人大工作人员的访谈表明,重点督办或者被评为优秀建议的多为公共利益类建议。但与此同时,《代表法》第 18 条规定:"代表有权向本级人民代表大会提出对各方面工作的建议、批评和意见。建议、批评和意见应当明确具体,注意反映实际情况和问题。"因此,从制度的信号释放角度来看,权力机关对地域性建议的态度是模糊的。本部分通过分析政府回复代表建议的相关因素,考察地域性建议与公共利益类建议相比,在多大程度上能得到政府的同等重视和回应。由于 D 省缺失政府对 2019 年代表建议的答复,故在定量分析中舍弃这部分数据。

本项研究从代表建议的采纳情况来衡量政府对代表建议的回应,具体通过官方办理结果类型与改良后的采纳指标来测量。如前所述,官方给出的办理结果包括"已经解决"(赋值为"3")、"计划解决"(赋值为"2")、"留作参考"(赋值为"1")三类,从高到低对应不同程度的采纳。由于该测量方法对应一个定序的结果变量,因此模型设定采用有序 probit 模型,但三省的结果均未通过平行性检验,故使用多类 probit 模型(详见表 4-14)。

表 4-14 代表建议办理情况的相关因素分析（多类 probit）

| Y（结果变量）：<br>3＝已经解决<br>2＝计划解决<br>1＝留作参考 | F 省<br>模型 1 | | Y 省<br>模型 2 | | D 省<br>模型 3 | |
|---|---|---|---|---|---|---|
| | Y＝2 | Y＝3 | Y＝2 | Y＝3 | Y＝2 | Y＝3 |
| 诉求重要性 | | | | | | |
| 地域性建议 | －.134<br>(.186) | －.370**<br>(.179) | －.320<br>(.228) | －.578**<br>(.205) | －.003<br>(.072) | －.071<br>(.076) |
| 建议主题类型 | | | | | | |
| 经济建设类建议 | 1.093***<br>(.284) | .768*<br>(.311) | 1.494+<br>(.810) | －.683<br>(.587) | 1.064***<br>(.176) | .368*<br>(.173) |
| 社会福利类建议 | 1.026***<br>(.273) | .522+<br>(.300) | 1.352+<br>(.808) | －.102<br>(.580) | 1.116***<br>(.178) | .338+<br>(.176) |
| 社会稳定类建议 | .707+<br>(.366) | .605<br>(.396) | 14.329<br>(1 007.856) | 14.058<br>(1 007.856) | 1.229***<br>(.308) | .522+<br>(.311) |
| 基础设施类建议 | .573+<br>(.303) | .323<br>(.335) | 1.050<br>(.802) | －1.235*<br>(.576) | .206<br>(.176) | －.972***<br>(.177) |
| 参照组：其他建议 | | | | | | |

(续表)

| Y(结果变量):<br>3＝已经解决<br>2＝计划解决<br>1＝留作参考 | F省<br>模型1 | | Y省<br>模型2 | | D省<br>模型3 | |
|---|---|---|---|---|---|---|
| | Y＝2 | Y＝3 | Y＝2 | Y＝3 | Y＝2 | Y＝3 |
| **主提代表身份** | | | | | | |
| 性别(1＝男性) | −.134<br>(.186) | −.072<br>(.205) | .131<br>(.247) | .116<br>(.223) | −.016<br>(.076) | −.040<br>(.079) |
| 民族(1＝少数民族) | .414<br>(.288) | .383<br>(.306) | .142<br>(.262) | .075<br>(.236) | −.276<br>(.176) | −.270<br>(.187) |
| **职业** | | | | | | |
| 地方党政机关干部 | −.229<br>(.179) | −.209<br>(.196) | −.289<br>(.330) | −.637*<br>(.299) | — | — |
| 人大机关工作人员 | .345<br>(.251) | −.207<br>(.277) | −.486<br>(.474) | −.663<br>(.429) | — | — |
| 社区工作人员 | −.134<br>(.296) | .331<br>(.311) | 13.938<br>(904.670) | 13.408<br>(904.670) | — | — |
| 统一战线工作人员 | .247<br>(.300) | .609+<br>(.318) | .013<br>(.642) | −.593<br>(.614) | — | — |
| 企业管理人员 | −.112<br>(.171) | −.223<br>(.186) | .258<br>(.563) | .197<br>(.520) | — | — |

# 第四章　人民代表大会制度：地方利益表达与跨层级府际交流

(续表)

| Y(结果变量)：<br>3＝已经解决<br>2＝计划解决<br>1＝留作参考 | F省 模型1 | | | Y省 模型2 | | | D省 模型3 | |
|---|---|---|---|---|---|---|---|---|
| | Y=2 | Y=3 | | Y=2 | Y=3 | | Y=2 | Y=3 |
| 参照组：其他职业的代表 | | | | | | | | |
| **提出方式(行为)** | | | | | | | | |
| 重复提 | .141<br>(.418) | .159<br>(.452) | | .054<br>(.583) | .106<br>(.496) | | −.251<br>(.129) | −.119<br>(.136) |
| 提出人数(联名提) | −.176*<br>(.079) | −.158⁺<br>(.086) | | −.011<br>(.025) | .025<br>(.022) | | −.011<br>(.010) | −.019⁺<br>(.011) |
| 基准结果(base outcome) | Y=1 | | | Y=1 | | | Y=1 | |
| 年份和代表团固定效应 | YES | | | YES | | | YES | |
| −2LL | 5 077.456 | | | 1 947.108 | | | 9 097.767 | |
| N | 3 164 | | | 1 232 | | | 5 406 | |

数据来源：笔者搜集的人大代表建议及建议回复文本数据库。

注：⁺$p<0.1$，* $p<0.05$，** $p<0.01$，*** $p<0.001$。D省数据缺少人大代表的职业信息，故无法构建主提代表职业身份变量。由于F省人大网站公开了人大代表的年龄信息，故模型1加入了代表年龄变量，去掉年龄变量对模型的主要结果没有影响，且年龄变量均不显著。

采用官方的办理分类结果来衡量回应程度,有一定的局限性。通过阅读政府答复的文本,发现在"已经解决"(A类)的答复中,有较大比例的答复为澄清和说明政府已经采取的措施,没有提及任何未来进一步改进的计划,因此这部分答复不应该被视为程度最高的采纳。基于此,笔者结合官方分类部分信息和文本内容关键词的提取,进一步构建衡量政府回应程度的四分变量:"留作参考"赋值为"1";办理结果为"已经解决"或"计划解决",但是建议答复中没有列出任何未来的改进或工作计划,赋值为"2";办理结果为"已经解决"或"计划解决",并且建议答复中有列出未来的改进或工作计划,赋值为"3";办理结果为"已经解决"或"计划解决",并且建议答复中有专门针对代表建议列出未来的改进或工作计划,赋值为"4"。通过答复文本的内容阅读,结合实地调研访谈资料,笔者发现,政府答复的下一步计划中有相当一部分是政府在收到代表建议之前就已经做出相关工作的计划了。比如,在D省3 285条列为"计划解决"的政府回复中,只有30%是专门针对代表建议新做的工作计划。赋值为"4"和"3"的区别就在于未来计划是否为专门针对代表建议新做的规划,新列的计划应该视为最高程度的采纳。使用有序probit模型,三省的结果也未通过平行性检验,因此使用多类probit模型(详见表4-15)。

主要的解释变量包括如下两类。

一是诉求本身的重要程度,具体从两方面进行测量。

表 4-15　代表建议被采纳的相关因素分析(多类 probit)

| Y(结果变量):<br>4=做出新计划<br>3=说明已有计划<br>2=未列出改进计划<br>1=留作参考 | F省 模型1 | | | Y省 模型2 | | | D省 模型3 | | |
|---|---|---|---|---|---|---|---|---|---|
| | Y=2 | Y=3 | Y=4 | Y=2 | Y=3 | Y=4 | Y=2 | Y=3 | Y=4 |
| 诉求重要性 | | | | | | | | | |
| 地域性建议 | −.118<br>(.166) | −.162<br>(.172) | −.525**<br>(.199) | −.205<br>(.331) | −.438*<br>(.203) | −.347<br>(.311) | −.086<br>(.173) | −.010<br>(.106) | −.117<br>(.114) |
| 建议主题类型 | | | | | | | | | |
| 经济建设类建议 | .665*<br>(.288) | 1.50***<br>(.331) | 1.076**<br>(.357) | 1.056<br>(1.181) | −.477<br>(.581) | −.099<br>(.855) | .434<br>(.362) | 1.213***<br>(.237) | 1.091***<br>(.258) |
| 社会福利类建议 | .862**<br>(.276) | 1.010**<br>(.322) | .735**<br>(.347) | .743<br>(1.180) | −.098<br>(.576) | .820<br>(.834) | .338<br>(.370) | 1.327***<br>(.241) | 1.036***<br>(.263) |
| 社会稳定类建议 | .183<br>(.378) | 1.275**<br>(.409) | .893*<br>(.441) | 16.24<br>(1 033.7) | 13.85<br>(1 033.7) | 14.48<br>(1 033.7) | 1.61**<br>(.601) | 1.490**<br>(.479) | 1.209*<br>(.507) |
| 基础设施类建议 | .069<br>(.310) | 1.148**<br>(.350) | .470<br>(.389) | .523<br>(1.170) | −.872<br>(.569) | −1.047<br>(.858) | −.829*<br>(.373) | −.218<br>(.232) | −.479+<br>(.257) |
| 参照组:其他建议 | | | | | | | | | |

（续表）

| Y（结果变量）：<br>4=做出新计划<br>3=说明已有计划<br>2=未列出改进计划<br>1=留作参考 | F省<br>模型1 | | | Y省<br>模型2 | | | D省<br>模型3 | | |
|---|---|---|---|---|---|---|---|---|---|
| | Y=2 | Y=3 | Y=4 | Y=2 | Y=3 | Y=4 | Y=2 | Y=3 | Y=4 |
| **主提代表身份与行为** | | | | | | | | | |
| 性别（1=男性） | −.090<br>(.192) | −.241<br>(.200) | .055<br>(.226) | .169<br>(.365) | .095<br>(.221) | .476<br>(.334) | .051<br>(.180) | −.015<br>(.112) | −.055<br>(.120) |
| 民族（1=少数民族） | .350<br>(.294) | .556[+]<br>(.300) | .277<br>(.329) | .524<br>(.386) | .100<br>(.236) | −.226<br>(.343) | −.961[+]<br>(.516) | −.318<br>(.248) | −.549[*]<br>(.278) |
| 职业 | | | | | | | | | |
| 地方党政机关干部 | −.255<br>(.184) | −.117<br>(.192) | −.341<br>(.218) | −.562<br>(.443) | −.383<br>(.298) | −1.206[**]<br>(.402) | — | — | — |
| 人大机关工作人员 | .207<br>(.257) | .251<br>(.266) | .118<br>(.291) | −.788<br>(.674) | −.472<br>(.428) | −1.389[*]<br>(.649) | — | — | — |
| 社区工作人员 | −.062<br>(.303) | .029<br>(.310) | .179<br>(.336) | −1.012<br>(1 791.1) | 13.84<br>(1 027.8) | 14.18<br>(1 027.8) | — | — | — |
| 统一战线工作人员 | .376<br>(.304) | .270<br>(.315) | .404<br>(.333) | −.757<br>(.968) | −.646<br>(.623) | .322<br>(.747) | — | — | — |
| 企业管理人员 | −.258<br>(.175) | −.008<br>(.182) | −.061<br>(.199) | −.531<br>(.779) | .199<br>(.521) | .403<br>(.629) | — | — | — |

(续表)

| Y(结果变量):<br>4＝做出新计划<br>3＝说明已有计划<br>2＝未列出改进计划<br>1＝留作参考 | F省 模型 1 | | | Y省 模型 2 | | | D省 模型 3 | | |
|---|---|---|---|---|---|---|---|---|---|
| | Y＝2 | Y＝3 | Y＝4 | Y＝2 | Y＝3 | Y＝4 | Y＝2 | Y＝3 | Y＝4 |
| 参照组：其他职业的代表 | | | | | | | | | |
| 提出方式(行为) | | | | | | | | | |
| 重复提 | .095<br>(.429) | .077<br>(.443) | .438<br>(.470) | .994<br>(.731) | .028<br>(.491) | −.980<br>(1.128) | −.772*<br>(.384) | −.256<br>(.180) | −.288<br>(.199) |
| 提出人数(联名提) | −.147[+]<br>(.081) | −.201*<br>(.084) | −.186*<br>(.093) | .012<br>(.035) | .019<br>(.022) | −.016<br>(.039) | −.043[+]<br>(.025) | −.013<br>(.014) | −.029[+]<br>(.015) |
| 基准结果(base outcome) | Y＝1 | | | Y＝1 | | | Y＝1 | | |
| 年份和代表团固定效应 | YES | | | YES | | | YES | | |
| −2LL | 7 455.532 | | | 1 740.653 | | | 10 486.11 | | |
| N | 3 164 | | | 1 103 | | | 5 357 | | |

数据来源：笔者搜集的人大代表建议及回复文本数据库。

注：[+] $p<0.1$，* $p<0.05$，** $p<0.01$，*** $p<0.001$。D省数据缺少人大代表的职务信息，故无法构建主提代表职业身份变量。由于F省人大网站公开了人大代表的年龄信息，故模型 1 加入了代表年龄变量。去掉年龄变量对模型的主要结果没有影响，且年龄变量均不显著。

(1)提及问题的普遍性,本研究通过对建议内容所涉地域范围进行编码,将代表建议分为公共利益建议与地域性建议两类。相较仅关涉部分群体利益的地域性建议,公共利益建议关注公共政策和更多人的利益,政府应该更加重视。(2)涉及主题,笔者依据《政务信息资源目录体系》划分的 21 个一类主题,将它们合并为经济建设、社会福利、社会稳定、基础设施、其他五大类。① 前三类相较后两类更重要,获得的政府积极回应应该更多。

二是诉求提出者的身份和行为策略,具体依据人大代表工作单位的性质来衡量其职业身份,将人大代表划分为地方党政机关干部、人大机关工作人员、社区工作人员、统一战线工作人员(包括在政协、民主党派、群团组织工作的人大代表)、企业管理人员以及其他单位工作人员六类,同时控制代表性别和民族变量。已有文献指出官员代表的特殊政策影响力,②人大代表的配额结构也主要是从性别、民族与职业三方面进行设定,因此依据这三方面因素来衡量代表的身份具有一定的合理性。提建

---

① 参见中华人民共和国国家质量监督检验检疫总局、中国国家标准化管理委员会:《政务信息资源目录体系 第 4 部分:政务信息资源分类》(GB/T 21063.4—2007),2007 年 9 月 10 日。
② Dongshu Liu, *The Strategic Balance between the Public and Allies: A Theory of Authoritarian Distribution in China*, Ph. D. dissertation, Syracuse University, 2020.

# 第四章 人民代表大会制度：地方利益表达与跨层级府际交流

议的行为策略主要包括建议提出人数以及是否重复提出①两个方面。控制变量包括建议提出年份以及主提代表所在代表团的固定效应。所有变量的描述性统计详见表 4-16。

表 4-16 政府对人大代表建议回应情况回归变量的描述性统计结果

| 变量名称 | 观察值 | 均值 | 标准差 | 最小值 | 最大值 |
| --- | --- | --- | --- | --- | --- |
| 官方办理结果类型 | 9 873 | 2.234 | .605 | 1 | 3 |
| 改良后采纳变量 | 9 695 | 2.834 | .861 | 1 | 4 |
| 经济建设类建议 | 12 617 | .327 | .469 | 0 | 1 |
| 社会福利类建议 | 12 617 | .386 | .487 | 0 | 1 |
| 基础设施类建议 | 12 617 | .206 | .405 | 0 | 1 |
| 社会稳定类建议 | 12 617 | .043 | .202 | 0 | 1 |
| 地域性建议 | 12 617 | .387 | .487 | 0 | 1 |

---

① 笔者在判断建议是否为代表重复提出时借助了文本相似度分析，具体而言，根据代表建议要点句子，分别构造建议要点的句向量（类似于句子中所有词向量的均值，如公式1），同时将该代表所有之前年份提的建议要点做同样处理，构造建议要点的句向量，将每个之前年份建议要点的句向量与当年建议要点的句向量做矩阵运算，求出语义相似度（如公式2）。如果语义相似度超过 0.96（经验判断），则视为重提建议。

公式 1：

$$v_s = \frac{1}{c}\sum_{w=1}^{c} v_w$$

其中，$v_w$ 是词向量，$v_s$ 是句向量，$c$ 是词数，$w$ 是句子第 $w$ 个单词或者字。

公式 2：

$$SEM_{ij} = \frac{v_i * v_j}{\parallel v_i \parallel \parallel v_j \parallel}$$

语义相似度为原文句向量和译文句向量的余弦距离，$SEM_{ij}$ 表示原文第 $i$ 个句向量和译文第 $j$ 个句向量的语义相似度。

(续表)

| 变量名称 | 观察值 | 均值 | 标准差 | 最小值 | 最大值 |
| --- | --- | --- | --- | --- | --- |
| 主提代表身份 | | | | | |
| 性别 | 12 536 | .540 | .499 | 0 | 1 |
| 民族 | 12 536 | .191 | .393 | 0 | 1 |
| 地方党政机关干部 | 6 078 | .390 | .488 | 0 | 1 |
| 人大机关工作人员 | 6 078 | .107 | .309 | 0 | 1 |
| 社区工作人员 | 6 111 | .049 | .216 | 0 | 1 |
| 企业管理人员 | 6 078 | .206 | .405 | 0 | 1 |
| 统一战线工作人员 | 6 111 | .072 | .258 | 0 | 1 |
| 提出方式 | | | | | |
| 重复提 | 12 617 | .050 | .218 | 0 | 1 |
| 提出人数 | 12 615 | 3.261 | 3.746 | 1 | 53 |

数据来源:笔者搜集的人大代表建议及建议回复文本数据库。

表4-14和表4-15分别呈现了代表建议基于官方办理类型和改良后的"采纳"四分变量回归的结果。不难看出,与公共利益类建议相比,地域性建议在F省和Y省获得积极政府回应的概率更低,而在D省中则没有统计上显著的差异。同时,经济建设类和社会福利类议题的代表建议相较其他类型的代表建议,获得政府积极回应的概率更高。回归结果分析表明,政府部门对地域性建议的态度存在省级差异,人大作为地方利益表达制度平台在现实运行中存在一定的局限性。但是,这种局限性不应该简单理解为人大这一制度平台所独有的,而更多反映在中国的文化传统中,相较地域性利益,政府对公共利益和整体利

益的偏好。

现有对人大制度的研究鲜少关注其调节政府间关系的功能；而在已有府际关系的研究中，较少关注跨政府层级的交流与互动。本章的分析在一定程度上弥补了这两个方面的缺失，人大代表建议的提出及办理过程是地域利益表达和回应的过程，它突破了科层制下的层级限制，为较低层级政府绕过直接的上级政府向更高层级政府表达诉求提供了制度化的渠道。地域利益表达的具体机制是地方政府官员人大代表通过提代表建议的方式来解决已有行政渠道较难解决的地方治理中的问题，官员代表在地域利益表达中的积极作用不应该被忽视。从代表建议的办理和政府的回应来看，现行制度中并没有普遍建立起对地域利益诉求表达的积极正反馈，这对人大持久地发挥表达地域利益和调节府际关系的功能提出了挑战，也在一定程度上抑制了地方争取更多自主发展空间的冲动。地方人大制度是激励地方利益诉求表达的制度环境要素之一，未来研究需要进一步探讨其他构成该制度环境的要素及其运行情况。

#  第五章
## 任务推动型项目制：
## 府际联动与利益重组

## 第五章　任务推动型项目制：府际联动与利益重组

所谓项目，"指的是一种事本主义的动员或组织方式，即依照事情本身的内在逻辑出发，在限定时间和限定资源的约束条件下，利用特定的组织形式来完成一种具有明确预期目标的一次性任务"①，具有技术理性的特征。项目制不仅是一种特定的资源分配形式，也是将国家从中央到地方的各层级关系统合起来的一种治理模式。项目制的推行不是一个自上而下的单向过程，而是在不同层级政府之间相互作用的博弈中不断演变和建构的过程。由于项目制在体制内具有较好的"自我生长"和"自我扩张"能力，既能解决自上而下的动员问题，也能提供自下而上的利益诉求渠道，使得科层体系逐渐以项目为中心运转。② 本章聚焦任务推动型项目制这种越来越常见的治理模式对府际关系的影响。

本章首先剖析项目制的内涵，通过梳理已有相关研究，呈现出项目制在讨论我国地方府际关系中的相关性和理论意义。项目制无论是作为自上而下资金配置的机制、落实任务的一种模式，还是作为一种治理形式，都在重新塑造府际关系。接下来第二节和第三节以精准扶贫和乡村振兴为例，具体讨论任务推动型项目制怎样加强了府际之间的联动以及权力的再分配。

本章实证部分的数据主要来自 2017—2020 年在湖北、陕西两省开展的田野调查以及"精准扶贫与乡村振兴"社会调查。"精准扶贫与乡村振兴"社会调查的调研于 2019 年 7 月至 8 月

---

① 渠敬东：《项目制：一种新的国家治理体制》，《中国社会科学》2012 年第 5 期，第 115 页。
② 陈家建：《项目制与基层政府动员——对社会管理项目化运作的社会学考察》，《中国社会科学》2013 年第 2 期。

在 9 省 17 县 50 村开展,共完成面访村民问卷 1 340 份,村干部和驻村干部问卷 273 份。①

## 第一节　项目制的内涵

项目制作为一种特定的资源分配形式,即"在财政体制的常规分配渠道和规模之外,按照中央政府意图,自上而下以专项化资金方式进行资源配置的制度安排"②,并逐渐成为不同层级地方政府"调控下级的手段"③。财政体制项目制主要体现在"被政府部门指定了专门用途、戴上了各种'项目'的'帽子',以期严格体现资金拨付部门意志"的专项转移支付。④ 项目制成为解决分税制以来国家财政集权化背景下地方"财权"与"事权"不对等问题的主要手段。⑤ 正如有学者已经注意到的,项目制已经溢出财政体制,成为自上而下部署工作、实施任务的一种重要形式,广泛存在于社会组织管理、公共领域中的专项整治、文化惠

---

① 具体关于"精准扶贫与乡村振兴"调查的介绍,参见左才、曾庆捷、王中原:《告别贫困:精准扶贫的制度密码》,复旦大学出版社 2020 年版。Cai Zuo, Zhongyuan Wang, and Qingjie Zeng, "From Poverty to Trust: Political Implications of the Anti-Poverty Campaign in China", *International Political Science Review*, 2021, June, https://doi.org/10.1177/01925121211001759。
② 周雪光:《项目制:一个"控制权"理论视角》,《开放时代》2015 年第 2 期,第 83 页。
③ 陈家建:《项目制与基层政府动员——对社会管理项目化运作的社会学考察》,《中国社会科学》2013 年第 2 期,第 66 页。
④ 周飞舟:《财政资金的专项化及其问题:兼论"项目治国"》,《社会》2012 年第 1 期,第 4 页。
⑤ 参见周飞舟:《以利为利:财政关系与地方政府行为》,上海三联书店 2012 年版。

## 第五章 任务推动型项目制:府际联动与利益重组

民等诸多政策领域中。① 同时也有学者指出,项目制"不单指某种项目的运行过程,也非单指项目管理的各类制度,而更是一种能够将国家从中央到地方的各层级关系以及社会各领域统合起来的治理模式,其不仅是一种体制,也是一种能够使体制积极运转起来的机制,更是一种思维模式,决定着国家、社会集团乃至具体的个人如何构建决策和行动的战略和策略"②。

项目制作为一种治理模式,其区别于常规制、行政发包制、科层制以及单位制的特点包括如下四个方面。

(1) 不确定性和间断性。与单位制和行政发包制中财政资源的相对稳定、经常性和重复性、计划性和持续性不同,项目制中的专项资金因事而设,有很大的不确定性,在再分配环节上也有较大的随意性。③ 项目制下基层政府运作从"按部就班"转向"项目牵线",大大增加了基层政府工作程序和时间规划方面的不确定性。④

(2) 竞争和技术理性。⑤ 一方面,在分税制财政收入越加集权的体制下,下级政府通过自下而上的申请、竞争来获取转移支

---

① 周雪光:《项目制:一个"控制权"理论视角》,《开放时代》2015年第2期。
② 渠敬东:《项目制:一种新的国家治理体制》,《中国社会科学》2012年第5期,第114页。
③ 周雪光:《项目制:一个"控制权"理论视角》,《开放时代》2015年第2期;周飞舟:《财政资金的专项化及其问题:兼论"项目治国"》,《社会》2012年第1期。
④ 有调研表明,基层单位要预留一半以上的机动时间,用于应对项目开展工作,政务经费也至少有一半以上与项目挂钩;乡镇除科室少量的固定开支,高达80%的政务经费都是"走项目",并且这种情况在基层政府非常普遍。具体参见陈家建:《项目制与基层政府动员——对社会管理项目化运作的社会学考察》,《中国社会科学》2013年第2期。
⑤ 苗大雷、王修晓:《项目制替代单位制了吗?——当代中国国家治理体制的比较研究》,《社会科学文摘》2021年第10期。

付，寻找可以直接支配和控制新财源的可能性。专项资金的"抽取"和"下放"，只有通过一整套严密设计的技术系统，通过立项、申报、监管、考核、验收、评估和奖惩等一系列理性程序，才能完成。① 另一方面，上级部门为了实现自身意志，通过项目制来与其他部门竞争下级政府有限的行政资源和注意力，动员基层政府优先完成部门任务。

（3）直接高效的动员。项目制的政府内部动员模式主要在资金下达渠道直接、人事安排权特殊、动员程序集中高效、快速的政绩与宣传效果方面区别于常规行政程序下的层级动员，趋向"多线动员"。项目制通过超越科层体系，能更直接高效地动员基层政府。②

（4）增强的府际博弈。项目制的运作过程是上级政府自上而下的控制与下级政府自下而上的反控制并存的过程。项目制设计本身遵循的"一事一议""专款专用"原则与地方事务的综合性属性相矛盾，因此必然出现项目虚设、项目重叠、项目嵌套等地方政府的应对策略和"打包""抓包"的政府行为。③

---

① 渠敬东：《项目制：一种新的国家治理体制》，《中国社会科学》2012年第5期。
② 陈家建：《项目制与基层政府动员——对社会管理项目化运作的社会学考察》，《中国社会科学》2013年第2期。
③ "打包"指的是在国家部门对承包项目的地方政府设立"配套"条款和要求地方主管部门对项目完成负"连带责任"的条件下，县(市)政府按照某种发展规划和意图，把财政项目和资本项目融合或捆绑成一种综合工程，对项目进行"再组织"，具体表现为将"打包向上争取"资金，或将分属于不同条线部门的项目"打包"，捆绑成诸如开发、扶贫、农林、水利、交通、能源等专项资金，集中投向创建村。"抓包"主要指的是村庄主动争取项目，挤入创建村的过程。具体参见折晓叶、陈婴婴：《项目制的分级运作机制和治理逻辑——对"项目进村"案例的社会学分析》，《中国社会科学》2011年第4期。关于项目制的讨论还可参见渠敬东：《项目制：一种新的国家治理体制》，《中国社会科学》2012年第5期。

## 第五章 任务推动型项目制:府际联动与利益重组

项目制不是一个自上而下的单向推行的过程,而是在委托方与承包方之间(即不同层级政府之间)的博弈过程中不断演变和建构的。根据委托方和承包方之间围绕项目产生关联的"专有性关系"的不同强度以及下级单位参与或不参与某一项目的选择权(即"参与选择权")大小,各个项目呈现出不同的组织形态,可以分成四类:(1)专有性关系和参与选择权均呈现高强度的"双边契约"形态,比如国家重点投资的农口项目;(2)专有性关系缺位、下级部门没有参与选择权的"科层制"形态,包括许多专项整治工作;(3)专有性关系缺位但下级部门有参与选择权的"即时市场"形态,包括许多地区的"一事一议"专项基金项目;(4)专有性关系较强但下级部门没有参与选择权的"上级指定"项目形态,包括各类试点项目。根据项目运作中的目标设置权、检查验收权和实施/激励权这三个维度控制权的归属情况(即属于委托方还是承包方),控制权的组合形式可以分为直控式、承包式、托管式和自治式四类。[①] 基于这一分析框架,可以描述项目制博弈的动态过程,并进一步讨论博弈双方的互动机制和条件。

项目制下的博弈互动有时会带来与政策初衷相背离的后果,如陈家建关于妇女小额贷款、周飞舟关于农村教育工作、周雪光关于乡村路网建设与集体债务的案例分析,都揭示了项目制运作过程中出现的目标置换、变通挪用、资源配置不当等问

---

① "直控式"指的是目标设置权、检查验收权和实施/激励权这三个维度的控制权都在委托方;"承包式"指的是实施/激励权在承包方,其他两项控制权在委托方;"托管式"指目标设置权在委托方,其余两项控制权在承包方;"自治式"则指上述三个维度的控制权都在承包方。具体参见周雪光:《项目制:一个"控制权"理论视角》,《开放时代》2015年第2期。

题。项目制也导致村庄间差异拉大、社会不平等、官商结合、基层集体债务、部门利益化及体制的系统风险,为国家治理带来了新的紧张和不确定性。①

虽然近些年涌现了大量围绕项目制的讨论,但是有学者指出,关于项目制的研究并不充分,其不足主要体现在三个方面。一是项目制虽然以财政为突破口,但它还综合配套了其他技术手段,进而全方位地影响政府内部治理。当前对项目制的关注集中在财政领域,对相关的控制、动员手段,包括人事安排、办事程序等方面的研究不够。二是现有研究集中考察中央与地方政府关系,对项目制在基层治理的运作关注不足。项目制日益成为地方政府青睐的资源分配方式,并且在模仿中央的项目制方式的基础上,地方政府加强了项目制管理的集权程度。② 三是现有研究对项目制与常规制度的互嵌、互动及其对地方治理的影响关注不够。项目制并不是存在于一个真空的环境中,而是在现有常规制度下运行。有学者指出,项目制在运作中并没有实现对单位制的替代。相反地,单位制和项目制之间存在多层次的交织嵌套,呈现出"单位为体,项目为用"的治理格局;并且项目制包含的经济资源、运作所借助的组织资源被单位组织吸

---

① 参见周雪光:《项目制:一个"控制权"理论视角》,《开放时代》2015年第2期;渠敬东:《项目制:一种新的国家治理体制》,《中国社会科学》2012年第5期;折晓叶、陈婴婴:《项目制的分级运作机制和治理逻辑——对"项目进村"案例的社会学分析》,《中国社会科学》2011年第4期;叶敏、李宽:《资源下乡、项目制与村庄间分化》,《甘肃行政学院学报》2014年第2期;黄宗智、龚为纲、高原:《"项目制"的运作机制和效果是"合理化"吗?》,《开放时代》2014年第5期。
② 陈家建:《项目制与基层政府动员——对社会管理项目化运作的社会学考察》,《中国社会科学》2013年第2期。

## 第五章 任务推动型项目制：府际联动与利益重组

纳，导致单位制的再生产，而项目制蕴涵的非常规化动员方式被各级单位组织采用和改造成常态化运动式治理方式，进一步拓展了单位制的发展空间。①

本章接下来以地方精准扶贫和乡村振兴的推进过程为例，从纵向府际关系的视角出发，探讨任务推动型项目制的特征及其与常规制度的互嵌互动如何实现政府间跨层级联动，以及权力与利益在不同层级政府间的再分配。

项目制是一种能够将国家从中央到地方的各层级关系统合起来的治理模式，国家通过项目制打通了中央与地方的"条线"关系。② 同时，通过在申报立项中引入招投标等竞争机制，项目制使得下级政府利用这一空间"对集权框架和科层逻辑有所修正，从中加入更多各自的意图和利益，获得更多的自主权力"③。在项目制的运行当中，随着财政上划而出现的权力上移强化了县级政府及各职能部门的权威，并在财政上切断了乡镇政府与村庄之间的责任关系，弱化了乡镇政府的权威。④ 县各个科局的每个科室都有大量的项目可分配，项目分为入库（即进入县发改委项目库的项目）和非入库项目；入库项目有公开申报指南以及时限和标准的要求，非入库项目是各科局、科室的预留项目，不一定在网站上

---

① "单位为体，项目为用"的治理格局指的是单位制作为基础性组织体制仍发挥重要作用，项目制起辅助性作用，国家治理既通过单位制直接涵盖国有体制，又灵活地通过项目制在国有体制内外全面辐射。具体参见苗大雷、王修晓：《项目制替代单位制了吗？——当代中国国家治理体制的比较研究》，《社会科学文摘》2021年第10期。
② 渠敬东：《项目制：一种新的国家治理体制》，《中国社会科学》2012年第5期。
③ 折晓叶、陈婴婴：《项目制的分级运作机制和治理逻辑——对"项目进村"案例的社会学分析》，《中国社会科学》2011年第4期。
④ 渠敬东：《项目制：一种新的国家治理体制》，《中国社会科学》2012年第5期。

公布,镇村组依靠内部渠道和社会关系网络获取信息;县科局的项目越多,乡镇对它们的依赖程度就越高,它们对乡镇的支配力度就越大。① 从已有关于项目制的研究中不难总结出:项目制无论是作为自上而下资金配置的机制、落实任务的一种模式,还是一种治理形式,都在重新塑造府际关系。然而,将项目制与纵向府际关系结合在一起专门探讨的研究比较少,本章将在这方面做些尝试,以拓展对项目制运作机制及影响的研究。

## 第二节 任务推动型项目制中的府际联动

在上一节对项目制内涵的讨论基础上,本节提出"任务项目制"这一概念。除了上述不确定性和间断性、竞争和技术理性、直接高效的动员、增强的府际博弈这些一般项目制的特征外,任务推动型项目制(简称"任务项目制")还具有加强的府际联动、多样的府际监督、多元化的府际权力纵向关系等特征。本节主要以精准扶贫中的项目制为例,呈现各级政府之间的联动和权责共享。与一般的项目制相比,任务推动型项目制往往由于项目精准性和项目实施急迫性的要求,会激活其他政治制度来规避项目制中的常见弊端,以保障重点任务的完成。这些制度既包括科层制中的常规制度设计,也包括非常规的跨府际联动机制。在政府内部动员方面,已有研究指出,项目制相较科层体制的明显优势就是越

---

① 参见杨华:《县乡中国:县域治理现代化》,中国人民大学出版社2022年版,第20—21页。

第五章 任务推动型项目制:府际联动与利益重组

级调动:"动员完全可以越级,从而绕过容易'卡壳'的层级,选择配合度更高的基层单位直接进行调动……这种调动反映的是多元化的纵向权力关系。"①这种多元化的纵向权力关系在"任务项目制"中愈发明显。

## 一、精准扶贫与乡村振兴的项目制特征

精准扶贫和扶贫任务结束后的乡村振兴中都有非常明显的任务推动型项目制特征。精准扶贫任务主要通过推进易地扶贫搬迁和产业扶贫项目来完成。精准扶贫推行的县级脱贫攻坚项目库(简称"县级项目库")建设符合典型的项目制特征。项目库制度要求贫困县普遍编制和建立脱贫攻坚项目库。项目库与资金安排紧密结合:从2019年开始,在安排使用纳入贫困县涉农资金整合方案的各类涉农资金,以及非贫困县的财政专项扶贫资金、彩票公益金时,一律从项目库中选择项目;在安排使用东西扶贫协作、定点扶贫、扶贫贷款及相关行业扶贫等资金时,重点从项目库中选择项目。被纳入项目库的项目应具备以下基本内容:项目名称、项目类别、建设性质、实施地点、时间进度、责任单位、建设任务、资金规模和来源、带贫减贫机制、绩效目标等情况(详见表5-1)。没有明确的绩效目标的项目不得纳入县级项目库。项目库被纳入全国扶贫开发信息系统管理。入库项目的编报程序包括村申报、乡审核、县审定三个环节(如图5-1所示)。项目的审批权在县,省、市两级扶贫部门负责对县级项目

---

① 陈家建:《项目制与基层政府动员——对社会管理项目化运作的社会学考察》,《中国社会科学》2013年第2期,第76页。

表 5-1 县级脱贫攻坚项目库基本情况表

填报单位：　　　　　　　　　　　　　　　　　　　　　联系电话：
联系人：

| 序号 | 项目库年度 | 项目名称 | 项目类别 | 内容类型 | 实施地点 | 建设性质 | 建设任务 | 工期进度 | | 责任单位 | 项目归口单位 | 资金规模及来源（万元） | | | | | | 带贫减贫机制 | | | | 收益情况 | | 绩效目标 |
|---|---|---|---|---|---|---|---|---|---|---|---|---|---|---|---|---|---|---|---|---|---|---|---|---|
| | | | | | | | | 开工时间 | 竣工时间 | | | 小计 | 财政专项扶贫资金 | 整合资金 | | 其他资金 | | 群众参与方式 | 受益对象 | | | 贫困户总收益 | 贫困户收益 | |
| | | | | | | | | | | | | | 中央、省资金 | 市、县资金 | 整合资金类别 | 整合资金额度 | 贷款 | 自筹 | | 贫困户 | 非贫困户 | | | |
| 1 | 2018 | | 产业扶贫 | 种植业 | | | | | | | | | | | | | | | | | | | | |
| 2 | 2018 | | 基础设施 | 村级道路设施 | | | | | | | | | | | | | | | | | | | | |
| … | | | | | | | | | | | | | | | | | | | | | | | | |
| … | 2019 | | 金融扶贫 | 小额贷款贴息 | | | | | | | | | | | | | | | | | | | | |
| … | 2019 | | 教育扶贫 | 雨露计划 | | | | | | | | | | | | | | | | | | | | |
| … | | | | | | | | | | | | | | | | | | | | | | | | |
| … | 2020 | | | | | | | | | | | | | | | | | | | | | | | |
| … | 2020 | | | | | | | | | | | | | | | | | | | | | | | |
| … | | | | | | | | | | | | | | | | | | | | | | | | |

（续表）

| 序号 | 项目库年度 | 项目名称 | 项目类别 | 内容类型 | 实施地点 | 建设性质 | 建设任务 | 责任单位 | 工期进度 | | 责任单位 | 项目归口单位 | 资金规模及来源（万元） | | | | | 带贫减贫机制 | | | | 绩效目标 |
|---|---|---|---|---|---|---|---|---|---|---|---|---|---|---|---|---|---|---|---|---|---|---|
| | | | | | | | | | 开工时间 | 竣工时间 | | | 小计 | 财政专项扶贫资金 | | 整合资金 | 其他资金 | 群众参与 | 受益对象 | | 收益情况 | |
| | | | | | | | | | | | | | | 中央、省、市、县资金 | 整合类别 | 整合额度 | 贷款 自筹 | 方式 | 贫困户 | 非贫困户 | 总收益 | 贫困户总收益 |
| … | | | | | | | | | | | | | | | | | | | | | | |

资料来源：黑龙江省扶贫开发领导小组文件：《关于进一步加强县级脱贫攻坚项目库建设和扶贫资产管理工作的通知》第10—11页。

注：1. 项目类别：产业扶贫、基础设施、金融扶贫、危房改造、易地扶贫、教育扶贫。
2. 内容类型：种植业、养殖业、林果业、小额贷款贴息、旅游扶贫、光伏扶贫、加工业、村级道路建设设施、人饮和灌溉设施、生活和生产用电、农村危房改造、新建、扩建、续建。
3. 建设性质：新建、扩建、续建。
4. 责任单位：项目的建设单位。
5. 责任单位：项目组实施单位。
6. 资金规模来源：M=N+O+Q+R+S；整合类别为行为名称：M、N、O、Q、R、S只填数字。
7. 带贫减贫机制：方式如入股分红、带资入社、带地入社、劳务增收等；群众参与为直接经营的有多少贫困户、受益对象为贫困户多少和非贫困户多少、收益多少总收益；贫困户及贫困村；U、V、W、X、Y列只填数字即可。
8. 绩效目标：产出指标主要包括数量、质量、时效和成本等指标，种植面积≥**亩，养殖规模≥**头（只），村级光伏电站年总发电量≥**千瓦时，贫困村新建或改造建设公路里程≥**公里，贫困村公路合格率≥**％，生态管护人员选聘率≥**％，光伏扶贫项目完成率≥**％，贫困户危房改造数量≥**座，贫困户危房改造完成率≥**％，动植物成活率≥**％，平均助补标准≥**元，贫困户女生享受助学金≥**元/人等；效益指标如贫困户子女当年开工率≥**元（只），光伏扶贫补助标准≥**元/千瓦、公里、人均标准生态护林员补助标准≥**元/人等，当年完成率≥**％，当年资金验收合格率≥**％，生态管护人员选聘人数≥**人，光伏扶贫电站开发及年发放收益≥**万元/个，道路补助标准≥**万元/公里，效益指标主要包括经济效益，养殖业增加收入≥**元/头/户/套、特色产业增收≥**元/年、生态护林人员收入≥**元/人等，贫困村集体经济收入≥**万元，带动增加贫困人口人均收入≥**元，光伏扶贫电站经济集体收益≥**万元，带动贫困人口数≥**人；带动贫困人口脱贫数≥**人等；工程使用年限≥**年，改造后房屋保证安全使用年限≥**年等。

库建设的督促和跟踪指导,开展必要的能力建设。① 比如,在笔者调研的湖北省贫困县 B 县,截至 2017 年,共 23.59 亿元(人民币)用于精准扶贫,大项目 73 个;118 个贫困村,每村 100 万元(人民币)专项基金,其中 80% 用于产业规模化,20% 用于基础设施建设。②

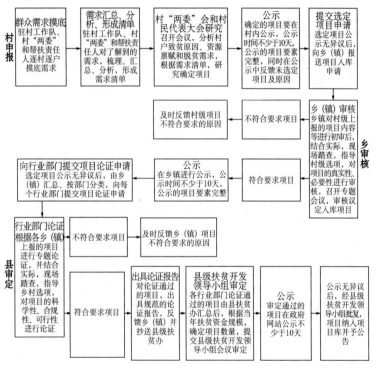

**图 5-1　县级脱贫攻坚项目库建设流程图**

资料来源:黑龙江省扶贫开发领导小组文件:《关于进一步加强县级脱贫攻坚项目库建设和扶贫资产管理工作的通知》,第 10—11 页。

---

① 《国务院扶贫办印发〈关于完善县级脱贫攻坚项目库建设的指导意见〉的通知》(2018 年 3 月 8 日),中国就业网,http://chinajob.mohrss.gov.cn/c/2018-03-26/29038.shtml,最后浏览日期:2022 年 6 月 23 日。
② 资料来源:笔者对 B 县扶贫办工作人员的访谈,2017 年 1 月 10 日。

项目在实施过程中采取全面绩效管理方式,根据《国务院办公厅关于转发财政部、国务院扶贫办、国家发改委扶贫项目资金绩效管理办法的通知》,所有利用扶贫资金的项目都要明确资金绩效指标,反映脱贫攻坚项目的产出和效果,突出建档立卡贫困人口受益情况,明确贫困户受益点。量化绩效指标主要包括数量、质量、时效、成本,以及经济效益、社会效益、生态效益、可持续影响和服务对象满意度等指标。①

除了审批权下放到县,国务院扶贫办的相关指导意见还强调,要在项目入库的各个环节加强群众参与,比如,在村申报环节,要求村"两委"和驻村工作队组织召开村"两委"会或村民代表大会广泛征求意见,确定村级申报项目后要在村内予以公示后上报;通过推广群众民主议事决策机制,引导群众参与入库扶贫项目选择、批准后实施、竣工后管理各个环节,并要求项目库建设做到"三公示一公告"、加强12317扶贫监督举报平台的监督作用等。入库项目主要包括基础设施建设和产业等类型。②

精准扶贫中的易地扶贫搬迁任务也同样具有项目化运作的典型特征。根据国家发展和改革委员会印发的《全国"十三五"易地扶贫搬迁规划》,易地扶贫搬迁"按照市场化运作原则,通过新设立、改造或在现有综合性投融资公司中设立子公司方式,组

---

① 国务院办公厅,《国务院办公厅关于转发财政部、国务院扶贫办、国家发改委扶贫项目资金绩效管理办法的通知》(国办发〔2018〕35号),中华人民共和国中央人民政府网站,http://www.gov.cn/zhengce/content/2018-05/28/content_5294267.htm,最后浏览日期:2022年6月21日。
② 地方对扶贫项目库公告的例子可见山东省青岛市崂山区的网站信息,具体为《2015—2017扶贫项目库公告》(2018年12月20日),崂山政务网,http://www.laoshan.gov.cn/n206250/n18207792/n18208093/n18208094/n18208097/181220152959730204.html,最后浏览日期:2022年6月23日。

建省级投融资主体,并同步组建市(县)项目实施主体。省级投融资主体主要承接通过专项建设基金、地方政府债务注入的易地扶贫搬迁项目资本金,以及国家开发银行、中国农业发展银行等金融机构提供的低成本长期贷款。省级投融资主体所承担的易地扶贫搬迁业务与其他业务物理隔离、独立封闭运行。市(县)项目实施主体与省级投融资主体签订资金使用协议,从省级投融资主体承接易地扶贫相关资金,专项用于易地扶贫搬迁工程建设"①。易地扶贫搬迁中的资金流向如图5-2所示。

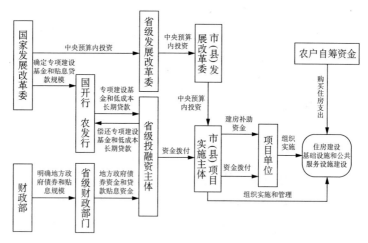

**图 5-2　易地扶贫搬迁统一建房资金流向示意图**

资料来源　国家发展和改革委员会:《全国"十三五"易地扶贫搬迁规划》(2016年9月),第21页,中华人民共和国国家发展和改革委员会网站,https://www.ndrc.gov.cn/xxgk/zcfb/ghwb/201610/W020190905497854907205.pdf,最后浏览日期:2022年6月21日。

---

① 国家发展和改革委员会:《全国"十三五"易地扶贫搬迁规划》(2016年9月),第19页,中华人民共和国国家发展和改革委员会网站,https://www.ndrc.gov.cn/xxgk/zcfb/ghwb/201610/W020190905497854907205.pdf,最后浏览日期:2022年6月21日。

第五章　任务推动型项目制:府际联动与利益重组

乡村振兴项目与精准扶贫项目有一定的相似性和延续性,地方在精准扶贫后期审批入库项目时多考虑与未来乡村振兴战略的衔接。① 基层政府主要通过项目制来推进乡村振兴的实践。比如,某区 2021 年乡村振兴规划重大建设项目清单中共有 51 个项目,其中生态振兴项目 20 个、农村民生项目 15 个、产业振兴项目 11 个、组织振兴和文化振兴项目各 2 个、人才振兴项目 1 个,共涉及投资额 260.95 亿元。②

**二、府际联动的常态机制**

相较利益划一,府际联动是政府间合作程度更高的互动形态,往往会建立起一系列协同机制。府际联动首先需要的是关于任务信息的共享和及时传递。在精准扶贫、易地扶贫搬迁项目的推进中,相关信息主要通过会议、文件和政策宣讲组的方式及时传递。2016—2019 年,"共召开 4 次全国易地扶贫搬迁现场会,1 次全国电视电话会议,1 次工作推进会,县、乡、村三级直接听取宣讲的基层干部群众超过 10 万。国家发展改革委编发 52 期易地扶贫搬迁政策指引,发布《中国的易地扶贫搬迁政策》白皮书,印发全国易地扶贫搬迁典型户型图集,2016 年、2017 年、2018 年连续 3 年举办全国扶贫日易地扶贫搬迁论坛"③。会议

---

① 资料来源:内部访谈,2020 年 6 月。
② 吴映雪:《乡村振兴项目化运作的多重困境及其破解路径》,《西北农林科技大学学报》(社会科学版)2022 年第 1 期。
③ 国家发展改革委:《新中国成立以来易地扶贫搬迁工作的成效与经验》(2019 年 8 月 12 日),"国家发展改革委"人民号,https://mp. pdnews. cn/Pc/ArtInfoApi/article?id=6378056,最后浏览日期:2022 年 6 月 22 日。

成为不同层级政府干部获取和交流信息的平台，比如，"自中央扶贫开发工作会议、全国易地扶贫搬迁工作电视电话会议召开后……5个月来，贵州省省级层面召开各种会议传递学习20余次，其中召开由省、市、县、乡、村五级干部参加的易地扶贫搬迁工作大会2次。4月下旬，又组织5个政策宣讲组，分赴全省10个市（州、区）再次集中宣讲"①。会议是我国重要的政治运行机制，具有"制定决策、部署方针、传达政令、组织动员、政治宣传和执行任务的功能……有助于打破科层制之间的壁垒，提升行政效率"②。精准扶贫前期的会议多是上级精神的传达和政策的宣讲，并通过会议显示出专项任务的重要性；精准扶贫后期的会议则具有更多的"经验交流"和"纠偏"的功能。

机构的分层复制是府际联动的常态实现机制之一。以易地扶贫搬迁为例，领导小组制度在不同层级政府被复制，比如，贵州省、市、县、乡四级均成立由党委、政府主要领导任组长的双组长制扶贫开发领导小组，省、市、县政府均成立由多部门主要负责同志组成的易地扶贫搬迁工程建设指挥部。③ 一般来说，省发展改革委、省扶贫办、省移民局需要承担易地扶贫搬迁的不同工作职责，与此相对应的，市、县、乡三级与省级政府对应设置类似的机构，分别承担相应职责，便于条线的统一和管理。在短期

---

① 国家发展改革委地区司：《"十三五"时期易地扶贫搬迁工作政策指引》，第5期，2016年5月10日。
② 李亚丁：《"小会机制"与当代中国政治形态》，《内蒙古社会科学》（汉文版）2017年第1期，第191、196页。
③ 国家发展改革委地区司：《"十三五"时期易地扶贫搬迁工作政策指引》，第5期，2016年5月10日。

第五章　任务推动型项目制:府际联动与利益重组

内推动某项重要任务而成立的领导小组,不仅能够有效整合资源、重塑条块关系,也有助于传递任务重要和急迫性的信号,以及促进领导小组在不同层级党委和政府层面的复制。① 在推进乡村振兴的过程中,地方也相继建立巩固拓展脱贫攻坚成果同乡村振兴有效衔接工作领导小组。②

与机构复制同步的是任务及责任的层层分解,通过常态化的绩效目标考核制来实现各层级政府目标和注意力分配的趋同。在精准扶贫项目推进过程中,省、市、县、乡四级政府层层签订责任状,层层细化分解任务。在县、乡(镇)一把手领导以及相关职能部门的年度考核中,与扶贫相关的考核指标所占比重都有所提高。根据笔者的实地调研,对贫困县以及县里乡(镇)领导班子的考核,70%都涉及与扶贫相关的各项工作的完成情况。在 2022 年 Y 市巩固拓展攻坚成果同乡村振兴有效衔接责任主

---

① 关于领导小组体制的发展及其在条块关系方面的研究,参见罗湖平、郑鹏:《从分割到协同:领导小组重塑条块关系的实践机制》,《中国行政管理》2021 年第 12 期;张铮、李政华:《"领导小组"机制的发展理路与经验——基于历史制度主义的分析》,《中国行政管理》2019 年第 12 期;赖静萍:《当代中国领导小组类型的扩展与现代国家成长》,《中共党史研究》2014 年第 10 期。较早要求地方党委复制中央领导小组的例子为 1960 年的《关于立即开展大规模采集和制造代食品运动的紧急指示》,决定成立中央瓜菜代五人领导小组,并要求地方各级党委也应当仿照中央的办法,成立领导小组和办公室,由书记挂帅,切实加强对这一运动的领导,具体参见赖静萍:《当代中国领导小组类型的扩展与现代国家成长》,《中共党史研究》2014 年第 10 期。
② 以 Y 市 2021 年 11 月 8 日印发的内部资料为例,该市巩固拓展脱贫攻坚成果同乡村振兴有效衔接工作领导小组由市委书记和市长任组长,下设 12 个专项工作组:产业帮扶专项工作组、就业帮扶专项工作组、易地扶贫搬迁后续帮扶专项工作组、教育帮扶专项工作组、健康帮扶专项工作组、住房安全专项工作组、饮水安全专项工作组、社会保障专项工作组、驻村帮扶专项工作组、资金项目专项工作组、防止返贫检测帮扶专项工作组、金融帮扶专项工作组。除驻村帮扶专项工作组由市委组织部部长担任组长外,其余均由一位副市长担任组长。

体职责清单中,市级、县级、市直行业部门(单位)、乡镇(街道)、村级(社区)、驻村工作队、结对帮扶干部在推进乡村振兴中的主要职责都得以明确。①

### 三、府际联动中的工作队机制及其绩效

工作队机制,指上级机关通过选派专职人员,推动相关政策在基层得以执行与落实的一系列安排。这是典型的越级调动和影响基层治理的制度设计。现有研究较少关注工作队运作过程中的府际联动及其绩效。本部分首先描述精准扶贫驻村工作队运行中的府际联动,然后在此基础上探讨职责分工明确对联动绩效的影响。

工作队原指"干工作的军队",在建党初年主要从事与群众有关的工作,动员群众参与革命。② 工作队制度往往被追溯到帝制时代的政治传统以及苏俄的榜样示范。③ 历史学家王奇生将工作队制度溯源至北伐时期农民运动讲习所的特派员机制。④ 美国学者裴宜礼(Elizabeth Perry)认为,这种特派员机制是对苏联"全权代表"制度的借鉴和延续,并分析了中国的工作

---

① 资料来源:Y 市内部资料,2022 年 5 月 31 日印发。
② 刘金海:《工作队:当代中国农村工作的特殊组织及形式》,《中共党史研究》2012 年第 12 期。
③ 李振:《推动政策的执行:中国政治运行中的工作组模式研究》,《政治学研究》2014 年第 2 期;Elizabeth Perry, "Making Communism Works: Sinicizing a Soviet Governance Practice", *Comparative Studies in Society and History*, 2019, 61(3), pp. 1-28. [美]裴宜理:《工作队:苏联经验的中国化》,赵寒玉译,载刘东主编:《中国学术》(第 43 辑),商务印书馆 2022 年版。
④ 王奇生:《革命的底层动员:中共早期农民运动的动员参与机制》,载徐秀丽、王先明主编:《中国近代乡村的危机与重建:革命、改良及其他》,社会科学文献出版社 2013 年版,第 273—309 页。

队制度与苏联相应制度的区别以及在不同历史事件(比如土改、农业合作化运动、"四清"运动)和不同历史时期的演变与发展。①

现有研究多从国家-社会关系的角度来理解工作队制度。比如,有学者指出,工作队是中国共产党"走群众路线"和"密切联系群众"的制度化运作,②是国家与乡村社会之间的中介机制和重要"接点"。③ 再如,还有学者认为,下派工作队是政府主导的运动式"外力型"乡村发展模式,这种行政权力的嵌入反映的是国家权力的一种非常规和非科层化运作。④

驻村工作队的构成、运行和管理蕴含层级联动的内涵。从驻村工作队的成员构成上来看,他们主要是来自县及其以上党政机关的干部。2015 年,由中组部等颁布的《关于做好选派机关优秀干部到村任第一书记工作的通知》(以下简称"《通知》")强调,按照"因村派人"的原则,"主要从各级机关优秀年轻干部、后备干部,国有企业、事业单位的优秀人员和以往因年龄

---

① 参见 Elizabeth Perry, "Making Communism Works: Sinicizing a Soviet Governance Practice", *Comparative Studies in Society and History*, 2019, 61(3), pp.1-28。
② 欧阳静:《乡镇驻村制与基层治理方式变迁》,《中国农业大学学报》(社会科学版)2012 年第 1 期。
③ 李里峰:《工作队:一种国家权力的非常规运作机制——以华北土改运动为中心的历史考察》,《江苏社会科学》2010 年第 3 期;谢小芹:《"接点治理":贫困研究中的一个新视野——基于广西圆村"第一书记"扶贫制度的基层实践》,《公共管理学报》2016 年第 3 期。
④ 严国方、肖唐镖:《运动式的乡村建设:理解与反思——以"部门包村"工作为案例》,《中国农村观察》2004 年第 5 期;李里峰:《工作队:一种国家权力的非常规运作机制——以华北土改运动为中心的历史考察》,《江苏社会科学》2010 年第 3 期;袁立超、王三秀:《非科层化运作:"干部驻村"制度的实践逻辑——基于闽东南 C 村的案例研究》,《华中科技大学学报》(社会科学版)2017 年第 3 期。

原因从领导岗位上调整下来、尚未退休的干部中选派,有农村工作经验或涉农方面专业技术特长的优先"。各地在落实时会进一步对"优秀人才"进行细化的规定。比如,四川省的第一书记重点从省、市和县(市、区)直部门(单位)优秀年轻干部人才递进培养计划学员和后备干部中选派。① 再如,广东省明确规定,省直和中直在粤单位要选派副处级以上且年龄不超过45岁的干部作为驻村帮扶的工作队队长并兼任第一书记;珠三角地区要求贫困村所在市要派出优秀科技干部任第一书记。② 根据笔者参与、组织的"精准扶贫与乡村振兴"调查,第一书记或工作队队长主要由县干部担任,比例达到80%(详情见本书附录中的表A-3)。在笔者调查访谈的44名驻村工作队一般队员中,5名是在省或地市级党政机关工作的干部,21名是县干部,7名是乡镇干部,其余为事业单位工作人员。驻村工作队将来自不同层级的干部汇集在所驻村,通过信息、资源和能力的分享,共同推进精准扶贫各项任务在基层的落实。根据Y市相关管理办法的规定,扶贫任务结束后,市直党政机关和事业单位、市属国有企业、市属院校、中央和省驻Y市单位及各县市区仍然向脱贫村、易地扶贫搬迁安置点所在村(社区)、"十四五"乡村振兴重点帮扶村选派第一书记和工作队,向党组织软弱涣散村、省市红色名村选派第一书记。③

---

① 王卓、罗江月:《扶贫治理视野下"驻村第一书记"研究》,《农村经济》2018年第2期。
② 国务院扶贫办政策法规司、国务院扶贫办全国扶贫宣传教育中心:《脱贫攻坚前沿问题研究》,研究出版社2019年版,第163页。
③ 资料来源:Y市内部资料,2022年5月26日印发。

## 第五章　任务推动型项目制：府际联动与利益重组

在对驻村工作队的管理方面，自 2017 年中共中央办公厅、国务院办公厅印发《关于加强贫困村驻村工作队选派管理工作的指导意见》之后，各省陆续制定《关于加强贫困村驻村工作队选派管理工作的实施意见》，并建立起配套的管理制度。比如，云南省在该实施意见中将驻村工作队的日常管理制度分解细化为工作例会制度、考勤管理制度、工作报告制度、纪律约束制度、分片包组制度以及民主评议制度，具体的规定有：驻村工作队每周召开一次工作例会，乡镇驻村工作协调小组每月至少召开一次会议，县级驻村工作领导小组每季度至少召开一次第一书记或工作队队长会议，了解工作进展和协调解决问题；每半年开展一次工作队员民主评议，邀请村组干部、党员代表、贫困群众代表和非贫困群众代表参加，工作队员逐一述职，参会人员现场评议打分，评议结果汇总报县（市、区）党委组织部，作为工作队员评先评优、召回问责和年度考核的重要依据。① 再如，在调研的陕西省 Y 县，乡镇以月、季度为单位，县级部门以半年、年度为单位，对驻村工作队进行考核。

在对第一书记的管理方面，《通知》规定，第一书记由县（市、区、旗）党委组织部、乡镇党委和派出单位三方共同管理。直接管理责任在县（市、区、旗）党委组织部、乡镇党委。第一书记参加派出单位的年度考核，由所在县（市、区、旗）党委组织部

---

① 参见中共云南省委办公厅、云南省人民政府办公厅印发《关于加强扶贫村工作队选派管理工作的实施意见》，云南理论网，http://llw.yunnan.cn/html/2018-06/29/content_5274204.htm，最后浏览日期：2020 年 6 月 27 日。

提出意见。任职期满后,由派出单位会同县(市、区、旗)党委组织部进行考察,考核结果作为提拔晋升的重要依据,表现优秀的在同等条件下优先使用,造成不良后果的及时调整和处理。根据笔者的调研数据,县党委组织部是考核第一书记及驻村工作队的主体,乡镇的党委、政府、扶贫办、纪委也参与其中。Y市在推进乡村振兴过程中对驻村第一书记和工作队队员的考核实行平时考核、年度考核和期满考核,由市县组织部联合同级乡村振兴部负责,具体由县市区驻村工作领导小组办公室组织实施,考核方式将工作总结、村民测评、村干部评议、乡镇党委评价相结合;驻村干部在年度考核中被评为"基本称职"和"不称职"的,实行"召回",三年内不得提拔使用或晋升职级;驻村干部的年度考核也被纳入派出单位领导班子年度考核内容,列为乡村振兴实绩考核、党委(党组)书记抓基层党建工作述职评议的重要内容。①

工作队作为实现跨层级政府联结和互动的载体,其实际运行绩效如何?已有研究强调工作队制度的显著特征是制度化与非制度化要素的长期并存和结合。②"第一书记"扶贫制度的推广被认为是对扶贫资源和制度的常态化表达,是一种制度化的

---

① 资料来源:Y市内部资料,2022年5月26日印发。
② 许汉泽、李小云:《精准扶贫背景下驻村机制的实践困境及其后果——以豫中J县驻村"第一书记"扶贫为例》,《江西财经大学学报》2017年第3期。

## 第五章 任务推动型项目制:府际联动与利益重组

资源配置形式。① 但工作队具有形式上的制度化与实质上的非制度化的特征,即工作队开展工作的程序已经程式化、制度化,但工作队开展工作的效果往往受制于其派出单位所拥有的权力地位和财力资源、工作队成员的自觉性,以及受包单位的支持与配合程度。② 扶贫工作队制度在宏观层面体现出压力型体制下运动式和动员式治理的路径依赖,在中观层面体现出富有弹性化和灵活性的制度执行过程,在微观层面则呈现为充满乡土逻辑下人格化和自利性的行为互动。③ 虽然扶贫工作队与不同历史时期存在的工作队之间存在区别,比如有学者指出,与革命时代的"工作队"相比,"现在的驻村干部没有了上级赋予的巨大权力与充足资源,也就随之丧失了强大的动员能力与解决实际问题的能力"④,但工作队中的制度化与非制度化因素一直存在并影响其在实际运行中的效用。第一书记制度的优势在于可以有效打破行政部门的壁垒和僵化状态,使得来自中央和省、市级的政策指令和资源能够迅速到达村一级,提升扶贫效率,同时可以

---

① 谢小芹:《"接点治理":贫困研究中的一个新视野——基于广西圆村"第一书记"扶贫制度的基层实践》,《公共管理学报》2016年第3期。"第一书记"在20世纪50年代初主要指地方党组织的一把手,中共十二大之后,地方党委"第一书记"这一称呼淡出,只有军队仍保留"第一书记";2001年,安徽省从党政机关和事业单位中选派年轻党员干部到贫困村或后进村担任党组织"第一书记"被认为是扶贫"第一书记"的制度源头。具体参见杨芳:《驻村"第一书记"与村庄治理变革》,《学习论坛》2016年第2期。
② 严国方、肖唐镖:《运动式的乡村建设:理解与反思——以"部门包村"工作为案例》,《中国农村观察》2004年第5期。
③ 钟海:《超常规化运作:驻村工作队的角色塑造与运作逻辑——基于陕南L村的田野调查》,《求实》2020年第3期。
④ 许汉泽、李小云:《精准扶贫背景下驻村机制的实践困境及其后果——以豫中J县驻村"第一书记"扶贫为例》,《江西财经大学学报》2017年第3期。

利用第一书记自身和帮扶单位的人脉与资源协调不同部门利益,促进跨部门的互动与合作;①第一书记制度也有助于改变过往项目制背景下的资源的不均衡分配,实现资源的优化配置和有效整合;②第一书记还可以中立地帮助村庄化解村"两委"矛盾与干群矛盾,③也是群众路线在新时期的展现,有助于加强党和群众的直接联系,促进农村基层组织建设。④ 然而,驻村工作队制度在工作开展中仍然存在一些困境:首先,由于置身于派出单位"鞭长莫及"与受包单位及村民"不好管理"的自由地带,工作队易陷入与包村单位、受包乡村之间的复杂关系,处于"两张皮"的尴尬境地;⑤其次,第一书记制度内涵的"嵌入式"关系,导致第一书记与村支书在同一个场域的权力争夺和第一书记对村"两委"干部形成"依附性支配"的政治格局,两者之间的策略主义合作、政治权威的冲突以及政治分化消解着治贫绩效,可能引发新的问题,包括形式主义与造假共谋、权力的博弈与不合作、

---

① 袁铭健:《国家与社会互动下精准扶贫的运转逻辑——以"第一书记"的制度框架展开分析》,《江汉大学学报》2020年第1期。
② 谢小芹:《"双轨治理":"第一书记"扶贫制度的一种分析框架——基于广西圆村的田野调查》,《南京农业大学学报》(社会科学报)2017年第3期。
③ 陈国申、唐京华:《试论外来"帮扶力量"对村民自治的影响》,《天津行政学院学报》2015年第6期;Xingmiu Liao, Wen-Hsuan Tsai, and Zhengwei Lin, "Penetrating the Grassroots: First-Secretaries-in-Residence and Rural Politics in Contemporary China", *Problems of Post-Communism*, 2020, 67(2), pp. 169-179。
④ 扈红英:《新时期驻村干部制度绩效研究——以河北"省市派驻村干部制度"为例》,《中共成都市委党校学报》2014年第4期;冷波:《村庄"双轨治理"的特征与效果分析——基于秭归县C村的考察》,《湖南农业大学学报》(社会科学版)2017年第3期。
⑤ 严国方、肖唐镖:《运动式的乡村建设:理解与反思——以"部门包村"工作为案例》,《中国农村观察》2004年第5期。

## 第五章 任务推动型项目制：府际联动与利益重组

农民的边缘化和地方自治力的削弱，以及村庄公共性的瓦解；①最后，由于治理主体呈现出多元化，使得多头领导，政出多门，不同主体间权责不清、互相推诿等现象出现，进而破坏体制的正常运行。② 目标设置权责不匹配与原单位有限资源的条件限制，以及乡镇干部与村干部之间的"共谋"与"乡-村"关系的闭合，影响第一书记的工作效度。③ 在第一书记与村干部的互动过程中，不同权威类型、时间压力和利害关系会影响第一书记的权威运用和村干部策略的选择，从而导致不同的互动结果。④

在跨层级联动的实际运作过程中，权力不可避免地在多元主体之间重新分配，如上述文献提到的驻村干部可能会挤压乡村社会的自主性，对乡镇和村干部的权威形成短暂替代。在以工作队为载体的层级联动中，如何配置多元主体的权责关系，从而带来最高的治理绩效，是笔者接下来要探讨的问题。

多元主体的权力关系可以通过不同主体之间的权力分享情况来衡量。以精准扶贫为例，可以通过测量第一书记与村"两委"干部在扶贫产业选择、扶贫资金分配、扶贫工作规划、贫困户

---

① 谢小芹：《"接点治理"：贫困研究中的一个新视野——基于广西圆村"第一书记"扶贫制度的基层实践》，《公共管理学报》2016年第3期；谢小芹：《"双轨治理"："第一书记"扶贫制度的一种分析框架——基于广西圆村的田野调查》，《南京农业大学学报》(社会科学版)2017年第3期；万江红、孙枭雄：《权威缺失：精准扶贫实践困境的一个社会学解释——基于我国中部地区花村的调查》，《华中农业大学学报》(社会科学版)2017年第2期。
② 蒋永甫、莫荣妹：《干部下乡、精准扶贫与农业产业化发展——基于"第一书记产业联盟"的案例分析》，《贵州社会科学》2016年第5期。
③ 许汉泽、李小云：《精准扶贫背景下驻村机制的实践困境及其后果——以豫中J县驻村"第一书记"扶贫为例？》，《江西财经大学学报》2017年第3期。
④ 郭小聪、吴高辉：《第一书记驻村扶贫的互动策略与影响因素——基于互动治理视角的考察》，《公共行政评论》2018年第4期。

的识别与退出、争取扶贫资源、化解扶贫工作中的矛盾等六项扶贫相关事宜中,谁起主导作用来呈现。多元主体的责任关系可以通过不同主体对分派任务责任归属的认知来体现。以精准扶贫为例,可以通过"如果扶贫任务不达标,谁来负最主要责任"来衡量,如果一个村的驻村干部和村干部在这个问题上高度一致,那么责任关系明确,反之则存在互相推诿的可能。

基于"精准扶贫与乡村振兴"的社会调查数据,表5-2和表5-3分别呈现了受访干部在权力和责任关系方面的认知。在权力关系方面(详见表5-2),村干部与驻村干部的认知基本一致,对"第一书记起主导作用的领域"这一问题,都认为主要集中在"扶贫工作规划"和"争取扶贫资源"这类较宏观的方面。而在中观和微观层面,比如在"扶贫资金分配"和"化解扶贫工作中的矛盾"方面,第一书记起主导作用的情况较少见。[①] 在责任关系方面(详见表5-3),在对"如果扶贫任务不达标,谁来负最主要责任"这个问题的认识上呈现出差异。调研数据显示:在25%的调研村中,村干部与驻村干部的认知完全一致;在37.5%的调研村中,村干部认为第一书记为主要责任人的比例高于驻村干部,还有37.5%调研村中的认知则反之。图5-3呈现了调研村驻村干部认为"第一书记负最主要责任"的比例与村干部该回答比例的差值,数值为负,并且绝对值越大,表明驻村干部与村干部之间互相推诿责任的情况可能越严重。

---

① 驻村干部与村干部对权力关系的认知也存在差异。比如,驻村干部更多地认为,第一书记在扶贫工作规划方面起主导作用;村干部则认为,第一书记主要在争取扶贫资源方面发挥主导作用。

## 第五章 任务推动型项目制：府际联动与利益重组

表5-2 "第一书记起主导作用"的回答比例（权力关系）

| 工作内容 | 村干部回答 | 驻村干部回答 | 所有回答 | 最小值 | 最大值 | 标准差 |
|---|---|---|---|---|---|---|
| 扶贫工作规划（宏观） | 0.457 | 0.672 | 0.524 | 0.1 | 1 | .254 |
| 争取扶贫资源（宏观） | 0.599 | 0.575 | 0.603 | 0 | 1 | .305 |
| 扶贫产业选择（中观） | 0.342 | 0.300 | 0.320 | 0 | 1 | .262 |
| 扶贫资金分配（中观） | 0.244 | 0.174 | 0.224 | 0 | 0.8 | .233 |
| 贫困户的识别与退出工作（微观） | 0.306 | 0.321 | 0.301 | 0 | 0.8 | .207 |
| 化解扶贫工作中的矛盾（微观） | 0.189 | 0.291 | 0.224 | 0 | 0.75 | .201 |
| N（村数量） | 48 | 47 | 48 | | | |
| 回答人数 | 181 | 92 | 273 | | | |

数据来源："精准扶贫与乡村振兴"社会调查。

注：不由第一书记主导则可理解为由村干部主导，各项选择由乡镇干部主导的比例极低，基本可以忽略。表中第2至4列数据［除去N（村数量）与回答人数］为各村比例的均值。各村比例为本村村干部或驻村干部回答在某项具体扶贫事务中，"第一书记起主导作用"的比例。问卷调研的50个村中有两个村没有第一书记，故此题缺失回答。在剩余的48个村中，有一个村的所有受访对象均为村干部，因在笔者调研期间，该村的驻村干部未在调研地。

表5-3 "如果扶贫任务不达标,谁来负最主要责任"的回答比例（责任关系）

| 答项 | 村干部回答 | 驻村干部回答 | 所有回答 | 最小值 | 最大值 | 标准差 |
|---|---|---|---|---|---|---|
| 第一书记来负最主要责任 | 0.466 | 0.404 | 0.428 | 0 | 1 | .281 |
| N（村数量） | 48 | 47 | 48 | | | |
| 回答人数 | 181 | 92 | 273 | | | |

数据来源："精准扶贫与乡村振兴"社会调查。

注：表中第2至4列数据［除去N（村数量）与回答人数］为各村相应比例的均值。

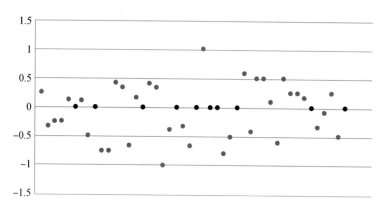

**图 5-3 对第一书记扶贫责任的认知差距**

注：图中的每一个点代表一个村。数值为驻村干部认为"如果扶贫任务不达标，第一书记来负最主要责任"的比例减去村干部认为"如果扶贫任务不达标，第一书记来负最主要责任"的比例的差值。

数据来源："精准扶贫与乡村振兴"社会调查。

本部分运用主观指标来测量治理绩效，既包括村干部对于扶贫政策的评价以及精准扶贫对干部职业荣誉感和各类工作能力影响的感知，也包括普通村民对精准扶贫的经济绩效、公平程度和形式主义程度的感知。由于回归模型中包括受访者个人层面的变量和村级特征变量，模型设定使用分层模型。对模型变量的描述性统计参见本书附录中的表 A-4。

表 5-4 和表 5-5 分别呈现了村干部和村民在治理绩效感知方面的统计分析结果。① 不难看出，权力关系（第一书记的主导程度）与村干部和村民的治理绩效感知存在非线性关系。

---

① 表 5-4、表 5-5 中模型 1 为连续变量分层模型，模型 2、9、10 为二元变量分层逻辑斯蒂回归模型，其余模型均为定序变量分层回归模型。因变量的差异由村级变量解释的部分参见每个模型的 ICC 值。

表5-4 多元主体权力关系与村干部的政策评价

| 因变量 | 受访干部对第一书记工作的评价 模型1 | 受访干部对扶贫政策的积极评价 模型2 | 受访干部职业荣誉感的提升幅度 模型3 | 村干部与群众沟通能力的提升程度 模型4 | 村干部与上级干部沟通能力的提升程度 模型5 | 村干部对政策的领会和执行能力的提升程度 模型6 |
|---|---|---|---|---|---|---|
| **个人变量** | | | | | | |
| 教育程度(1=最高学历为大专或以上) | −3.107⁺ (1.614) | −.733** (.282) | .279 (.216) | .568⁺ (.291) | .313 (.281) | .205 (.288) |
| 村干部(1=是) | −2.804 (1.736) | −.546⁺ (.283) | .239 (.222) | 2.070* (.810) | 1.061 (.739) | .679 (.884) |
| **村变量** | | | | | | |
| 村贫困程度 | −6.329 (4.463) | −1.191⁺ (.713) | −.897 (.560) | −.365 (.741) | −.276 (.828) | .334 (.858) |
| 权力关系(第一书记主导程度) | 11.793*** (2.565) | 1.233** (.408) | .583* (.292) | .959* (.372) | .937* (.445) | 1.002* (.446) |

（续表）

| 因变量 | 受访干部对第一书记工作的评价 模型1 | 受访干部对扶贫政策的积极评价 模型2 | 受访干部职业荣誉感的提升幅度 模型3 | 村干部与群众沟通能力的提升程度 模型4 | 村干部与上级干部沟通能力的提升程度 模型5 | 村干部对政策的领会和执行能力的提升程度 模型6 |
|---|---|---|---|---|---|---|
| 权力关系的平方 | −1.987*** (.529) | −.261** (.086) | −.107+ (.062) | −.207* (.083) | −.239* (.098) | −.205* (.097) |
| 责任关系（第一书记对扶贫负主要责任的水平） | −4.648* (2.206) | −.408 (.354) | .225 (.272) | .134 (.376) | .353 (.430) | −.472 (.433) |
| 责任认知差距（1=推诿倾向） | −2.787* (1.251) | −.082 (.199) | −.053 (.155) | .182 (.200) | .061 (.230) | .037 (.235) |
| 截距项 | 84.093 (3.512) | −.450 (.527) | — | — | — | — |
| Cut 1 | — | — | −1.290 (.435) | 2.212 (.939) | −.249 (.920) | .648 (1.032) |

第五章　任务推动型项目制：府际联动与利益重组

（续表）

| 因变量 | 受访干部对第一书记工作的评价 | 受访干部对扶贫政策的积极评价 | 受访干部职业荣誉感的提升幅度 | 村干部与群众沟通能力的提升程度 | 村干部与上级干部沟通能力的提升程度 | 村干部对政策的领会和执行能力的提升程度 |
|---|---|---|---|---|---|---|
| | 模型 1 | 模型 2 | 模型 3 | 模型 4 | 模型 5 | 模型 6 |
| Cut 2 | — | — | −.023 (.393) | 3.396 (.965) | 1.197 (.918) | 2.165 (1.047) |
| Cut 3 | — | — | 1.443 (.403) | — | 2.671 (.948) | — |
| N（村数量） | 45 | 46 | 46 | 46 | 46 | 46 |
| N（受访干部数量） | 200 | 245 | 235 | 151 | 151 | 149 |
| Wald Chi$^2$ | 45.22 | 17.87 | 9.70 | 13.58 | 8.86 | 6.43 |
| ICC | .223 | .151 | .013 | .011 | .125 | .132 |

数据来源："精准扶贫与乡村振兴"社会调查（干部部分）。

注：$^+ p<.10$，$^* p<.05$，$^{**} p<.01$，$^{***} p<.001$。调查对象包括村干部和驻村村干部。变量说明见本书附录中的表 A-4。

表5-5 多元主体权力关系与村民对帮扶绩效的感知

| 因变量 | 村民对帮扶不公平的感知 模型7 | 村民对帮扶形式主义的感知 模型8 | 贫困户对收入提升的感知 模型9 | 贫困户对未来收入提升的感知 模型10 | 贫困户对扶贫产业发展前景的感知 模型11 |
|---|---|---|---|---|---|
| **个人变量** | | | | | |
| 年龄 | .018 (.021) | .014 (.022) | −.004 (.043) | .015 (.043) | −.060$^+$ (.036) |
| 年龄平方项 | −.000 (.000) | −.000 (.000) | .000 (.000) | −.000 (.001) | .001 (.000) |
| 男性 | .070 (.077) | .140$^+$ (.081) | .133 (.157) | .095 (.159) | −.045 (.132) |
| 中共党员 | −.329* (.138) | −.465** (.158) | .210 (.314) | .040 (.312) | .506$^+$ (.280) |
| 教育程度(1=最高学历为大专或以上) | −.104 (.083) | .197* (.087) | −.093 (.171) | .498** (.175) | −.069 (.145) |
| 政策熟悉程度 | −.143*** (.034) | −.058 (.036) | — | — | — |
| 生活满意度 | −.201*** (.019) | −.060*** (.014) | .044* (.020) | .057** (.020) | .045* (.018) |

（续表）

| 因变量 | 村民对帮扶不公平的感知 模型 7 | 村民对帮扶形式主义的感知 模型 8 | 贫困户对收入的感知 模型 9 | 贫困户对未来收入提升的感知 模型 10 | 贫困户对扶贫产业发展前景的感知 模型 11 |
|---|---|---|---|---|---|
| 贫困户（1=是） | −.559*** (.094) | −.255** (.098) | — | — | — |
| **村变量** | | | | | |
| 村贫困程度 | .031 (.010) | .022* (.010) | −.003 (.011) | .004 (.011) | .004 (.010) |
| 权力关系（第一书记主导程度） | −.849** (.323) | −.833** (.320) | 1.125** (.427) | .838+ (.444) | 1.218** (.387) |
| 权力关系的平方 | .183** (.066) | .160* (.066) | −.232** (.086) | −.165+ (.090) | −.229** (.077) |
| 责任关系（第一书记对扶贫负主要责任的水平） | .297 (.264) | .581* (.263) | .068 (.295) | .193 (.303) | −.676* (.266) |
| 责任认知差距（1=推诿倾向） | .085 (.152) | .081 (.152) | .062 (.178) | .130 (.179) | .293+ (.164) |
| 截距项 | — | — | −1.431 (1.178) | −2.355* (1.188) | — |

(续表)

| 因变量 | 村民对帮扶不公平的感知<br>模型 7 | 村民对帮扶形式主义的感知<br>模型 8 | 贫困户对收入提升的感知<br>模型 9 | 贫困户对未来收入提升的感知<br>模型 10 | 贫困户对扶贫产业发展前景的感知<br>模型 11 |
|---|---|---|---|---|---|
| Cut 1 | −2.297<br>(.644) | −.319<br>(.648) | — | — | −1.814<br>(1.020) |
| Cut 2 | −1.247<br>(.642) | .408<br>(.648) | — | — | −1.203<br>(1.013) |
| Cut 3 | −.422<br>(.642) | .995<br>(.650) | — | — | −.516<br>(1.009) |
| Cut 4 | — | — | — | — | −.049<br>(1.006) |
| Cut 5 | — | — | — | — | 1.055<br>(1.008) |
| N(村数量) | 46 | 46 | 33 | 33 | 32 |
| N(受访村民数量) | 988 | 1019 | 288 | 288 | 283 |
| Wald Chi$^2$ | 233.86 | 69.33 | 19.45 | 21.58 | 31.96 |
| ICC | .200 | .146 | .064 | .079 | .168 |

数据来源:"精准扶贫与乡村振兴"社会调查(村民部分)。

注:$^+ p<.10$,$^* p<.05$,$^{**} p<.01$,$^{***} p<.001$。变量说明见本书附录中的表 A-4。

## 第五章 任务推动型项目制：府际联动与利益重组

如表 5-4 所示，对受访的驻村干部和村干部来说，他们对第一书记的评价、对扶贫政策的评价（精准扶贫政策是否符合本村实际情况），以及对自身职业荣誉感的提升均在第一书记主导程度居于中等水平的村最高；对村干部来说，精准扶贫对他们与群众沟通的能力、与上级干部沟通的能力以及对政策领会和执行的能力的提升程度，也是在第一书记主导程度居于中等水平的村最高。如表 5-5 所示，对贫困户来说，他们对扶贫的经济绩效的评价，包括对个人收入已有提升和未来预期提升幅度以及村里扶贫产业未来的发展前景，在第一书记主导程度居中的村最高。对村民来说，他们对帮扶不公平、帮扶流于形式主义的感知则在第一书记主导程度居中的村最低。责任关系与大多数治理的主观绩效感知之间并没有统计上显著的相关关系。仅在受访干部更多认为扶贫责任主要在第一书记的村，"受访干部对第一书记工作的评价"和"贫困户对扶贫产业发展前景"两方面的正面评价和感知反而更低，对"帮扶形式主义"的感知更高。这与笔者发现第一书记主导程度高反而带来较低治理绩效的发现在逻辑上具有一致性。回归分析在加入干部的其他个人信息（包括职务级别、驻村年限，或者村民的信息获取渠道等变量）后，结果仍然保持稳健。

不难理解，主导程度低使得第一书记无法发挥其资源输入、协调和整合作用，从而导致治理绩效相对较低；但主导程度高对治理绩效的消极影响具体有哪些，则不是很明确。接下来，笔者基于一个第一书记与村干部分工协作的案例，展示第一书记主导程度高在贫困治理中带来的问题，并探讨主导程度居中带来最高治理绩效的机制。

湖北A村2014年贫困发生率约为47.7%,2017年由县财政局对口支援该村脱贫工作,由县财政局某部门主任担任第一书记全脱产驻村主持工作队脱贫工作。第一书记与村干部形成了权力分工与有效配合。在产业发展上,驻村工作队可以做规划、方案,解决资金难题,村干部则负责精准识别、项目落地等诸多具体任务,如村里的康养项目就是由村支书筹备推进的。2016年,在国家推行生态扶贫天然林补贴政策时,该村村支书坚持不让老百姓签字,保留了近千亩镇上仅剩的可供保护性开发的连片林地,最终在2019年于某公司选址之际,在上级领导和驻村干部的协助下,A村与该公司达成合作,为村民带来了2 000多万元的征地补偿款。2015年以来,帮扶单位和第一书记带来了大量的资金与设备,累计投入100万元资金用于葡萄种植产业的扩建,并组建合作社积极开拓市场销路,引入良种、保鲜与包装技术,同时在村支书和种植能手的推动下,打消了部分村民对经营风险的担忧,吸引了95户(其中58户贫困户)参与种植,每年亩均收益达到10 000元以上。

该村第一书记与村支书分工合作,发挥各自优势的例子很多。例如,某身患残疾的贫困户住在不通公路的地方,符合易地扶贫搬迁的条件,但家中两个小孩在上学,妻子与母亲都有智力和精神障碍,因此第一书记与村支书商议决定不建议搬迁,而是资助修路,以便他们可以就近从事农业生产。第一书记向上争取资金,修路还要侵占部分被承包的耕地,村支书则做承包耕地

## 第五章 任务推动型项目制:府际联动与利益重组

的村民的工作,最终通向该贫困户家中的公路成功地建成了。

该村村支书这样描述村干部和驻村干部的关系:

> 村干部和驻村干部两者分工合作,分工不分心,以村委会为主导,领导说是帮工不添乱,进行参与式合作。驻村工作队他们来自县级以上单位,文化程度、见识要高一些;而且不是本村人,和老百姓交流时,相对可以用中立的视角来推行政策。因为村干部要天天和村民打交道,不能增加干群矛盾。驻村干部可以更中立、坚持政策原则性。[1]
>
> 一个唱黑脸(驻村干部)、一个唱白脸(村干部),相互配合。比如修路,第一书记、(驻村)工作队队员就说,今天我们把资金、项目争取过来,修路是为子孙造福,今天可能占据一些山、田,但是将来家里的孩子都买了车子,也会觉得路好一些。驻村工作队说我们帮你争取一些资金和项目过来,但是我们不可能长期过来,也带不走,路是你们村里的。有第二股力量来帮忙做,确实是好事,帮了很大的忙。一些老的村书记,存在老好人的心态,做事情不负责任,现在两者配合,工作就好做了。[2]

驻村干部的适度嵌入能够激发村干部积极性,促进双方更好地配合。然而驻村干部的过度主导和干预,除了导致文献中

---

[1] 资料来源:笔者对该村村支部书记的访谈,2019年1月。
[2] 资料来源:笔者对该村村支部书记的访谈,2021年5月。

已经指出的挤压乡村社会自主性等问题,在访谈中该村村支书还提到驻村干部责任过重、大包大揽下的妥协性政策执行:

> 前期驻村工作队为了完成任务,不得不对村民找他们办事时提的一些"过度"要求妥协,甚至拿钱办事,息事宁人,老百姓不管遇到什么事情,不管好坏,都喜欢找驻村工作队帮忙解决。(这种方式)维持了不到半年,后来领导开会,要求工作队不能这样办事。真正的政策落实,还是要靠村委会。所以后来驻村干部会协助村干部处理村级事务,但是不会过多参与——一方面是因为不熟悉村里的情况和与村民打交道的方式,另一方面是因为要保持一个来自上级政府的权威角色以及自身的中立性。如果过度参与,驻村干部连五个月都待不上。组织部门在给我们培训的时候,讲了不少这样的案例。①

驻村干部过度主导进行"保姆式"帮扶的弊端和问题也引起了上级政府的关注和政策的调整。2021年5月,由中共中央办公厅印发的《关于向重点乡村持续选派驻村第一书记和工作队的意见》强调,第一书记和工作队"找准职责定位,充分发挥支持和帮助作用,与村'两委'共同做好各项工作……同时注意

---

① 资料来源:笔者对该村村支部书记的两次访谈,2019年1月,2021年5月。此外,新闻媒体对驻村帮扶干部大包大揽问题的报道,可参见程同顺:《驻村帮扶干部角色错位的几重根源》(2020年8月26日),人民论坛网,http://www.rmlt.com.cn/2020/0826/591249.shtml,最后浏览日期:2022年6月23日。

调动村'两委'的积极性、主动性、创造性,做到帮办不代替、到位不越位"①。

在层级联动中,各主体之间的平衡权力关系能够产生最佳治理绩效的原因在于,既能发挥外来主体在资源和身份中立方面的优势,又能有效避免大包大揽导致的妥协性政策执行以及对当地长期治理主体积极性的压制和权威的弱化,达到分工协作、发挥各自的比较优势,提升基层治理的绩效。这一发现支持了学者关于"通过利益的连接分享与权责的协作支持性配置,促进府际关系和谐协调,使之对政府治理产生积极影响"②的呼吁。

## 第三节　任务推动型项目制中的权力再分配

上节呈现了在任务项目制中的层级联动机制,并探讨了联动带来的新的权力关系对治理绩效的影响。权力的再分配并非仅仅发生在层级联动的过程中,财权、事权、人事权和监督权的重新分配内嵌于项目推进的整个过程。权力的再分配本质上就是利益的重组。本节同样以精准扶贫与乡村振兴为例,探讨任

---

① 《中共中央办公厅印发〈关于向重点乡村持续选派驻村第一书记和工作队的意见〉》(2021年5月11日),中华人民共和国中央人民政府网站,http://www.gov.cn/zhengce/2021-05/11/content_5605841.htm,最后浏览日期:2022年6月22日。
② 夏能礼:《府际权力配置运行与纵向府际关系治理——基于A、B、C三县市的案例比较》,《中国行政管理》2020年第11期,第26页。

务推动型项目制如何影响权力在不同层级政府间的重新分配。

已有研究指出,在项目制的分级运作机制中,县(市)级政府在项目运作中处于非常关键的位置,是"打包"的主要行为主体。"获准的国家项目在省、市只需'过手',经由组织评审、上报、管理的行政过程之后,便落至县(市)域,组织和运作申报事宜的重头戏,包括对省、市项目的争取工作,主要在县(市)……可以说,其不仅是项目承上启下的中转站,更为重要的是,县域可以为项目的'再组织'搭建制度空间和社会场域,帮助地方实现利益最大化。"①分税制以来建立的项目制加剧了条块分割下的权力"碎片化"现象,为了应对这种问题,中央和地方政府探讨了不同的条块统合策略,包括末梢应对型、捆绑结合型、任务推动型和条块重构型。② 自 2014 年开始的任务推动型和条块重构型的统合策略增强了地方政府的自主权,尤其是县级政府的权力。

### 一、财权的调整

在精准扶贫的推进过程中,贫困县成为资金整合的突破口。2016 年,国务院办公厅在《关于支持贫困县开展统筹整合使用财政涉农资金试点的意见》中明确指出,贫困县作为实施主体,根据本地脱贫攻坚规划,统筹整合使用财政涉农资金,统筹整合使用的资金范围是各级财政安排用于农业生产发展和农村基础

---

① 折晓叶、陈婴婴:《项目制的分级运作机制和治理逻辑——对"项目进村"案例的社会学分析》,《中国社会科学》2011 年第 4 期,第 130 页。
② 史普原、李晨行:《从碎片到统合:项目制治理中的条块关系》,《社会科学》2021 年第 7 期。

## 第五章　任务推动型项目制:府际联动与利益重组

设施建设等方面的资金。"虽然纳入范围的涉农资金仍然按照原部门渠道下达,但资金项目审批权限完全下放到贫困县,'条条'不得以专项规划、约束性任务为由,限制贫困县统筹整合资金……2019 年,财政、扶贫部门牵头制定'负面清单',约束在资金整合中出现的过度整合问题。"① 而在 2016 年,国务院在《关于推进中央与地方财政事权和支出责任划分改革的指导意见》中明确指出:"结合我国现有中央与地方政府职能配置和机构设置,更多、更好发挥地方政府尤其是县级政府组织能力强、贴近基层、获取信息便利的优势,将所需信息量大、信息复杂且获取困难的基本公共服务优先作为地方的财政事权,提高行政效率,降低行政成本。信息比较容易获取和甄别的全国性基本公共服务宜作为中央的财政事权。"② 2017 年,《国务院关于探索建立涉农资金统筹整合长效机制的意见》进一步明确指出:"紧紧围绕实施乡村振兴战略,将涉农资金统筹整合作为深化财税体制改革和政府投资体制改革的重要内容……充分赋予地方自主权,允许地方在完成约束性任务的前提下,根据当地产业发展需要,区分轻重缓急,在同一大专项内调剂使用资金……进一步下放审批权限。有关部门要按照简政放权、放管结合、优化服务改革的总体要求,在做好宏观指导的基础上,统筹考虑项目投入、

---

① 史普原、李晨行:《从碎片到统合:项目制治理中的条块关系》,《社会科学》2021 年第 7 期。
② 《国务院关于推进中央与地方财政事权和支出责任划分改革的指导意见》(国发〔2016〕49 号),中华人民共和国中央人民政府网站,http://www.gov.cn/zhengce/content/2016-08/24/content_5101963.htm,最后浏览日期:2022 年 6 月 23 日。

项目性质等因素,进一步下放涉农项目审批权限,赋予地方相机施策和统筹资金的自主权。强化地方人民政府特别是县级人民政府统筹使用涉农资金的责任,不断提高项目决策的自主性和灵活度……推动县级建立统一的涉农资金信息公开网络平台。"①Y市的内部资料也明确指出,在推进乡村振兴过程中,"县级政府对各级财政衔接资金监督管理负首要责任,制定相应监督管理办法,强化衔接资金使用和项目实施的事前、事中、事后全过程管理,建立巩固拓展脱贫攻坚成果项目库,建立健全财政衔接资金项目信息公开制度"②。

与资金统筹和审批权下放同时发生的是资金的重新分配。如某位受访干部所讲:"现在有三大资金——扶贫专项资金、行业扶贫资金(农业口、畜牧口、水利口等)、社会扶贫爱心捐助。但现在行业扶贫资金是全县脱贫攻坚指挥部脱贫攻坚小组统筹的,对比这个环节,较以前有了很大的提高……'八项规定'以后,财政预算里面某个部门原来有几万或者十几万资金用来扶贫,现在很难,因为项目是到村组的。"③

资金统筹和审批权下放到县,这在产业扶贫中仍然面临一些问题。如某位受访干部指出的:"精准扶贫的产业项目是长期

---

① 《国务院关于探索建立涉农资金统筹整合长效机制的意见》(国发〔2017〕54号),中华人民共和国中央人民政府网站,http://www.gov.cn/zhengce/content/2017-12/21/content_5249187.htm,最后浏览日期:2022年6月23日。地方颁布的相应政策文件,可参考《河南省人民政府关于探索建立涉农资金统筹整合长效机制的实施意见》(豫政〔2019〕5号),河南省人民政府网站,https://www.henan.gov.cn/2019/02-07/733699.html,最后浏览日期:2022年6月23日。
② 资料来源:Y市内部资料,2022年5月31日印发。
③ 资料来源:笔者对B县扶贫办主任的访谈,2018年1月14日。

的,上面有方案出台,过程也很复杂:从项目申请、村上推荐,到乡镇政府的初审与提名,再到脱贫攻坚单位里面入库,入库之后,好的项目再去选择项目单位,定实施方案,还要把实施方案报上去,经过专家评审、政府门户网上公示、脱贫攻坚领导小组审批,这个项目才落地。按照程序是比较合理的,但是你讲的要精准扶贫,我们是搞产业,不可能把这个产业的每一个项目分配得很广很均匀。(虽然)项目有辐射到贫困户,(但是)按照上级的要求,搞产业肯定要成片,产业是讲规模化,一家一户的话那就不叫产业。这样产业就会有很多的情况,有个别申报的项目不一定适合它所在的地方。所以有一些领导就提出'因户施策',就是结合贫困户家里的情况来精准扶贫。这个也是对的,有的领导支持,但这次上级(审计署的)领导来审计的时候就发现,你报的是这个项目,但是实施中有个别资源用到了另外的项目上。比如,申报的项目是茶叶,但是个别的情况下有些(贫困户)养了猪、养了鸡。"[①]

## 二、事权与人事权的调整

事权当中的决策权,包括目标设置权等,也主要由县级层面掌握,并且县级政府在决策过程中注意吸收村情民意。以易地扶贫搬迁中的产业配套为例,B县农业局局长在接受访谈时讲道:"根据'五个一批'下设的五个部门都是由县脱贫攻坚指挥部统一管理。我们指挥部的政委就是县委书记,指挥长就是县长。

---

① 资料来源:笔者对B县G镇干部的访谈,2018年1月15日。

像分管产业这块的就是县副书记,县里面的三把手。像产业配套的问题,肯定是他要负责的。一般就是移迁办和我们对接以后,我们就召集产业、农业、林业、畜牧和乡村旅游、光伏这几大块一起开会,确定这个地方定了移迁点后究竟要发展什么产业。像去年全县统筹的产业扶贫的资金就达到 4 个多亿,整合力度非常大,所以支持移迁点的产业配套是不难的。如果没有产业带动,那老百姓搬进去之后的生存是很困难的。因为易地(扶贫)搬迁可能导致农民离他们原来的土地有点远,所以这个产业配套我们是有考虑的。不过目前全县 140 多个集中安置点,其中还有一部分配套产业没有完成。因为我们有一个原则就是要尊重村情民意。包括移迁办,当我们会谈的时候,首先要听取贫困户的意见,比如看他们愿不愿意发展茶叶。要把民意搞清楚了,我们才能确定配套的产业。比如有一个村,我们就根据民意决定发展梨树。"①

激励分配权,包括考评等人事安排,也在较大程度上由县里相关部门主导。某县扶贫办主任在访谈中介绍道:"考评有很多指标,主要是县里来定。我就举个例,比如,产业扶贫的指标是哪些呢? 第一是发展的面积,你特色产业的面积,比如全县是三万亩的话,分到乡镇再分到村,全村如果要求两百亩,你只发展了一百亩,它得分就低。第二是合作社,你这个村有没有合作社带动,有的话就给两分,没有的(话就)零分。第三就是村集体收入,这也要算分……还有很多其他指标。像我们州推进的是

---

① 资料来源:笔者对 B 县农业局局长的访谈,2018 年 1 月 14 日。

## 第五章 任务推动型项目制:府际联动与利益重组

'121模式',就是1个产业,2个合作社[包括1个农民专业合作社和1个精准扶贫资金合作社,(后者是)专门筹资的],再就是1个企业,必须要达到这个标准。在综合考评中,100分中产业扶贫占了11分的指标。产业扶贫是比较重要的,一般的'五个一批'都是10分嘛,像我们就可以占11分。"①

驻村队的选拔以及管理主要由县组织部主持。"我们部门就是按照省、州、县委的要求,配好第一书记……现在的人怎么样呢,可以说是标准的青黄不接。它不像在1997年、1998年之前,中国的所有大中专毕业生,都是金饭碗。之后它就不是高校一出来就有工作。山区呢就更厉害,上年纪的人特别多,但是出口退休的比较多,进口比较少,每年通过招考公务员来补充,那就不像以前,这一年度无论是中专、大专,还是大学,会分那么多人。所以现在是缺人的。在这种情况下,我们组织部要求各个部门,包括乡镇,我们的每一个村,特别是每一个贫困村是全覆盖,并且要求是素质比较高的、有能力的,根据他的特长,到村里去当第一书记。再就是要求工作队队长是全覆盖的。所以,派好我们的书记,实际上就是组织部要把人选好,把人用好,把人管好。选好人,用好人。一个是第一书记,再就是工作队队长……把人选好之后,就是平时的管理。我们是与乡镇党委一起,对第一书记、工作队队长加强管理。从2015年开始,我们就对第一书记单独管理。组织部在县一级管的是副科级及以上。那么第一书记,在2015年年底,我们就相当于副科级管理一样。

---

① 资料来源:笔者对B县扶贫办主任的访谈,2018年1月14日。

这一部分人,已经与原单位的党组织关系脱钩了,转到村里面去了。那么组织部门,就单独把他们拿在手里,平常检查工作就是专项工作,暗访或者是检查他们到岗没到岗,工作做得认真不认真。到年底的时候单独考核。跟副科级的管理一样,最后评优秀的话,要通过县委常委会……在管理过程中,除了常规的这些管理,如果在这个地方一直不行的,那就要召回。召回的话就是处罚了。处罚既对他有处罚,也对把他派出去的科局领导有处罚。目的就是要促进,要通过强有力的党的班子,来推动各项工作,特别是扶贫工作的落实。因为在第一书记,有第一书记的管理办法,对工作队队长,中办国办前不久发了这个文,我们下面要严格对标……要把这些事做到位,作为组织部门,压力也是很大的。"[1]

对各类驻村干部的考核工作,多由县里相关部门统筹组织实施。比如在调研地 T 县,一份 2019 年的县委文件明确规定,各类驻村干部的考核工作由县脱贫攻坚领导小组统筹组织实施:"(1)乡镇执行指挥长考核,由脱贫攻坚领导小组负责,乡镇总指挥具体实施,乡镇副总指挥协助;(2)包村领导考核,由脱贫攻坚领导小组负责,乡镇党委书记具体实施;(3)村脱贫攻坚指挥所指挥长考核,由各乡镇党委负责,乡镇长具体实施;(4)驻村干部考核,由各乡镇党委负责,村脱贫攻坚指挥所指挥长具体实施。"[2]此外,笔者在访谈中也得到了受访干部的类似回答:"每

---

[1] 资料来源:笔者对 B 县县委组织部部长的访谈,2018 年 1 月 19 日。
[2] 资料来源:T 县内部资料,2019 年 6 月印发。

年县委组织部组织一次对驻村工作队的考核。这个考核的内容是什么呢？一个是考勤，到了20天没有。第二个是业绩，他做了多少事。通过民主测评还有个别谈话，还有和验收的工作挂钩。最后是入户。入户要求无论是贫困户还是非贫困户都要去到，并且要和老百姓多交流，了解他们有什么困难和需求。关于做好驻村工作有相关的文件，其中有二十几条标准。"①"对第一书记的管理考核，一个是组织部牵头一些部门，包括扶贫办，下去进行一些考核。平时我们县里乡里有暗访组。实际上是双重管理。"②

### 三、监督权的调整

在推进精准扶贫的过程中，其项目监督呈现出多元主体参与监督的特征。除了省、县、乡镇相关部门组织的各项定期或不定期的对贫困村的督查巡查以外，精准扶贫的项目监督还包括由中央国家机关成员参与的省际交叉检查。"2016年，中共中央办公厅、国务院办公厅联合印发《脱贫攻坚督查巡查工作办法》，部署对各有关地区和单位的脱贫攻坚工作开展督查和巡查。督查工作包括综合督查和专项督查，其中综合督查一般每年一次，专项督查根据需要不定期开展，督查的重点内容包括精准识别、精准退出情况等。此外，国务院扶贫开发领导小组根据掌握的情况组建巡查组，不定期开展巡查工作，巡查的重点也包

---

① 资料来源：笔者对B县农业局局长的访谈，2018年1月14日。
② 资料来源：笔者对B县县委组织部部长的访谈，2018年1月19日。

括贫困识别和退出严重失实的问题。脱贫攻坚督查巡查工作主要采取召开座谈会、实地调查、查阅资料、问卷调查、个别访谈、听取汇报、受理群众举报、随机访或者暗访等形式,同时参考第三方评估成果和省际交叉检查情况。"①省际交叉检查在国务院扶贫开发领导小组的统筹部署下,对中西部22个省级党委和政府扶贫开发工作成效进行考核;省际交叉考核人员从各省区市扶贫开发领导小组成员单位抽调,同时还引入第三方评估。②

精准扶贫中的项目验收主要由县级相关部门完成。"电话验收肯定不能作为一个项目的最后验收,电话验收是通过电话针对项目的某一个环节进行阶段性的咨询。每一个项目不是一次性就验收了,而是需要通过每一次的阶段性验收,每个阶段要形成每个阶段的报告。我们每一个项目的周期有五年甚至更长,每一年项目都会有一个年度性的验收,不同阶段要求完成不同的任务,有的阶段性的成果就通过电话来验收。电话验收一定要保证上级对这个项目的情况比较了解,比如,一个项目我们经常下去抽查,但是有一个月没有去了,或者是我们验收的时候只是下去看了,但是没有获取数据,通过电话向下级要数据来进行核定。电话验收不能够作为项目的最后验收……阶段性验收常常以乡镇为主进行常规性验收。县级项目实施完以后,由县一级各个部门,比如扶贫、财政、产业以及主管单位,还有脱贫攻

---

① 左才、曾庆捷、王中原:《告别贫困:精准扶贫的制度密码》,复旦大学出版社2020年版,第51页。
② 王虔:《2017年脱贫攻坚成效考核工作启动 6项举措确保脱贫质量》(2018年1月4日),中国扶贫在线网,http://f.china.com.cn/2018-01/04/content_50189680.htm,最后浏览日期:2022年7月7日。

## 第五章 任务推动型项目制:府际联动与利益重组

坚纪检勘察这一块,组成联合调查组,按照实施方案逐一地通过验收表进行核定验收。到了之后,要走访,要实地确认,还要填写表格,程序是比较烦琐的。"①违纪违规现象的查验也由县级相关部门负责。"扶贫方面违纪违规的直接上报县纪委,由他们进行查验。对于这一块是管得比较严的。像今年上半年××村发现了一起,通报了,网上都查得到……省级部门也会参与资金使用的检查,今年上半年省级就有派人下来视察。扶贫专项资金是红线,是不能碰的。"②

项目的评估越来越多地采用第三方评估的方式。笔者在访谈中多次听受访人提及第三方评估的普遍性及影响力:"第三方评估,就是每年会组织第三方人员(比如高校老师、学生)评估扶贫的绩效,这个给我们带来压力很大。像我们这里脱贫是分几个方面。乡镇、村的书记,第一书记,还有村队长、各部门都有帮扶。你脱不脱贫,12月份的时候要给老百姓算账,我们有一个扶贫手册,今年你发展柚子赚了多少,我要给你加上去;你今年在合作社就业收入多少,我也要加上去。我把各项收入一加,再除以你的家庭人口总数,像今年是3 449元,如果你的总数低于3 449元,你就不能脱贫。如果第三方抽到以后,账上写发展柑橘收入10 000元,贫困户自己说只有2 000元,这就出问题了。所以,算账的时候一定要贫困户认可,贫困户是要签字的。有些贫困户算账的时候,他既不在意也不听,但是,到了检查的时候

---

① 资料来源:笔者对A县农业农村局主任的访谈,2019年8月7日。
② 资料来源:笔者对B县农业局局长的访谈,2018年1月14日。

问他收入多少,脱贫没有啊,他怕脱贫没有政策,就说我今年没什么收入。所以基层工作是有一定困难的,需要帮扶人员反复沟通,做好思想工作。"①

在访谈中,有多位受访干部都提到了检查方面的变化。比如有干部谈道:"这次迎接国家检查的时候就有一条我记得很清楚。就是为了保障考核组也好检查组也好看不到真相,提前把准备工作做好,场面做好,(这样做是要被)严肃追责问责(的)。目前你们来看绝对是看到真实状况,包括上级来检查也是真实情况,这是作为乡镇我们没有刻意去营造。因为我们的政策落实还有很多方式来体现,比如第三方评估、暗访、抽查,这些不可能提前准备的,包括省里面,包括上级县里面,很多检查都是用暗访的形式来进行的。我们镇对村里面有暗访,县对镇里面也有暗访。上级的检查方式也发生了变化,暗访抽查、第三方评估这样,他来我们也不知道他会到哪去,他随机去。前几天,新华社好像还在我们这里做过一次暗访,我们不知道的呀,他做完之后就走了,有问题他通报下来,我们再整改落实。现在迎检这方面已经发生了很大的转变。"②

与已有文献强调项目制加强了县级政府权力的发现相一致,从财权、事权中的目标设置权、人事权中的激励分配权以及监督权中的检查验收权等多方面来看,精准扶贫都加大了县级政府的自主性和权力。同时,由于脱贫任务的重要性和紧迫性,

---

① 资料来源:笔者对 B 县农业局局长的访谈,2018 年 1 月 14 日。
② 资料来源:笔者对 Y 镇副书记的访谈,2018 年 1 月 16 日。

## 第五章 任务推动型项目制：府际联动与利益重组

包括不同层级政府在内的多个主体参与了项目的监督和检查验收环节。任务推动型项目制下不同项目的设计，带来不同维度的权力在不同层级政府之间的差异性分布，进一步加剧了府际之间权力集中与下放交叉并存的复杂格局。

　　任务推动型项目制成为越来越常见的政府治理模式。任务推动型项目制具有加强的府际联动、多样的府际监督、多元化的府际纵向权力关系等特征。任务推动型项目制在推动府际联动的同时，也带来了权力在不同政府层级的重新分配，这种分配并非单一的集权或分权。本章围绕精准扶贫与乡村振兴展现出来的是：虽然在资金统筹和审批、激励分配等方面的权力下放到了县政府，但是在项目监督和验收环节有多层级政府，甚至包括中央政府部门的参与。不同项目在目标设置权、激励分配权、检查验收权方面的不同纵向权力分布和配置，使得任务推动型项目制的运用和推广加剧了府际关系的碎片化和多元化。

# 第六章　结语

## 第六章 结语

　　府际关系的本质是利益关系。不同层级政府之间的利益协调机制是打开府际关系运作"黑箱"的钥匙。利益协调过程包括利益表达、利益划一、讨价还价、利益重组等。本书探讨的干部管理制度、人民代表大会制度和任务推动型项目制分别蕴含着实现我国府际关系中利益划一、利益表达和利益重组的重要机制。相较既有府际关系研究主要聚焦于财税制度和干部管理制度,本书在一定程度上拓展了府际关系制度基础的分析范围。当然,制度是一个内生变量,制度的设计和运作也是内生的政治过程。提高治理绩效是制定和调整我国各项政治制度的重要考量因素。即便是被视作发挥调控作用的干部管理制度,其运行也反映出集分并存的特征。分析中国政治制度的功能,离不开深入剖析中国政治制度如何实现秩序与活力的平衡。同时,制度在实际运作中发挥的作用往往会超越制度设计者的初衷,带来一些意想不到的正面收益,例如,人大代表建议制度虽然主要是为了发挥人大代表连接政府与民众的功能,其在运作过程中也调节了地方层面的府际关系。

　　中国当代府际关系的运行与调整背后蕴含着深刻的治理逻辑。不同层级政府间的权限划分缺少法律的明确界定,基于对治理绩效优化的追求,"集权与分权能够被不断尝试并灵活转换……治理偏差就成为集权与分权的转化时机和边界"[1]。这种非制度化的集分调整一部分反映在相关正式制度的调整上,同时正式制度的运行具有集分并存的特征(比如第三章讨论的干部管理制

---

[1] 臧雷振、张一凡:《理解中国治理机制变迁:基于中央与地方关系的学理再诠释》,《社会科学》2019年第4期,第13页。

度),并加剧了府际纵向权力关系的碎片多元(比如第五章探讨的任务推动型项目制)。除了调整方面的灵活性,府际关系内在的弹性还反映在跨政府层级的交流与联动协作机制上,这有效打破了科层制下层级节制的藩篱,使得较基层政府的利益诉求能够传递到较高层级政府,同时较高层级政府具有绕开中间政府赋能基层政府的有效机制,保障政令畅通。本书对相关制度的考察有助于理解当代中国府际关系的特征、有效性与合理性。

当然,这种治理逻辑在带来灵活性与韧性的同时,产生了一些问题。比如,有学者指出:"长期以来,我国央地关系的改革与调整很大程度上依靠的是运动式治理、项目治理、行政发包、官员竞标等非常规治理手段,是一种带有很大的随意性和偶发性、打'补丁式'的修正与微调……这种非常规性的工作形式与治理手段越来越丰富多样、精细复杂,尽管能够快速解决一些久拖不决的治理难题,但是并没有实现对传统央地关系调整思路的突破,也未能从国家制度层面对中央与地方纵向权力划分进行科学界定与合理配置,也就难以有效避免央地关系的'统死放乱'怪圈和周期性震荡……中央与地方实际上很难发挥'两个积极性'……在缺乏对'地方性事务'进行制度化界定的条件之下,地方的自主性与创新性将受到深层次的抑制,地方治理的角色与功能定位难以明晰……只有中央'自上而下'和民众'自下而上'两个方面的压力与制约聚合起来,才能形成既有秩序又有活力的地方治理。"[①]也有

---

① 封丽霞:《国家治理转型的纵向维度——基于央地关系改革的法治化视角》,《东方法学》2020年第2期,第64页。

学者基于对华北、华南、苏北地区三个在府际关系方面较为典型县市的调研发现:"在我国现行纵向府际关系中存在整体性集权、整体性放权和选择性放权三种权力配置与运行模式,分别形成了秩序导向型、发展导向型与相机抉择型的府际关系治理模式,总体上呈现出碎片化治理的图景。由于缺乏公私互动和上下级政府协同,使得基层政府的治理权威和能力总体上过于依赖上级政府的权力下放及资源支持。未来的府际关系治理应当强化法治化治理,打破传统的区域和层级观念,建立强调权力或资源相互依赖和合作的新地方主义,形成以合作为基础的互惠的政府关系。"①

虽然本书第三至第五章从不同角度展现出地方利益的表达与不同层级政府之间的博弈与协作,但是从博弈空间的有限性、地方利益诉求相较公共利益诉求在某些省份受到的消极反馈,以及任务推动型项目制中的上级授权都不难看出,不同层级政府之间权力或资源相互依赖的情况远未形成。集分并存中的分权是有限的,并且分权来自上级的选择性授权,这是由我国政治制度的根本属性决定的。在这个基本前提下,结合新近的一些变化,如初步形成的中央和地方财政事权和支出责任划分框架以及模糊性任务下的府际关系新内涵,②才能更好地分析我国

---

① 夏能礼:《府际权力配置运行与纵向府际关系治理——基于 A、B、C 三县市的案例比较》,《中国行政管理》2020 年第 11 期,第 25、30 页。其他较新的关于府际关系的研究可参考赵志远:《政府职责体系构建中的权责清单制度:结构、过程与机制》,《政治学研究》2021 年第 5 期;马斌:《政府间关系:权力配置与地方治理——基于省、市、县政府间关系的研究》,浙江大学出版社 2009 年版。
② 何艳玲、肖芸:《问责总领:模糊性任务的完成与央地关系新内涵》,《政治学研究》2021 年第 3 期。

府际关系未来的发展趋势。2014年,中央政治局会议审议通过《深化财税体制改革总体方案》,确定了财政事权和支出责任划分改革的基本原则;国务院和国务院办公厅相继于2016年和2018年印发《国务院关于推进中央与地方财政事权和支出责任划分改革的指导意见》和《基本公共服务领域中央与地方共同财政事权和支出责任划分改革方案》,改变了我国长期以来在中央与地方在财政事权和支出责任划分方面缺乏法律依据、规范化程度不高的情况,明确提出了五大划分原则。① 值得注意的是,《国务院关于推进中央与地方财政事权和支出责任划分改革的指导意见》指出,更多、更好发挥地方政府尤其是县级政府组织能力强、贴近基层、获取信息便利的优势,将所需信息量大、信息复杂且获取困难的基本公共服务优先作为地方的财政事权。紧接着,相关改革方案也在医疗卫生、科技、教育、交通运输、生态环境领域陆续出台,②在这些改革方案的基础上,未来政府间财政事权和支出责任划分应该会进一步明晰。

---

① 这五大原则分别是体现基本公共服务受益范围,兼顾政府职能和行政效率,实现权、责、利相统一,激励地方政府主动作为,以及做到支出责任与财政事权相适应。具体参见《国务院关于推进中央与地方财政事权和支出责任划分改革的指导意见》(国发〔2016〕49号),中华人民共和国中央人民政府网站,http://www.gov.cn/zhengce/content/2016-08/24/content_5101963.htm,最后浏览日期:2022年7月11日。
② 具体参见《国务院办公厅关于印发医疗卫生领域中央与地方财政事权和支出责任划分改革方案的通知》(国办发〔2018〕67号)、《国务院办公厅关于印发科技领域中央与地方财政事权和支出责任划分改革方案的通知》(国办发〔2019〕26号)、《国务院办公厅关于印发教育领域中央与地方财政事权和支出责任划分改革方案的通知》(国办发〔2019〕27号)、《国务院办公厅关于印发交通运输领域中央与地方财政事权和支出责任划分改革方案的通知》(国办发〔2019〕33号)、《国务院办公厅关于印发生态环境领域中央与地方财政事权和支出责任划分改革方案的通知》(国办发〔2020〕13号)。

## 第六章 结语

　　本书初步探讨了影响地方政府间纵向关系的正式政治制度,然而正式制度和非正式制度如何影响不同形式的府际互动(包括具体作用机制及其边界条件),进而影响地方治理的绩效,这仍然是一个亟待挖掘的领域。本书揭示了一些影响地方自主性的制度环境因素,这方面的分析仍然有较大的深入和拓展空间。近些年有较多政府间横向协作常规机制的创新,比如,各种区域协调发展和对口支援的机制,政府间未来是否会在纵向协商合作,尤其是在跨层级协作方面,建立起非项目制或非运动式的常规化机制,值得持续关注。另一个值得关注的议题是数字化转型对府际关系的影响。本书开篇提到的罗兹的"权力-依赖关系"理论中的信息资源,是影响组织之间相对权力关系的五类资源之一。在已有研究中,学者也多强调科学技术对府际关系的不同影响,美国政治学家汉斯·摩根索(Hans Morgenthau)认为,科技的发展必将导致权力的高度集中;阿尔温·托夫勒(Alvin Toffler)则认为,科技必将带来权力的分散和下放。① 在不断推进的数字化转型中,不同层级的政府在信息收集能力和信息量拥有方面存在差异。不断发展的技术也能在一定程度上减少之前存在的信息传递失真问题,数字化转型中的信息资源的再分布将在很大程度上影响不同层级政府的相对权力关系,也将带来新的互动。例如,有研究表明,数字生产体制的内在困境在基层官员中产生了表象策略、机构策略、政策策略和反向策略等避责行为,重构了权力链,在一定程度上消解了问责主体的

---

① 转引自薄贵利:《中央与地方关系研究》,吉林大学出版社1991年版,第163页。

意图。①

　　囿于篇幅,本书未能穷尽所有影响府际关系的政治制度,比如试点制度②以及各类监督检查制度,包括行政监察制度、巡视制度等,它们同样对府际互动产生了重要影响,都有待未来进一步研究。

---

① 田先红:《"数字避责":重大突发公共事件中基层官员避责行为研究——基于多案例的综合分析》,《广西师范大学学报》(哲学社会科学版)2022年第1期。
② 相关研究可参考 Sebastian Heilmann, "Policy Experimentation in China's Economic Rise", *Studies in Comparative International Development*, 2008, 43(1), pp. 1-26;朱旭峰、张超:《"竞争申请制":可持续发展政策试点与央地关系重构》,《中国人口·资源与环境》2020年第1期;刘伟:《政策试点:发生机制与内在逻辑——基于我国公共部门绩效管理政策的案例研究》,《中国行政管理》2015年第5期。

附录

**本书辅助性表格**

表 A-1　山东省科学发展综合考核指标体系(2008 年)

| 类别 | 序号 | 指标名称 | 权重 | 数据来源 | 指标属性 |
|---|---|---|---|---|---|
| 经济发展（权重245） | 1 | 地区生产总值（GDP）及增长率 | 20 | 统计部门 | 定量、预期性 |
| | 2 | 人均 GDP 及增长率 | 20 | 统计部门 | 定量、预期性 |
| | 3 | 地方财政收入及增长率 | 20 | 财政部门 | 定量、预期性 |
| | 4 | 人均社会消费品零售总额及增长率 | 20 | 统计部门 | 定量、预期性 |
| | 5 | 固定资产投资及增长率 | 20 | 统计部门 | 定量、预期性 |
| | 6 | "三农"财政投入占财政总支出比重 | 15 | 财政部门 | 定量、预期性 |
| | 7 | 工业经济效益综合指数及升降幅度 | 15 | 统计部门 | 定量、预期性 |
| | 8 | 高新技术产业产值占规模以上工业总产值比重及升降幅度 | 15 | 统计部门 | 定量、预期性 |
| | 9 | 第三产业增加值占 GDP 比重及升降幅度 | 20 | 统计部门 | 定量、预期性 |
| | 10 | 第三产业投资占固定资产投资的比重及升降幅度 | 10 | 统计部门 | 定量、预期性 |
| | 11 | 进出口总额及增长率 | 20 | 海关 | 定量、预期性 |
| | 12 | 实际利用外商直接投资及增长率 | 10 | 外经贸部门 | 定量、预期性 |
| | 13 | 城镇化率及升降幅度 | 10 | 统计部门 | 定量、预期性 |
| | 14 | 地方税收占地方财政收入比重及升降幅度 | 15 | 财政部门 | 定量、预期性 |
| | 15 | 研究与试验发展投入占 GDP 比重 | 15 | 统计部门 | 定量、预期性 |

(续表)

| 类别 | 序号 | 指标名称 | 权重 | 数据来源 | 指标属性 |
|---|---|---|---|---|---|
| 社会发展（权重145） | 16 | 城镇新增就业任务完成率 | 20 | 劳动部门 | 定量、预期性 |
| | 17 | 新增农村劳动力转移就业任务完成率 | 15 | 劳动部门 | 定量、预期性 |
| | 18 | 义务教育巩固率 | 15 | 教育部门 | 定量、预期性 |
| | 19 | 初中升入高中段比例 | 15 | 教育部门 | 定量、预期性 |
| | 20 | 万人拥有卫生技术人员和床位数及增长率 | 15 | 卫生部门 | 定量、预期性 |
| | 21 | 万人拥有专业技术和高技能人员数及增长率 | 15 | 人事部门 劳动部门 | 定量、预期性 |
| | 22 | 万人群体性事件和刑事案件升降幅度 | 20 | 公安部门 | 定量、预期性 |
| | 23 | 亿元GDP生产安全事故死亡人数及升降幅度 | 20 | 安监部门 | 定量、预期性 |
| | 24 | 万人到省进京上访率 | 10 | 信访部门 | 定量、预期性 |
| 可持续发展（权重155） | 25 | 人口出生率及性别比 | 20 | 统计部门 计生部门 | 定量、约束性 |
| | 26 | 万元GDP能耗及降低率 | 20 | 统计部门 | 定量、约束性 |
| | 27 | 万元工业增加值能耗和取水量及降低率 | 20 | 统计部门 | 定量、约束性 |
| | 28 | 二氧化硫排放量削减任务完成率 | 20 | 环保部门 | 定量、约束性 |
| | 29 | 化学需氧量排放量削减任务完成率 | 20 | 环保部门 | 定量、约束性 |
| | 30 | 工业废水排放达标及城市污水和垃圾集中处理率 | 10 | 环保部门 建设部门 | 定量、预期性 |

(续表)

| 类别 | 序号 | 指标名称 | 权重 | 数据来源 | 指标属性 |
|---|---|---|---|---|---|
| 可持续发展(权重155) | 31 | 城区空气质量二级以上天数及达标率 | 10 | 环保部门 | 定量、预期性 |
| | 32 | 耕地保有量和基本农田保护面积达标率 | 20 | 国土部门 | 定量、约束性 |
| 民生状况(权重155) | 33 | 森林覆盖率及增长幅度 | 15 | 林业部门 | 定量、预期性 |
| | 34 | 城镇居民人均可支配收入及增长率 | 20 | 统计部门 | 定量、预期性 |
| | 35 | 农民人均纯收入及增长率 | 20 | 统计部门 | 定量、预期性 |
| | 36 | 城乡居民收入之比 | 10 | 统计部门 | 定量、预期性 |
| | 37 | 人均储蓄存款余额及增长率 | 10 | 人民银行 | 定量、预期性 |
| | 38 | 城镇职工基本养老保险覆盖率 | 20 | 劳动部门 | 定量、约束性 |
| | 39 | 城镇居民和职工基本医疗保险覆盖率 | 15 | 劳动部门 | 定量、预期性 |
| | 40 | 新农合参合率及人均报销额增长率 | 15 | 卫生部门 | 定量、预期性 |
| | 41 | 城乡低保覆盖率 | 20 | 民政部门 | 定量、约束性 |
| | 42 | 经济适用房廉租房投资占住宅投资比重 | 10 | 统计部门 | 定量、预期性 |
| | 43 | 集中式饮用水源地水质达标率 | 15 | 环保部门 | 定量、预期性 |
| 政治建设(权重100) | 44 | 决策科学化民主化情况 | 20 | 组织部 | 定性 |
| | 45 | 依法行政情况 | 15 | 法制办 | 定性 |
| | 46 | 公正司法情况 | 15 | 政法委 | 定性 |
| | 47 | 村(居)民自治、企业民主管理情况 | 15 | 民政部门 总工会 | 定性 |

(续表)

| 类别 | 序号 | 指标名称 | 权重 | 数据来源 | 指标属性 |
|---|---|---|---|---|---|
| 政治建设（权重100） | 48 | 行政管理体制改革情况 | 20 | 发改部门 人事部门 | 定性 |
| | 49 | 行政效能提高情况 | 15 | 监察部门 | 定性 |
| 文化建设（权重100） | 50 | 舆论导向情况 | 20 | 宣传部 | 定性 |
| | 51 | 社会主义核心价值体系建设情况 | 20 | 宣传部 | 定性 |
| | 52 | 和谐文化建设和精神文明创建活动情况 | 20 | 宣传部 | 定性 |
| | 53 | 公共文化服务体系建设情况 | 20 | 宣传部 | 定性 |
| | 54 | 文化产业发展情况 | 20 | 宣传部 统计部门 | 定性 |
| 党的建设（权重100） | 55 | 思想建设情况 | 20 | 组织部 | 定性 |
| | 56 | 组织建设情况 | 20 | 组织部 | 定性 |
| | 57 | 作风建设情况 | 20 | 纪委 | 定性 |
| | 58 | 制度建设情况 | 20 | 组织部 | 定性 |
| | 59 | 反腐倡廉建设情况 | 20 | 纪委 | 定性 |
| 群众满意度 | 60 | 群众对党委、政府在经济建设、政治建设、文化建设、社会建设和党的建设各方面实际工作成效的直接感受 | | 社情民意调查机构 | 考核系数 |

资料来源：《山东政报》2008年第1期，调研内部资料。

附录 本书辅助性表格

表 A-2 人大代表的地域代表倾向统计回归变量说明及描述性统计结果

| 变量名 | 编码说明 | 观察值 | 均值 | 标准差 | 最小值 | 最大值 |
|---|---|---|---|---|---|---|
| **因变量** | | | | | | |
| 建议数量 | 代表在某年提出的建议数量 | 7 018 | 1.150 | 2.177 | 0 | 38 |
| 地域性建议数量 | 代表在某年提出的地域性建议数量 | 2 946 | 1.055 | 1.459 | 0 | 17 |
| 地域性建议数量占比 | 代表在某年提出的地域性建议数量占他们在该年所有建议数量的比例 | 2 946 | .404 | .420 | 0 | 1 |
| **表 4-6 自变量与控制变量** | | | | | | |
| 官员人大代表,省级 | 1=代表在省级党政机关或人大机关工作 | 7 018 | .161 | .368 | 0 | 1 |
| 官员人大代表,地市级 | 1=代表在地市级党政机关或人大机关工作 | 7 018 | .170 | .376 | 0 | 1 |
| 官员人大代表,县乡级 | 1=代表在县乡级党政机关或人大机关工作 | 7 018 | .138 | .345 | 0 | 1 |
| 男性 | 1=代表为男性 | 7 012 | .713 | .452 | 0 | 1 |
| 少数民族 | 1=代表为少数民族 | 7 018 | .184 | .387 | 0 | 1 |

表 4-7 自变量与控制变量

| 变量名 | 编码说明 | 观察值 | 均值 | 标准差 | 最小值 | 最大值 |
| --- | --- | --- | --- | --- | --- | --- |
| 年龄 | 代表年龄 | 2 092 | 54.007 | 7.180 | 27 | 86 |
| 党派 | 1=代表是中共党员 | 3 424 | .635 | .481 | 0 | 1 |
| 是否复选 | 1=代表为复选代表 | 6 289 | .281 | .449 | 0 | 1 |
| 省级公共组织工作人员 | 1=代表在省级公共组织工作,省级公共事业单位包括省级医院和大学等、省级党政机关、省级统一战线包括民主党派省级机构、省政协或者省级群团组织 | 7 018 | .245 | .430 | 0 | 1 |
| 地市级公共组织工作人员 | 1=代表在地级市公共组织工作,地级市公共事业单位包括地级医院和大学等、地级市党政机关、地级市统一战线包括民主党派地级市政协或者地级市群团组织 | 7 018 | .246 | .430 | 0 | 1 |
| 县乡级公共组织工作人员 | 1=代表在县乡级公共组织工作,县乡公共事业单位包括县乡医院和大学等、县乡党政机关、县乡统一战线包括民主党派县乡机构、县政协或者县乡群团组织 | 7 018 | .182 | .386 | 0 | 1 |

(续表)

(续表)

| 变量名 | 编码说明 | 观察值 | 均值 | 标准差 | 最小值 | 最大值 |
|---|---|---|---|---|---|---|
| 国企工作人员 | 1=代表在国企工作 | 7 018 | .106 | .307 | 0 | 1 |
| 私企工作人员 | 1=代表在私企(包括外企)工作或者是自己创业人员 | 7 018 | .130 | .337 | 0 | 1 |
| 党政一把手,省级 | 1=代表是省委书记或者省长 | 7 018 | .003 | .052 | 0 | 1 |
| 党政一把手,地市级 | 1=代表是地级市委书记或者市长 | 7 018 | .038 | .190 | 0 | 1 |
| 党政一把手,县级 | 1=代表是县委书记或者县长 | 7 018 | .070 | .255 | 0 | 1 |
| 党政一把手,乡镇级 | 1=代表是乡镇党委书记或者乡镇长 | 7 018 | .007 | .083 | 0 | 1 |
| 党政机关其他干部,省级 | 1=代表在省级党政机关工作(不包括省委书记和省长) | 7 018 | .076 | .265 | 0 | 1 |
| 党政机关其他干部,地市级 | 1=代表在地级市党政机关工作(不包括地级市委书记和市长) | 7 018 | .092 | .289 | 0 | 1 |
| 党政机关其他干部,县级 | 1=代表在县级党政机关工作(不包括县委书记和县长) | 7 018 | .042 | .201 | 0 | 1 |
| 党政机关其他干部,乡镇级 | 1=代表在乡镇党政机关工作(不包括乡镇党委书记和乡镇长) | 7 018 | .006 | .079 | 0 | 1 |

(续表)

| 变量名 | 编码说明 | 观察值 | 均值 | 标准差 | 最小值 | 最大值 |
| --- | --- | --- | --- | --- | --- | --- |
| 人大机关：省级 | 1=代表在省级人大机关工作 | 7 018 | .086 | .281 | 0 | 1 |
| 人大机关：地市级 | 1=代表在地级市人大机关工作 | 7 018 | .043 | .203 | 0 | 1 |
| 人大机关：县级 | 1=代表在县级人大机关工作 | 7 018 | .018 | .132 | 0 | 1 |
| 人大机关：乡镇级 | 1=代表在乡镇人大机关工作 | 7 018 | .000 | .012 | 0 | 1 |
| 社区或村"两委"领导 | 1=代表在村/居委会党委书记或者主任 | 7 018 | .035 | .183 | 0 | 1 |
| 社区或村"两委"一般工作人员 | 1=代表在村/居委会工作（非党委书记或者主任） | 7 019 | .002 | .049 | 0 | 1 |
| 统一战线组织工作人员 | 1=代表在群团组织，政协或者民主党派工作 | 7 018 | .072 | .258 | 0 | 1 |
| 事业单位工作人员 | 1=代表在事业单位工作，包括医院、学校和科研机构等事业单位 | 7 018 | .154 | .361 | 0 | 1 |
| 军队系统工作人员 | 1=代表来自军队代表团 | 7 018 | .036 | .186 | 0 | 1 |
| 律师 | 1=代表是律师 | 7 018 | .006 | .078 | 0 | 1 |
| 媒体工作人员 | 1=代表在媒体行业工作 | 7 018 | .012 | .110 | 0 | 1 |

数据来源：笔者搜集的人大代表建议及建议回复文本数据库。

表 A-3 第一书记原单位及职务

| 第一书记原单位及职务 | 任职时长（月） | 上"名单县" | 2014年村贫困率（%） | 2018年村贫困率（%） | 2019年村贫困率（%） |
|---|---|---|---|---|---|
| 大学生村官 | 37 | 0 | 5.12 | 2.49 | 2.49 |
| 县城管大队,中队长 | 36 | 0 | 20.42 | 0 | 0 |
| 县疾控中心副主任 | 14 | 0 | 27.53 | 0.95 | 0.95 |
| 县森林公园管理处,财务 | 5 | 0 | 1.31 | 1.24 | 0.52 |
| 县政府重大基础设施建设服务中心,办公室主任 | 36 | 0 | — | 1.3 | 0.83 |
| 县级市委办公室行政股股长 | 72 | 0 | — | — | — |
| 县政府办普通干部 | 9 | 0 | 26.88 | 0.25 | 0.25 |
| 镇政府纪检专干 | 18 | 0 | 4.41 | 0.67 | 0.67 |
| 县总工会,组织宣传教育网络部部长 | — | 0 | — | 1.59 | — |
| 县市政工程服务中心副主任 | 60 | 0 | 0.81 | 0.18 | 1 |
| 县委办公室政策研究室副主任 | 30 | 0 | — | 0.51 | — |
| 县机关后勤服务中心主任 | 29 | 0 | 6.37 | 0.81 | — |
| 县委统战部副科级干部 | 30 | 0 | 20.56 | 0.23 | 0.19 |
| 镇政府包村干部 | 60 | 0 | 14.5 | 1.9 | 1.9 |
| 县档案局办公室副主任 | 84 | 0 | 12.4 | 0.71 | 0.71 |

(续表)

| 第一书记原单位及职务 | 任职时长（月） | 上"名单县" | 2014年村贫困率（%） | 2018年村贫困率（%） | 2019年村贫困率（%） |
|---|---|---|---|---|---|
| 县公安局民警 | 3 | 0 | 16.9 | 16.36 | 4.7 |
| 县文化馆副馆长 | 18 | 0 | 17.2 | 8.68 | 7.05 |
| 县审计局副局长 | 24 | 0 | 6.75 | 1.08 | — |
| 县信访局副局长 | 24 | 0 | 4.38 | 2.66 | 2.66 |
| 村街道办干部 | 31 | 0 | 3.39 | 0 | 0 |
| 县史志办工作人员 | — | 0 | — | — | — |
| 县林业局 | 72 | 0 | | | |
| 镇政府综治办干部 | 16 | 0 | 16.42 | 3.47 | 3.47 |
| 县运管所中队长 | 49 | 0 | 14.6 | 12.54 | 1.05 |
| 县委宣传部 | — | 0 | | | |
| 地级市银保监局，监察科科长 | 36 | 1 | 51.1 | 8.02 | — |
| 县招商局股长 | 48 | 1 | 13.2 | 1.6 | 1.6 |
| 镇中心小学教师 | 48 | 1 | 18.08 | 3.61 | — |
| 县人民检察院，司法警察 | 36 | 1 | 37.67 | 0.66 | |
| 县公共资源交易中心，综合办公室副主任 | 24 | 1 | 37.86 | 13.45 | — |
| 县职教中心教务处主任 | 36 | 1 | 3.71 | 17.63 | 17.48 |
| 县综合执法局 | 24 | 1 | 6.98 | 0 | 0 |
| 县生态环境局分局环评股股长 | 48 | 1 | 16.99 | 35.39 | 26.97 |

(续表)

| 第一书记原单位及职务 | 任职时长（月） | 上"名单县" | 2014年村贫困率（%） | 2018年村贫困率（%） | 2019年村贫困率（%） |
|---|---|---|---|---|---|
| 县妇幼保健院干部 | 50 | 1 | 43.67 | 10.69 | 1.57 |
| 省总工会组织部副部长 | 12 | 1 | 42.59 | 15.03 | 0.59 |
| 县养护站站长 | 48 | 1 | 18.12 | 0 | 0 |
| 县第二小学副校长 | 20 | 1 | 46.92 | 31.56 | 31.56 |
| 县委办信息股股长 | 36 | 1 | 22.29 | 1.32 | — |
| 县房屋征收保障服务中心评估测绘股股长 | 24 | 1 | 7.98 | 0.63 | 0.48 |
| 街道办财政审计所一般干部 | 8 | 1 | 11.19 | 6.65 | 6.65 |
| 县经济开发区管理委员会群党工作部主任 | 48 | 1 | 31.84 | 0.29 | 0 |
| 县城投公司副经理 | 14 | 1 | 46.99 | 2.08 | 0.73 |

数据来源："精准扶贫与乡村振兴"社会调查。

注："名单县"指的是全国连片特困地区分县名单中的县，其中"0"为未上"名单县"，"1"为上"名单县"。本表第一列中职务缺失为被调查对象在问卷访谈时未回答该项所致。

表 A-4 府际联动中工作队嵌入绩效回归分析中的变量说明与描述性统计结果

| 变量名称 | 编码说明 | 观察值 | 均值 | 标准差 | 最小值 | 最大值 |
|---|---|---|---|---|---|---|
| **因变量** | | | | | | |
| 受访干部对第一书记工作的评价 | 请您给以下人员在扶贫中的整体工作表现打分 1. 驻村第一书记 ___分 | 217 | 91.765 | 8.803 | 60 | 100 |
| 受访干部对扶贫政策的积极评价 | 您认为精准扶贫的政策是否符合本村的实际情况？ 1=完全符合 0=其他 | 279 | .398 | .490 | 0 | 1 |
| 村干部职业荣誉感的提升幅度 | 与驻村扶贫/开展精扶贫前相比，您作为村干部的职业荣誉感发生了多大变化？ 4=非常大提升 3=较大提升 2=基本没变化 1=较大降低 | 265 | 3.113 | .719 | 1 | 4 |
| 与群众沟通能力的提升程度 | 与精准扶贫前相比，您与群众沟通的能力得到了多大提升？ 4=非常大提升 3=较大提升 2=有一定提升 1=没有提升 | 176 | 3.233 | .754 | 1 | 4 |
| 与上级干部沟通能力的提升程度 | 与精准扶贫前相比，您与上级干部沟通能力得到了多大提升？ 4=非常大提升 3=较大提升 2=有一定提升 1=没有提升 | 176 | 3 | .778 | 1 | 4 |

（续表）

| 变量名称 | 编码说明 | 观察值 | 均值 | 标准差 | 最小值 | 最大值 |
| --- | --- | --- | --- | --- | --- | --- |
| 对政策的领会和执行能力的提升程度 | 与精准扶贫前相比,您对政策领会和执行的能力得到了多大提升? 4=非常大提升 3=较大提升 2=有一定提升 1=没有提升 | 173 | 3.127 | .712 | 1 | 4 |
| 受访村民对帮扶不公平的感知 | 在您看来,您所在的村目前存在"帮扶不公平"的问题吗? 4=非常严重 3=比较严重 2=不太严重 1=不是问题 | 1 144 | 1.921 | 1.013 | 1 | 4 |
| 受访村民对帮扶形式主义的感知 | 您认为在扶贫过程中是否存在"走过场、走形式"的现象? 4=存在且非常严重 3=存在且比较严重 2=存在且不严重 1=不存在 | 1 192 | 1.587 | .918 | 1 | 4 |
| 贫困户对收入提升的感知 | 与前三年相比,您和您的家人在收入方面有什么变化? 1=上升了 0=差不多或将会下降 | 1 355 | .451 | .498 | 0 | 1 |
| 贫困户对未来收入提升的感知 | 在您看来,三年以后您和您的家人收入状况会发生什么变化? 1=将会上升 0=差不多或将会下降 | 1 355 | .347 | .476 | 0 | 1 |

(续表)

| 变量名称 | 编码说明 | 观察值 | 均值 | 标准差 | 最小值 | 最大值 |
| --- | --- | --- | --- | --- | --- | --- |
| 贫困户对扶贫产业发展前景的感知 | 您认为本村扶贫产业的发展前景如何？<br>6＝非常好　5＝比较好　4＝一般<br>3＝比较不好　2＝非常不好　1＝不好说 | 1 269 | 4.185 | 1.337 | 1 | 6 |
| **自变量** | | | | | | |
| **干部样本个人变量** | | | | | | |
| 教育程度 | 您的文化程度是？<br>1＝文化程度为大专或以上 | 279 | .409 | .493 | 0 | 1 |
| 村干部 | 您的职务是什么？1＝村支书、村主任、村会计或者其他村委会成员 | 279 | .660 | .475 | 0 | 1 |
| **村民样本个人变量** | | | | | | |
| 年龄 | 请问您是哪年出生的？＿＿＿年 | 1 341 | 51.812 | 12.137 | 18 | 78 |
| 年龄的平方 | | 1 341 | 2 831.696 | 1 174.021 | 324 | 6 084 |
| 男性 | 1＝男性 | 1 338 | .490 | .500 | 0 | 1 |
| 中共党员 | 您是否是中共党员？<br>1＝是 | 1 341 | .092 | .289 | 0 | 1 |

(续表)

| 变量名称 | 编码说明 | 观察值 | 均值 | 标准差 | 最小值 | 最大值 |
|---|---|---|---|---|---|---|
| 教育程度 | 您的最高学历是什么？1=最高学历为大专或以上 | 1 341 | .417 | .493 | 0 | 1 |
| 政策熟悉程度 | 您对精准扶贫政策的了解程度如何？5=非常了解,4=比较了解,3=不太了解,2=非常不了解,1=不知道精准扶贫政策 | 1 353 | 2.911 | 1.289 | 1 | 5 |
| 生活满意度 | 总的来说,您对您的生活满意吗？数字0表示非常不满意,数字10表示非常满意,请在量表上选择一个数字表示您的满意程度 | 1 259 | 7.535 | 2.230 | 1 | 10 |
| 贫困户(1=是) | 您家是否评为建档立卡贫困户？1=是 | 1 336 | .311 | .463 | 0 | 1 |
| **村变量** | | | | | | |
| 村贫困程度 | 受访村2014年贫困发生率百分点 | 46 | 17.347 | 13.534 | 0.81 | 51.1 |
| 权力关系 | 调研村受访干部认为第一书记在"扶贫产业选择、扶贫资金分配、扶贫工作规划、贫困户的识别与退出工作、争取扶贫资源、化解扶贫工作中的矛盾"六项事务中,起主导作用的比例 | 48 | 2.196 | .986 | .333 | 4.429 |

（续表）

| 变量名称 | 编码说明 | 观察值 | 均值 | 标准差 | 最小值 | 最大值 |
|---|---|---|---|---|---|---|
| 权力关系的平方 | 调研村受访干部认为如果扶贫任务不达标，第一书记来负最主要责任的比例（1＝高于所有调研村的均值） | 48 | 5.772 | 4.647 | .111 | 19.612 |
| 责任关系 | 调研村受访驻村干部与受访村村干部对"如果扶贫任务不达标，第一书记来负最主要责任"认识的均值 | 48 | .437 | .290 | 0 | 1 |
| 责任的认知差距 | 调研村受访驻村干部与受访村村干部对"如果扶贫任务不达标，第一书记来负最主要责任"认识的比例差值（1＝差值为负值） | 48 | .417 | .498 | 0 | 1 |

数据来源："精准扶贫与乡村振兴"社会调查。

# 主要参考文献

[1] 薄贵利:《中央与地方关系研究》,吉林大学出版社1991年版。

[2] 陈硕:《中国央地关系:历史、演进及未来》,复旦大学出版社2020年版。

[3] 黄相怀:《当代中国中央与地方关系的"竞争性集权"模式》,天津人民出版社2014年版。

[4] 金太军、赵晖等:《中央与地方政府关系建构与调谐》,广东人民出版社2005年版。

[5] 李治安主编:《唐宋元明清中央与地方关系研究》,南开大学出版社1996年版。

[6] 林尚立:《国内政府间关系》,浙江人民出版社1998年版。

[7] 吕冰洋:《央地关系:寓活力于秩序》,商务印书馆2022年版。

[8] 王丽萍:《联邦制与世界秩序》,北京大学出版社2000年版。

[9] 王绍光:《分权的底线》,中国计划出版社1997年版。

[10] 辛向阳:《大国诸侯:中国中央与地方关系之结》,中国社会出版社2007年版。

[11] 熊文钊主编:《大国地方:中央与地方关系法治化研究》,中国政法大学出版社2012年版。

[12] 杨宏山:《府际关系论》,中国社会科学出版社2005年版。

[13] 杨华:《县域中国:县域治理现代化》,中国人民大学出版社2022年版。

[14] 张志红:《当代中国政府间纵向关系研究》,天津人民出版

社 2005 年版。

[15] 郑永年：《中国的"行为联邦制"：中央-地方关系的变革与动力》，邱道隆译，东方出版社 2013 年版。

[16] 周飞舟、谭明智：《当代中国的中央地方关系》，中国社会科学出版社 2014 年版。

[17] 曹正汉：《中国上下分治的治理体制及其稳定机制》，《社会学研究》2011 年第 1 期。

[18] 陈家建：《项目制与基层政府动员——对社会管理项目化运作的社会学考察》，《中国社会科学》2013 年第 2 期。

[19] 封丽霞：《国家治理转型的纵向维度——基于央地关系改革的法治化视角》，《东方法学》2020 年第 2 期。

[20] 何俊志：《中国人大制度研究的理论演进》，《经济社会体制比较》2011 年第 4 期。

[21] 何艳玲、肖芸：《问责总领：模糊性任务的完成与央地关系新内涵》，《政治学研究》2021 年第 3 期。

[22] 金安平：《建国初期中央和地方关系若干原则的形成》，《北京党史研究》1998 年第 2 期。

[23] 李翔宇：《中国人大代表行动中的"分配政治"——对 2009—2011 年 G 省省级人大大会建议和询问的分析》，《开放时代》2015 年第 4 期。

[24] 马亮：《官员晋升激励与政府绩效目标设置——中国省级面板数据的实证研究》，《公共管理学报》2013 年第 2 期。

[25] 渠敬东：《项目制：一种新的国家治理体制》，《中国社会科

学》2012年第5期。

[26] 王沪宁:《集分平衡:中央与地方的协同关系》,《复旦学报》(社会科学版)1991年第2期。

[27] 杨光斌:《中国经济转型时期的中央-地方关系新论——理论、现实与政策》,《学海》2007年第1期。

[28] 杨雪冬:《压力型体制:一个概念的简明史》,《社会科学》2012年第12期。

[29] 郁建兴、李琳:《当代中国地方政府间关系的重构——基于浙江省县乡两级政府扩权改革的研究》,《学术月刊》2016年第1期。

[30] 臧雷振、张一凡:《理解中国治理机制变迁:基于中央与地方关系的学理再诠释》,《社会科学》2019年第4期。

[31] 张文翠:《基层政府政绩目标设置博弈与压力型体制异化——基于北方七个地市的实地调研》,《公共管理学报》2021年第3期。

[32] 张璋:《基于央地关系分析大国治理的制度逻辑》,《中国人民大学学报》2017年第4期。

[33] 折晓叶、陈婴婴:《项目制的分级运作机制和治理逻辑——对"项目进村"案例的社会学分析》,《中国社会科学》2011年第4期。

[34] 周黎安:《行政发包制》,《社会》2014年第6期。

[35] 周雪光、练宏:《中国政府的治理模式:一个"控制权"理论》,《社会学研究》2012年第5期。

[36] 朱光磊、张志红:《"职责同构"批判》,《北京大学学报》(哲学社会科学版)2005年第1期。

[37] Daniel Ziblatt, *Structuring the State: The Formation of Italy and Germany and the Puzzle of Federalism*, Princeton University Press, 2006.

[38] Deil Wright, *Understanding Intergovernmental Relations*, 3rd edn., Brooks Cole Publishing, 1988.

[39] Jae Ho Chung, *Central Control and Local Discretion in China: Leadership and Implementation during Post-Mao Decollectivization*, Oxford University Press, 2000.

[40] Kenneth Lieberthal, and David Lampton, eds., *Bureaucracy, Politics, and Decision Making in Post-Mao China*, University of California Press, 1992.

[41] Kenneth Lieberthal, and Michael Oksenberg, *Policy Making in China: Leaders, Structure, and Processes*, Princeton University Press, 1988.

[42] Pierre Landry, *Decentralized Authoritarianism in China: The Communist Party's Control of Local Elites in the Post-Mao Era*, Cambridge University Press, 2008.

[43] R. A. W. Rhodes, *Control and Power in Central-Local Government Relations*, Routledge, 1999.

[44] Susan Shirk, *The Political Logic of Economic Reform in China*, University of California Press, 1993.

[45] Xiao Ma, *Localized Bargaining: The Political Economy of China's High-Speed Railway Program*, Oxford University Press, 2022.

[46] David Bulman, and Kyle Jaros, "Loyalists, Localists, and Legibility: The Calibrated Control of Provicial Leadership Teams in China", *Politics and Society*, 2020, 48(2), pp. 199-234.

[47] Hongbin Cai, and Daniel Treisman, "Did Government Decentralization Cause China's Economic Miracle?", *World Politics*, 2006, 58(4), pp. 505-535.

[48] Linda Chelan Li, "Central-Local Relations in the People's Republic of China: Trends, Processes and Impacts for Policy Implementation", *Public Administration and Development*, 2010, 30(3), pp. 177-190.

[49] Ning Leng, and Cai Zuo, "Tournament Style Bargaining within Boundaries: Setting Targets in China's Cadre Evaluation System", *Journal of Contemporary China*, 2022, 31(133), pp. 116-135.

[50] Yasheng Huang, "Central-Local Relations in China during the Reform Era: The Economic and Institutional Dimensions", *World Development*, 1996, 24(4), pp. 655-672.

[51] Yumin Sheng, "Central-Provincial Relations at the CCP Central Committee: Institutions, Measurement and

Empirical Trends, 1978-2002", *The China Quarterly*, 2005, 182, pp. 338-355.

[52] Yinyi Qian, and Barry Weingast, "China's Transition to Markets: Market-Preserving Federalism, Chinese Style", *Journal of Policy Reform*, 1996, 1(2), pp. 149-186.

# 后记

# 后记

　　本书集合了本人在干部管理制度、人民代表大会制度以及精准扶贫方面的研究成果,延续了自博士训练以来的研究兴趣,同时融合了工作后教学和科研方面的感悟。对干部管理制度的兴趣源自读博阶段,我的博士学位论文就是以目标责任制为主要研究对象的;进入复旦大学工作后,本人有幸加入"当代中国政治制度"课程的教学团队,并参与复旦大学选举与人大制度研究中心和上海市人大的各项合作课题;在指导学生实践课题的基础上,以及在复旦大学党委研究生工作部下属的职业发展教育服务中心和复旦大学国际关系与公共事务学院(简称"国务学院")的大力支持下,与复旦的两位同仁在9省17县50村开展了名为"精准扶贫与乡村振兴"的社会调查。这些学术经历共同启发了我对当代中国府际关系的思考。

　　首先,我要感谢对我的学术道路产生重大影响的导师墨宁教授。在我攻读博士学位期间,她对我的无私关怀、悉心指导和鼓励鞭策,让我的留学经历充满快乐和收获。她的学养、谦逊、严谨、幽默和包容,充分展现了优秀学者的风范,是我在学者生涯中不断靠近和学习的榜样。其次,我要感谢我的硕士生导师杨明教授、沈明明教授和李磊(Pierre Landry)教授,受他们的指导和提携,我在读研期间有幸参与了北京大学中国国情研究中心高质量的社会调查,这给予我研究方法上的最早启蒙,日后对问卷调查方法的使用也直接受益于这段时期的训练。再次,我要感谢在攻读博士学位期间遇到的师长和同门。感谢约翰·阿尔奎斯特(John Ahlquist)、巴里·伯顿(Barry Burden)、爱德华·弗里德曼(Edward Friedman)、斯科特·高尔柏克(Scott Gehlbach)、尤瑟蔻·埃雷拉(Yoshiko Herrera)、刘思达(Sida Liu)、尼尔斯·林格(Nils Ringe)、盖伊·塞德曼(Gay Seidman)、艾莉·特里普(Aili Tripp)、大卫·魏玛(David Weimer)和苏珊·亚基(Susan Yackee)对我在理论和方法上的教导与启发。这些优秀学者给予了我积极正面的影响,坚定了我从事学术研究的决心。感谢读博期间各位同门的陪伴和鼓励,我们之间的友谊一直延续至今,期待未来更多的合作。最后,我要感谢蔡欣怡(Kellee Tsai)教授、洪知延(Jean Hong)副教授、龚启圣(James Kung)教授和蔡永顺(Yongshun Cai)教授对我在香港科技大学工作期间的支持和点拨。

在本书的写作过程中,本人携本书部分章节参与了中国人民大学国际关系学院和中山大学政治与公共事务管理学院组织的工作坊,感谢吕杰教授、马得勇教授、朱琳教授、何俊志教授、陈川慜副教授和楼笛晴副教授的点评和建设性意见。我在美国参加学术会议期间,本书的部分章节内容获得了黄娴(Xian Huang)副教授、沙恩·马丁(Shane Martin)教授的点评,再次深表感谢。也感谢我的两位文章合作者:冷宁(Ning Leng)博士在绩效目标博弈方面给予我的启发,以及肖龙博士在D省政府回复代表建议方面的数据分享。

在本书相关章节数据的收集和整理过程中,若干复旦大学国务学院的本科生和研究生担当研究助理,感谢范涛溢、张林川、潘丽婷、夏飞朋、王维、费静燕、邓光耀同学的辛勤付出。同时,再次感谢参与"精准扶贫与乡村振兴"社会调查的各位同学。感谢"1925书局"提供的香醇咖啡和静谧写作环境,使我能够在上海因新冠疫情采取全域静态管理前的半个月如期完成本书初稿第四章和第五章的核心内容。

我要感谢我在复旦大学国务学院的领导和同事们,特别是:包刚升教授、陈明明教授、陈水生教授、陈云教授、陈志敏教授、陈周旺教授、邓皓琛博士、扶松茂教授、顾丽梅教授、郭定平教授、郭苏建教授、韩福国教授、胡鹏副教授、敬乂嘉教授、李海默博士、李辉教授、李美玲主任、林涓副教授、刘春荣副教授、刘季平书记、刘建军教授、浦兴祖教授、邱柏生教授、任军锋教授、桑玉成教授、苏长和教授、孙小逸副教授、唐世平教授、唐亚林教授、王正绪教授、王中原副教授、吴洁博士、熊易寒教授、臧志军教授、曾庆捷副教授、张骥教授、张平副教授、赵剑治副教授、郑冰岛副教授、郑长忠教授、郑宇教授、朱春奎教授和庄梅茜博士。感谢他们的信任,让我加入复旦大学国务学院这个优秀的科研教学团队,并在科研和教学方面,不断地给予我鼓励、支持和指导。正是学院的信任,我才教授了本科生的"当代中国政治制度"课程,使得我在教学相长中完成了本书的写作。

我要感谢北京大学金安平教授、李强教授、马啸博士、万鹏飞副教授、王浦劬教授、谢庆奎教授、徐湘林教授、燕继荣教授、严洁教授、杨凤春教授、袁刚教授、张长东教授和赵成根教授;还要感谢在学术道路上很多帮助过我的师长,特别是房宁教授、史为民教授、袁柏顺教授、肖唐镖教授和赵树凯教授。

本书在出版过程中，复旦大学出版社的孙程姣女士，即本书的责任编辑，付出了巨大的心血。本书是我与她合作出版的第四部著作，在此深深致谢！此外，感谢二审专家章永宏先生对本书提出的宝贵修改意见。

　　最后，最重要的感谢要送给我的家人。她们的支持和关怀是我一切学术成果的前提和基石。没有她们的无私奉献，也就没有我今天的学术产出。这本书献给她们。

　　我对本书的观点和文字承担全部的责任。如果您对本书有任何建议和意见，欢迎与我联系，我的电子邮箱是 vera_zuo@sina.com。

左　才

2022年4月完稿于上海

图书在版编目(CIP)数据

约束、信息与激励:府际关系视角下的当代中国政治制度/左才著.—上海:复旦大学出版社,2022.9
ISBN 978-7-309-16227-1

Ⅰ.①约… Ⅱ.①左… Ⅲ.①政治制度-研究-中国 Ⅳ.①D621

中国版本图书馆 CIP 数据核字(2022)第 101441 号

约束、信息与激励:府际关系视角下的当代中国政治制度
YUESHU,XINXI,YU JILI:FUJI GUANXI SHIJIAO XIA DE DANGDAI ZHONGGUO ZHENGZHI ZHIDU
左　才　著
责任编辑/孙程姣

复旦大学出版社有限公司出版发行
上海市国权路 579 号　邮编:200433
网址:fupnet@fudanpress.com　http://www.fudanpress.com
门市零售:86-21-65102580　　团体订购:86-21-65104505
出版部电话:86-21-65642845
上海四维数字图文有限公司

开本 890×1240　1/32　印张 9.5　字数 189 千
2022 年 9 月第 1 版
2022 年 9 月第 1 版第 1 次印刷

ISBN 978-7-309-16227-1/D·1119
定价:48.00 元

如有印装质量问题,请向复旦大学出版社有限公司出版部调换。
版权所有　　侵权必究